KB139458

검찰의 심장부에서

검찰의 심장부에서

한동수 지음

대검찰청 감찰부장
한동수의 기록

오마이북

머리말

어둠은 빛을 이길 수 없다. 진실은 회색과 적색이 아니며 폭력과 거짓으로 가려지는 것도 아니다.

이 책은 2019년 10월부터 2022년 7월까지 대검찰청 감찰부장으로 재직하면서 경험한 사실에 대한 증언과 기록이다. 돌이켜보니 역사의 현장에서 피하지 않고 당당히 서 있으려 노력했고, 그래서 사건의 본질에 조금 더 다가갈 수 있었던 것 같다.

2019년 8월 나는 '한 사람의 힘'이 중요하다는 생각으로, 운명과도 같은 부드러우면서도 강렬한 끌림에 따라 감찰부장 공모에 지원했다. 나는 법원에서 16년간 판사로 근무했고, 대형로펌에서 5년 7개월간 변호사로 일했다. 경제적 풍요와 안락한 삶이 보장된 생활이었지만, 나에게는 공적인 일에 대한 갈망 같은 것이 있었다. 지원할 당시 우리나라는 국정농단, 사법농단 수사에 이어 검찰개혁과 언론개혁이 사회적 어젠다였다. 국민적 공감대가 커지면서 검찰개혁으로 향하는 분위기가 점점 더 무르익던 시절이었다. 나는 우리나라 사회경제적 발전에 걸림돌이 되지 않도록 검찰이 근본적으로 변화해야 한다는 소신을 가지고 있었다.

가족의 반대를 무릅쓰고 태풍의 눈이자 검찰의 심장부인 대검찰청에 혼자 뛰어들었다. 윤석열 검찰총장이 개혁성향을 가진 것으로 믿고 그와 함께 검찰개혁에 일조할 수 있을 것으로 기대했으나, 부임 첫날부터 윤 총장이 원했던 사람은 내가 아니라는 것을 알았다. 나는 대검 부장회의에 참석할 수조차 없었다. 소명의식을 가지고 할 수 있는 데까지 나의 일을 하고자 했다. 어느 분이 깡패 소굴 같은 데서 어떻게 그 시간을 견디어냈느냐고 말할 정도였다.

이 책의 1부 '검찰의 심장부에서'는 채널A 사건, 판사사찰 문건 사건, 한명숙 총리 모해위증 교사 사건, 고발사주 사건 등 중요 사건에서 직접 경험했던 기록을 적었다. 2부 '검찰의 도그마'에서는 감찰의 독립, 특수수사, 검사동일체 원칙, 특수활동비, 검언유착, 검찰과 친일, 검찰과 무속, 검찰과 국회 등 검찰개혁의 과제를 적었다. 3부 '어둠 속에서 별은 빛이 난다'에서는 윤석열과 최은순, 한만호와 김학의, 증거의 신빙성 판단, 법원의 역할 등에 관한 나의 생각을 정리했다.

감찰부장으로 재직할 때는 물론 퇴직한 후에도 판사와 변호사를 모두 경험한 사람으로서 중요한 역사적 사건의 중심에 있었으니, 많은 분들로부터 책을 써서 기록으로 남겨야 된다는 말씀을 들었다. 퇴직한 후 번아웃된 엘리야처럼 내가 받은 상처를 치유하고 내 안에 사랑과 역사의식을 채우는 시간이 필요했다. 2023년 10월 1일에 이르러서야 초고를 완성할 수 있었다.

나는 30년 넘게 법조인으로 살았다. 판사로 오래 재직했고 또 변호사 생활을 한 외부자이기 때문에 검찰의 이모저모를 더 새롭고 정확하게 볼 수 있었다. 나는 검찰 내부에서 윤석열 검찰총장 정면에서 아닌 것은 아니라고 말했던 몇 안되는 사람이었기에 더 깊이 사안에 들어갈 수 있었고 내부자로부터 정보를 얻을 수도 있었다.

대검에 있을 때 나중에 중요한 기록이 될 수 있다는 생각으로 중요한 국면과 사건마다 업무수첩과 페이스북에 글을 남겨놓았다. 이 자료들을 토대로 주제를 선별하고, 이 자료들의 배경이 되는 내 기억과 신문기사, 검찰 및 언론 관계자와의 인터뷰 등을 종합하여 최대한 객관적이고 간결하게 사실을 기술하고, 검찰개혁의 관점에서 쓸모가 있는 내 성찰과 견해를 덧붙였다. 단순한 에피소드나 개인의 소회를 적은 책이 아니라 훗날 검찰개혁 등에 참고가 될 만한 기록과 자료가 될 수 있는 역사서를 쓴다는 심정으로 글을 썼다.

다만 나는 '윤석열 사단'이 아니므로 내가 접근할 수 있는 정보에 한계가 있을 수밖에 없다. 향후 특별법 제정이든 현행법의 특별검사나 공수처 수사, 위원회 조사이든 간에 추가적인 수사와 조사가 이루어져 숨겨진 연판장과 같은 나머지 퍼즐조각들을 찾아내는 작업이 진행되길 바란다. 진실 증언을 전제로 처벌을 포기한 남아프리카공화국 진실화해위원회 모델을 참고해야 할 정도로 검찰조직 내 범죄와 비위의 뿌리는 깊다고 본다.

독자 분들께서 이 책을 통해 부패하고 정치화된 일부 검사들이 검찰권을 사유화하면서 대형 수구언론과 결탁하여 정권을 잡아가는 과정과 수법을 이해하고, 검찰의 폐쇄적이고 권위적인 낡은 조직 문화를 생생하게 느낄 수 있기를 바란다. 깨어 있는 시민들이 각자 맡은 자리에서 할 수 있는 만큼, 검찰에 집중된 과도한 권한을 분산·견제하는 검찰개혁을 완수하고 인권과 민주주의를 지키는 일에 일조할 수 있기를 기대한다.

검사 출신 대통령이 출현하며 '대한검(檢)국', '검찰공화국'이라고 불릴 정도로 검찰권이 극성하는 퇴행의 시대를 겪고 있다. 그러나 역설적으로 나는 검찰개혁 과제가 더욱 완전하게 실현되리라는 새로운 희망을 또렷이 본다. 5·18 광주민주화운동을 거치고 김영삼 대통령이 당선되면서 하나회는 해체되었다. '그들의 군대'는 '국민의 군대'로 환골탈태했고 이 땅에서 군사쿠데타의 위험이 제거되었다. 이처럼 공간을 독점하려는 어떠한 권력의 시도도 시간 앞에서는 전부 무모하고 헛된 것으로 결말이 난다.

이 책을 쓰면서 나 또한 치유되고 새로 태어나는 듯한 느낌이 들었다. 그간 외로울 때 엽서와 책을 보내주고 먹을 것과 쉴 곳을 제공하며 위로를 주셨던 분들께 감사드린다. 두려울 때 기도로 함께하고 응원하며 용기를 주셨던 분들께도 존경의 말씀을 올린다. 곁에서 어려움을 감내했던 가족들에게도 미안한 마음을 전한다.

끝으로 오마이북 서정은 편집장을 비롯하여 많은 분들의 도움으로 이 책이 세상에 나올 수 있게 되었음을 밝혀둔다. 이 책을 읽으시는 분들 모두 맡겨진 길을 기쁘게 걸어갈 수 있기를 기도드린다.

2024년 1월
한강 노을을 보며 한동수

차례

2부 · 검찰의 도그마
—검찰개혁의 과제

3부 · 어둠 속에서 별은 빛이 난다
—한동수의 생각

1부

검찰의 심장부에서

—대검 감찰부장의 기록

운명 같은 끌림

"검찰의 감찰 업무에 대한 투명성과 신뢰성 제고를 위하여 대검찰청 감찰부장을 공개모집합니다. —2019년 7월 22일 법무부 장관."

법률신문 1면 하단에 게시된 모집 공고문이다. 내 스마트폰에는 2019년 7월 22일 오후 4시 58분 이 공고문을 촬영한 사진이 남아 있다. 평소 사진을 자주 찍지 않는데, 공고문을 보는 즉시 촬영해두었다는 것은 내게 아주 중요한 자료였다는 뜻이다. 사실 지금도 처음 이 공고문을 접하던 순간과 느낌이 또렷하다.

서울 강남구 삼성동에 있는 법무법인 율촌 변호사 사무실에서 여느 때와 마찬가지로 법률문서를 검토하고 있었다. 그때 담당 비서가 법률신문을 건네주었는데, 신문을 받아 보는 순간 '감찰담당 대검찰청 검사• 공고모집'이라는 제목이 반짝하고 빛이 났다. 내용을 읽어보니 '임용자격으로 10년 이상의 판사, 검사, 변호사 직위에 재직하였던 사람, 응시원서 접수기간은 7월 22일(월)~8월 2일(금)'이라고 기재되어 있었다. 공고문을 읽는데 예사롭지 않았다. '이 길이 내 길'이라는 생각이 강하게 들었다. 어떤 논리적인 이유에 따른 결과가 아니라 내 삶의 여정에서 운명과도 같이 부드러우면서도 강렬한 끌림이 찾아온 순간이었다.

가족의 반대를 무릅쓰고

퇴근 후 가족들과 식탁에 모여 이 일을 상의했다. 대체로 반대였다. 그래도 마음에 미리 정함이 있었는지 나의 결정을 존중한다는 말이 더 크게 들려왔다. 돌아보면 5년 전인 2014년에도 비슷했다. 16년간 몸담은 법관직을 내려놓고 명예퇴직하겠다고 말했을 때 가족 모두가 강하게 반대했다. 밤새 잠못 이룬 채 고민하며 맞이한 새벽녘, 거실 화분에 꽃 한 송이가 피어 있었다.

———

• 　　검찰청법상 '감찰담당 대검찰청 검사'로 되어 있다. 검찰 내부에서는 '감찰부장', '감찰본부장', '검사장' 등의 호칭으로 불렸다.

당시 사직을 결심하기까지는 여러 요인이 복합적으로 작용했다. 그때 대법원장은 양승태였고, 나는 수원지방법원 민사항소부 재판장이었다. 수원지방법원에서는 이석기 통합진보당 내란음모 형사재판이 진행 중이었다. 경찰이 법원을 에워싸고 재판정 흉기 휴대 여부를 검사한다며 법원 정문 앞에서 소지품 검사를 했다. 내게도 가방을 보여달라고 요청했다. 나는 법원 직원이라고 말하며 그대로 정문을 통과했으나, 어느 판사는 그 요구에 응해 가방을 열어 보여주었다는 말을 들었다. 학교든 법원 앞이든 거리에서든 가방 검사가 일상이던 1980년대 풍경으로 돌아간 느낌이었다.

사회 분위기는 이미 재판의 결론이 중형을 선고해야 하는 것으로 정해진 것처럼 연일 재판부를 압박했다. 그 사건 재판부의 재판장은 연수원 동기이고, 배석판사는 전년도에 나와 함께 근무한 판사였다. 서로 구체적인 사건 이야기는 하지 않았으나 이들과 간혹 이야기를 나눠보면 심리와 결론에 대한 강한 긴장감과 부담감이 느껴졌다. 양승태 대법원장은 언론 등 사회 분위기로부터 재판의 독립을 지키려고 하기보다는 그 재판부에 다른 사건을 일절 배당하지 않고 그 사건에만 집중하라고 하는 등의 사법행정을 했다. 공안사건에서 재판의 독립이 지켜지지 않고 민주화 이전 시대로 돌아가는 것 같아서 무력감과 회의감이 들었다.

때마침 삼성 애플 특허소송 사건을 대리하던 율촌 지적재산권 그룹에서 특허전문가인 나를 강하게 원했다. 가계 마이너스 대출 한도가 얼마 안 남은 상황에서 가장의 책임을 다하는 것이 맞다고 생각해 사직 결정을 굳혔다.

그때에도 인생의 중요한 결정을 가족의 일치된 반대를 무릅쓰고 선택한 전력이 있으니 이번에도 가족의 반대가 내 결정을 크게 좌우하지는 못했다. 또다시 밤새 잠 못 이루다 새벽을 맞이했고, 내 마음에는 꽃 한 송이가 피었다.

한 사람의 힘

우연히 운명처럼 찾아온 순간과 그것에 이끌려 응시하겠다는 결심을 하기까지 상당한 기간에 걸친 내적 변화 과정이 있었다. 2014년 2월 수원지방법원 부장판사로 명예퇴직한 후 그해 3월부터 법무법인 율촌에 합류해 5년 7개월 동안 파트너 변호사로 근무했다. 나를 스카우트한 유영일 변호사가 서울중앙지방법원 민사단독 전담법관으로 임명되면서 지적재산권 그룹 부대표 역할을 맡기도 했다.

민형사와 행정 사건도 수행했지만 주로 특허, 상표, 디자인, 부정경쟁방지법 소송을 맡았다. 삼성전자, 포스코 등 대기업과 중견기업인 한온시스템, 덕신하우징, 금강제화 등의 소송을 대리했는데 상대는 주로 외국기업을 대리하는 김앤장 법률사무소였다. 2017년 아시아로(Asialaw, 아시아 지역 법률전문잡지)가 주최하는 아시아·태평양 지역 '올해의 사건 상'을 수상한 포스코와 신일본제철 간의 전기강판 특허무효 사건을 대리하기도 했다. 승률은 70~80퍼센트 정도로 꽤 높았다.

율촌에서 대형로펌 파트너로 일하는 동안 물질적으로는 풍요로웠다. 문서를 작성하고 변론하는 일은 익숙했고, 특히 중소기업 CEO를 만나는 일은 배움과 보람이 있었다. 그럼에도 가슴속에는 늘 공익적인 일에 대한 열망 같은 것이 있었다. 그리고 로펌 안에서 벌어지는 사내 정치와 같은 상황에 스트레스를 많이 받기도 했다.

그러던 차에 2018년 8월 여름휴가를 맞아 강화도 교황프란치스코센터에서 열린 예수회 주관의 '영신수련 8일 피정'에 참가했다. 예수회 양성 과정으로 수련 중인 신부님들과 함께했는데, 동반 사제의 지도 아래 이냐시오 영성에 따라 매일 성경을 읽고 성찰하고 관상하는 일과였다. 센터 안 경당이나 헬레나성당에서 조용히 앉아 기도하는 시간도 좋았다. 혼자인 줄 알았는데 성당이든 경당이든 어둠 속에 미국 위스콘신주 출신 민기식 로베르토 신부님이 함께 기도하고 계셔서 반갑기도 하고 신기하기도 했다. 나는 매일 점심 후 센터 뒷산인 봉천산 자락을 홀로 오르곤 했다. 산에 오르며 이 힘든 상황에서 길을 열어달라고 간절히 기도했다.

마지막 날 파견미사를 마치고 민기식 신부님께 고해성사를 하겠다고 말씀드렸더니 바로 그 자리에서 영대(領帶)를 하시고 성사를 주셨다. 신부님은 내게 "기쁘게 사세요"라고 말씀해주셨다. 민 신부님은 그해 11월 24일 휴가차 방문한 고향 밀워키 집에서 평화로이 선종하셨다. 지금은 천주교 용인공원 묘역에 묻히셨는데, 1년에 한두 차례 찾아뵙곤 한다. 강화에서의 8일 피정은 내면을 충실히 하고 나의 길을 열어달라는 기도와 함께 현재를 인내하고 미래를 준비하는 시간이었다.

여름휴가를 마치고 율촌에서의 쉽지 않은 날들이 다시 시작되었다. 그래도 스스로 변호사로서 흡족하다는 생각이 자리 잡을 때까지 참고 견디기로 마음먹었다. 당시 꾸르실료(가톨릭교회 내부에서 실시하는 평신도 재교육) 체험을 한 신자로서 법조 울뜨레아(꾸르실료를 체험한 사람들의 모임) 간사를 맡고 있었는데, 대법원 매화식당에서 법조 가톨릭 모임이 있었고, 강사로 정제천 사도요한 신부님이 오셨다. 그때 처음 뵌 이후로 2019년 6월 5일 안양 성나자로마을에서 열린 1박 2일 법조 피정에도 지도 신부님으로 오셨다.

피정을 마치고 귀가하는 차량에 정 신부님이 우연히 동승하셨는데, 길을 잘못 들어 삼성동 파르나스타워에 있는 율촌에 가게 되었다. 38층 라운지에서 신부님은 박시백의 《조선왕조실록》을 본 이야기를 나누어주셨다. 임진왜란 때 조선이 망하지 않은 것은 이순신이라는 한 사람이 남해를 지켜 왜군의 해상 보급로가 끊겼기 때문이라는 말씀이었다. 어느 영화 제목처럼 '한 사람의 힘(the power of one)'이 중요하다는 말씀도 함께 하셨다. 그런데 왠지 그 한 사람이 나인 것처럼 생각되었다. 무언가 어떤 중요한 일이 다가올 것이라는 예감이 들었다. 그러다가 법률신문 모집공고가 반짝하면서 나에게 찾아온 것이다.

거대한 착각

2019년 8월 2일 오전 10시 정부과천청사 법무부 검찰국 검찰과에 응시원서를 접수했다. 응시번호는 3번. 나중에 면접을 가보니 내 뒤에도 원서를 접수한 분들이 있었다.

대검 감찰부장 공모를 보고 응시원서를 접수할 때까지 가족 외에 이 사실을 논의한 사람은 아무도 없었다. 그런데도 자신의 잣대로 세상을 보는 것인지, 아니면 일부러 프레임을 짜는 것인지는 모르겠으나 내가 문재인 정부로부터 사전에 내정되었거나 언질을 받고 지원했다고 보는 사람들이 적지 않았다. 결코 그렇지 않다. 하느님께 맹세할 수 있다. 법률신문 공고를 보고 혼자만의 독자적인 결정으로 지원했다는 사실을 분명히 밝혀둔다.

대검 감찰부장 지원 제출 자료는 모두 다섯 개인데, 신원진술서, 개인정보제공동의서, 비밀유지 및 성실답변 서약서, 부동산·금융·부실학회 참석 등 현황 자료, 고위공직 예비후보자 사전질문서 등이었다. 직무수행계획서도 제출해야 했다. 감찰부장으로서 수사와 공판사무를 감사하려면 관련 지식과 경험이 있어야 하는데, 나는 법원 재직 시 형사재판을 한 경험이 있었다. 또한 형사재판에서 형사소송법에 충실하게 재판해야 한다는 문제의식을 가지고 있었다. 형사단독재판부 시절에 작성한 〈형사재판 진행의 기본 관점과 실무운영상 몇 가지 논점〉이라는 논문을 첨부서류로 제출했다. 다만 나에게는 검찰조직과 감찰업무에 대한 구체적인 지식과 정보가 없는 상태였다.

지원했다가 안 될 수도 있으므로 소속 로펌 누구에게도 이야기하지 않고 혼자 직무수행계획서를 준비했다. 대법원 법원도서관에서 《특수수사론》 등 검찰 실무 교재를 읽고 인터넷에서 감찰 관련 정보를 파악했다. 그렇게 10여 일을 준비한 뒤 반포구립도서관 컴퓨터를 이용해 A4 용지 5쪽 분량의 직무수행계획서를 완성했다.

직무수행계획서 '1. 들어가며' 난에는 다음과 같은 내용을 담았다.

가. 대검 감찰부의 존재 의의

대검찰청 검찰총장 직속기구로서 감찰부에 관하여서는 검찰 내부 감찰로서 일정한 한계를 가질 수밖에 없으므로, '고위공직자범죄수사처' 등 외부적 통제가 효과적인 제도적 장치라는 견해가 있습니다. 그렇지만, 위 견해는 특히 검사의 비위와 기강에 관한 것이므로, 감찰 업무 중 감찰2과의 사무감사, 사건평정 및 감찰1과의 재산등록 등과는 관련이 없으며, 무엇보다 조직 내부적 통제로서 감찰 본래의 목적을 구현하고 검찰 구성원 개개인의 근본적인 의식 변화를 위해서는 검찰 내부로부터 감찰기능이 충실하고 활발하게 작동할 필요가 있다고 생각합니다.

나. 감찰부에 대한 인식전환 필요성

설문조사의 정확성과 신뢰도를 별론으로 하더라도, 경실련 2019. 7. 시행 시민인식조사 결과 시민 75퍼센트가 검찰이 잘못하고 있다는 부정적 평가를 내렸고, 공수처 설치 91퍼센트 찬성, 검경 수사권 조정 84퍼센트 찬성 의견으로 나타났는바, 이러한 시민 의식은 하나의 역사방향이자 시대적 요청이 표현된 것으로 겸허히 인식하여 검찰조직이나 구성원보다는 각종 범죄로부터 국민의 안위를 지키는 검찰 본연의 역할을 다하도록 하는 장치로서 감찰부서를 새롭게 재인식하는 것이 필요합니다.

다. 감찰활동의 강화를 통한 대검 감찰의 실효성 제고
현재 신임 검찰총장 임명 과정에서 쏟아진 국민의 간절하고 지대한 관심과 기대에 어긋나지 않고 조금이라도 부응하기 위해서는, 대검 감찰부의 상대적 독립성을 보장하는 가운데, 감찰활동의 강화를 통하여 감찰의 실효성을 도모할 필요가 있다고 생각됩니다.

'2. 주요전략계획'난의 맨 처음에는 "검찰 내부 구성원 모두가 헌법적 가치인 인간의 존엄과 행복추구권, 국민주권주의에 입각하여 업무를 처리하고, 국민의 봉사자로서의 지위를 가진다는 점을 내면화함과 동시에 현 시기 검찰 본연의 기능이 공정하고도 효율적으로 발휘될 수 있도록 감찰의 제반 사무를 진행하여야 할 것"이라고 적었다.

형사단독 시절에 작성한 논문에도 비슷한 취지의 기재가 있었는데, 나는 형사사건을 다루는 공무원은 모름지기 국민의 봉사자로서 인간을 존엄하게 생각해야 하는 것이 기본이자 출발점이라고 본다. 김학의 전 법무부 차관의 성접대 동영상 사건에서 동영상 속 인물과 동일하다고 할 수 없다는 상식적으로 납득하기 어려운 이유로 무혐의결정을 한 데서 나타난 바와 같이 검찰이 제 식구 감싸기를 하거나 인권을 침해하지 않았으면 하는 바람이 있었다. 그에 따라 검사들 모두 최상위 규범인 헌법에 규정된 바와 같이 인간을 존중하고 국민의 봉사자로서 근무하는 것을 감찰의 제1목표로 삼았던 것이다.

감찰부장에 지원할 당시 나는 윤석열 신임 검찰총장의 개혁적 언사를 그대로 믿고 있었다. 2013년 10월 21일 국가정보원 댓글 수사와 관련해 "사람에 충성하지 않는다"라는 그의 증언은 꽤 강렬했다. 나는 이 국회 발언을 국민 대부분이 그랬던 것처럼 검사장 등 상급자의 부당한 지시에 단호히 대처하겠다는 취지로 이해했다.• 또한 윤석열이 직접 지휘한 박근혜 대통령 수사, 양승태 대법원장 수사에 대해서도 적폐청산과 재판독립이라는 취지에서 상당 부분 공감하고 있었다.

이런 배경 속에 윤석열 검찰총장이 취임사에서 밝힌 공정한 경쟁질서 및 사회적 약자 보호라는 취지에 공감을 표

• 2013년 수원지방검찰청 여주지청장이던 윤석열이 국회 법제사법위원회의 서울고등검찰청 국정감사에서 증인 자격으로 한 말이다. 이 발언은 당시 나를 포함해 국민들에게 깊은 인상을 남겼지만 여전히 그 진의를 알 수 없다. 이와 관련해 '사람'은 아니고 '조직'에 충성한다는 뜻으로 이해하는 견해도 있고, '사람'은 물론 '조직'에도 충성하지 않는다는 뜻으로 이해하는 견해도 있다.

시하면서, 그러한 목표를 위해 검찰 역량이 집중되는 환경 조성을 위하여, 정치권력과 자본의 부당한 간섭과 영향을 감시하고 배제하는 역할을 담당하겠다고 썼다. 또한 여성, 아동 및 사회적 약자가 법집행 과정에서 차별받지 않도록 충분한 권익보호와 존중이 이루어지도록 하는 조치를 찾아보겠다고 적었다. 나아가 적발, 징계 등의 통제활동 외에도, 정당한 수사에 대한 보호와 검사 격려를 하고, 객관적이고 충실한 사건평정* 자료를 도출하고, 사무와 예산집행에서의 비효율성을 제거하는 것을 주요전략계획에 포함시켰다.

구체적인 방안으로 검사윤리강령의 개정, 감찰업무 매뉴얼의 업데이트, 현장 중심의 감찰활동, 전관·현관 예우 관련 대응방안, 윤리교육·세미나 등의 정례적 실시, 모범사례

●   대검찰청의 비공개 훈령인 '사건평정규정'에 따라 진행된다. 무죄·공소기각·면소(기소를 면함) 판결이 확정되면 중요 사건의 경우에는 대검 감찰부, 나머지는 고검 감찰부에서 수사·기소·공판 과정에서 검사의 과오가 있는지 평가하고 벌점을 부과하는 제도다. 헌법소원 사건에서 검사의 불기소처분을 취소한 헌법재판소 결정이 있을 때에도 대검 감찰부에서 평정한다. 헌법재판소 결정에 대해서는 원칙적으로 과오를 인정하는 쪽으로 운영되는 것으로 안다. 다만 대법원 판결 선고 이후 평정이 이루어지고 1심, 2심 무죄판결 선고 시에는 평정이 이루어지지 않으므로 수사·기소 검사가 퇴직했거나 이미 승진 인사가 나는 등 제때에 인사 자료로 활용되지 못하는 문제가 있다. 또한 전체 대상사건 중 90퍼센트 가까이를 '법원과의 견해 차이'로 보면서 검사의 과오를 인정하는 데 소극적이라는 지적이 있다.

표창, 검사징계, 특임검사 등을 제시했다. 그러나 이 모든 것은 거대한 착각에 불과했다는 것을 감찰부장이 되고서 며칠 만에 알 수 있었다.

대검 감찰부장이 되다

"검사에 임함. 대검찰청 감찰부장에 보함. ―2019년 10월 18일 대통령 문재인."

2019년 10월 18일 나는 검사가 되었고, 대검찰청 감찰부장에 보한다는 문재인 대통령의 임명장을 받았다. 어느 벗이 전해준 이야기처럼 정말 사람들은 내가 문재인 정부의 감찰부장이고, 정치적인 목적으로 사용되었다고 생각할까? 감찰부장은 과거처럼 검찰총장의 칼이어서는 안 되며 업무 특성상 특정 정부의 감찰부장이 될 수도 없는 직책이다. 나는 문재인 대통령을 만난 적이 없다. 우리나라 사회경제의 발전과 인권보장을 위해 일조하고자 했을 뿐이다.

법무부 검찰국에 감찰부장 지원서를 접수하고 얼마

지나지 않아 청와대에서 인사검증 등 사무를 담당하는 최강욱 공직기강비서관으로부터 전화가 왔다. 그와는 1995년 경북 영천 육군3사관학교에서 법무관후보생 군사훈련을 같이 받았고, 같은 내무반에서 석 달간 함께 생활한 적이 있다. 나는 실제 생년월일보다 주민등록번호가 늦게 되어 있는데, 이에 대해 최 비서관이 "나이가 맞지 않은데, 지원한 것 맞습니까?"라고 물었다. 이어 "경력에 어울리는 특허청장도 아니고 왜 이런 자리를 지원했습니까?"라고 묻기도 했다.

내가 감찰부장에 지원하리라고 예상한 사람은 아무도 없었다. 대검 감찰부장으로 임명되었다는 보도가 처음 나온 2019년 10월 16일 대표적 보수언론인 조선일보, 중앙일보, 동아일보의 기사를 보면 당시 내가 어떤 삶을 살아왔는지, 나란 사람이 누구인지 어느 정도 추론할 수 있을 것이다.

수도권의 한 판사는 "한 변호사가 우리법 소속이었다지만 딱히 정치색이 있다는 인상은 못 받았었다"며 "명석하고 합리적인 성품으로 안다"고 말했다. 변호사 시절 함께 일해 본 한 변호사는 "사안 전체를 아울러 판단하는 신중한 성격으로, 검찰이 낯설겠지만 감찰 업무에도 어울릴 것 같다"고 했다.[1]

한 변호사와 법원에서 함께 근무했던 판사 출신 변호사는
"한 변호사가 우리법 소속이라 진보적 성향으로 비춰질 수
도 있지만 정치적 입장을 드러내거나 검찰에 대한 편견을
가진 인물이 아니다"고 말했다. 이 변호사는 "온화하고 차
분하지만 심지가 매우 굳은 분"이라며 "감찰 업무를 맡기에
적임자라 생각한다"고 말했다.

한 변호사와 우리법연구회 활동을 함께했던 고등법원 부장
판사 출신 변호사는 "모나지 않고 차분한 사람이다. 우리법
연구회에서도 조용히 활동했던 것으로 기억한다"고 말했다.[2]

법무부의 감찰권 강화를 발표한 조 전 장관이 사퇴 전에 한 변
호사를 임명 제청한 점도 이 주장에 힘이 실리는 이유다. 한
변호사는 조 전 장관과는 큰 인연이 없는 것으로 알려졌다.

법무부 관계자는 "검찰 자체의 감찰로는 부족하다는 기류가
있다. 이번 감찰부장 선임은 감찰 과정에서 엄격함을 지킬
수 있는 인사를 고르는데 주안점을 뒀다"고 설명했다.[3]

평범한 판사의 강한 소신

항상 절제하고 중립적인 태도를 견지해야 하는 직업의 속성
상 법관으로 재직하는 동안에는 정치적 성향을 드러낼 일이
없다. 때로 선거재판을 해야 하고 선거관리위원장을 맡기도

해야 하니 더욱 언행을 조심할 수밖에 없다. 선거관리위원회에서 내가 가끔 사용하던 "국가관이 투철해야 한다"라는 말은 다른 보수적인 성향의 선거관리위원도 안심시켰다. 단언컨대 내가 사람을 미워하면서 재판한 일이 없었던 것처럼, 정치적 견해에 따라 재판한 적도 없다.

우리법연구회 활동을 하긴 했지만, 대전지회에서 주로 지역법관들과 가끔씩 만나 재판을 잘하자고 서로 독려하는 정도였다. 나는 변방인 대전에서 재판 이야기와 직장생활의 애환을 나누는 평범한 판사였을 뿐이다.

그리고 2010년 대법원 재판연구관을 마치고 홍성지원장으로 내려가면서 지방선거를 앞두고 선거재판의 공정성에 우려가 될 수 있다는 생각에서 우리법연구회를 탈회했다. 그 후 우리법연구회는 평판사 위주로 모임이 계속되다가 해산되었다. 그런데 국정감사에 들어가니 전주혜 의원을 비롯한 야당에서 내가 우리법연구회 출신이어서 감찰의 공정성에 어떤 하자가 있는 것처럼 공격했다. 학술연구단체인 우리법연구회와 나를 그런 식으로 연결시키는 것은 노르웨이의 평화학자 요한 갈퉁(Johan Galtung)이 말하는 일종의 문화적 폭력에 해당한다고 답한 기억이 있다.

변호사로 일할 때도 '민주사회를 위한 변호사모임(민변)' 활동을 한 것도 아니다. 비즈니스 세계를 중심으로 돌아가는 대형로펌 변호사로 활동했을 뿐이다. 정당이나 사회단체에 소속되어 정치적인 활동을 한 적도 없다. 다만 1980년대 민주화운동을 경험한 세대이고, 불법구금 기간을 포함해 상당기간 구속된 경험이 있어서 수사의 적법성과 인권보장에 대한 강한 소신은 있었다.

무엇보다 한국사회의 지속적인 발전을 위해서는 검찰이 개혁되어야 한다는 역사적 인식에 깊이 공감하고 있었다. 군부독재를 청산하고 민주화를 진전시켜오는 과정에서 군대, 경찰, 국정원 등의 권력기관이 국민에 의한 민주적 통제 안으로 들어온 반면, 검찰은 그러한 과정을 거치지 않았다. 검찰은 정치인을 수사함으로써 힘을 과시하고, 청와대와 국회 등 권력기관에 진출한 검찰 출신 인사들의 활약을 등에 업은 채 어떠한 견제도 받지 않는 최고의 권력기관으로 여전히 남아 있는 상태였다.

검찰의 막강한 권한

우리나라의 검찰은 영장청구권을 독점하고 있으며 수사권과 기소권, 집행권한 등 세계에서 가장 막강한 권한을 가지고 있다. 2002년 서울중앙지방검찰청 홍경령 검사에 의해 피의자가 고문으로 사망한 독직폭행치사 사건을 비롯해 수사 도중 극단적 선택으로 스스로 목숨을 끊는 피의자, 참고인 숫자는 해마다 10여 명 안팎에 이른다. 더욱이 노무현 전 대통령이 2009년 5월 23일 대검 중앙수사부(중수부) 수사를 받는 과정에서 서거한 사건은 온 국민을 충격과 슬픔에 빠지게 했다. 또한 검찰은 각종 스폰서, 성 접대 등의 사건에서 제 식구 감싸기라는 구태를 반복하고 있다.

　　감찰부장으로 근무해보니 검사장 등 고위직이나 잘나가는 검사들은 '누가 나를 수사하고 징계하랴' 하는 자신감이 있는 것 같았다. 실제 그들에 대한 수사와 징계는 언론에 보도되어 주목을 받지 않는 한 현실적으로 매우 어렵다는 것을 절실히 느꼈다. 감찰부 소속 검사들에 대한 내부 압박도 말할 수 없이 컸다. 2년 9개월 동안 감찰부장을 수행한 경험으로도 몇몇 사례와 인물을 거론할 수 있을 정도다.

　　검찰은 우리나라 역사에서 단 한 번도 전두환, 노태우, 김영삼, 김대중, 노무현, 이명박, 박근혜, 문재인 정부의 검찰이었던 적이 없다고 생각한다. 더욱이 국민의 검찰이었던 적도 전혀 없다. 단지 검찰조직과 이익을 위한 '검찰의 검찰'이었을 뿐이다. 검찰 고위 관계자가 국회에서 '그것은 문재인의 검찰이지 않았느냐'고 반박한 적이 있는데, 내가 알기로 문재인 정부는 사건에 일절 관여하지 않았다. 최재형 감사원장도 문재인 대통령이 국민의 안전에 관한 부분을 철저히 감사하라는 일반적인 주문을 했을 뿐 구체적인 감사 업무에 일절 관여하지 않았다고 내게 말했을 정도다. 문재인 정부는 오로지 인사권 등 적법한 권한만을 행사하고자 했고, 그것조차 조국 민정수석은 세 번에 걸쳐 윤석열 서울중앙지검장과 검찰총장에게 사실상 전권을 부여한 것으로 알고 있다.

이병완 전 대통령 비서실장의 다음과 같은 의견은 검찰의 조직 생리를 잘 파악하고 검찰이 국민의 검찰이 되지 못하고 검찰의 검찰로 남아 있는 이유를 설명한 것으로 생각된다. "정권 내에서 대통령에게 총애를 받는 검찰총장과 검찰의 현 조직과 퇴임 조직에게 사랑받는 검찰총장을 택하라면 후자를 택합니다. 군도 똑같아요. 성우회가 있죠. 성우회로부터 사랑받는 국방장관이 될래, 아니면 지금 대통령 또는 국민에게 사랑받는 장관이 될래 하면 전자를 택해요. 그게 외부 경쟁이 없는 조직들의 특성 중 하나예요."[4]

그러나 나는 군대가 그들의 군대에서 국민의 군대로 변화한 것처럼 이제 검찰이 '검찰의 검찰'이 아니라 '국민의 검찰'로 새롭게 태어나서 인권을 보호하고 사회경제의 발전에 기여해야 한다는 소신을 가지고 있었다.

검찰개혁과 관련하여 내 머릿속에 남아 있는 중요한 역사적 경험은 강금실 법무부 장관의 검찰개혁 시도다. 강금실 장관은 2003년 2월 27일부터 2004년 7월 28일까지 노무현 정부의 법무부 장관이었다. 여성 판사 출신, 검찰총장보다 낮은 연수원 기수, 충분한 자질 등 기대를 한 몸에 받은 인사였으며 호주제 폐지, 교도소와 구치소 내 인권 신장 등에 기여했다. 그러나 대검 중수부 폐지 등 검찰개혁은 실패했다는 평가를 받는다. 강금실 자신의 평가대로 "개혁을 하려면 조직의 실태를 잘 분석해놓았어야 했고, 실제로 팀을 짜서 준비가 되어 있어야 한다고 생각해요. 그렇게 준비를 해서 언제 어떻게 일을 할 것인가까지 나와 있어야 하는 것"[5]인데 그렇지 못했던 것이다.

천정배 전 법무부 장관의 평가도 "검찰이라는 무지막지한 집단에 강금실이라는 한 사람만 낙하산에 태워 뚝 떨어뜨려놓은 거란 말이에요. 너 혼자 알아서 해봐라. 이런 거랑 똑같은 거죠"[6]였다. 타당한 설명이다. 그러나 가시덤불과 굳은 땅에 뿌려진 씨앗처럼 힘들고 실패했지만, 하나의 밀알로서 가치가 있었다고 생각한다.

강금실 장관이 가졌던 검사에 대한 인식 중 생각할 지점이 있다. 그는 법무부 장관에 취임하고 넉 달이 지났을 무렵 검사들에게 다음과 같은 이메일을 보냈다.

'눈사람'도 만났어요. 이것은 제가 붙인 별명인데, 그냥 눈사람의 이미지입니다. 아주 깨끗하고 아름답고, 햇빛 속에서 순식간에 제 몸을 흔적 없이 다 녹여낼 수 있는 자기를 비워버린 순정함 같은 것. 너무 많은 눈사람들이 검찰이 이 어려운 시기에 이르기까지, 그 안에서 영혼을 다치지 않고 살고 있었어요. 저는 계속하여 검사의 정체성에 대하여 생각하여왔습니다. 제가 안에 들어와서 같이 사는 사람으로 부딪치고 느끼면서요. 아직 온전한 생각에 이르지는 아니하였으나, 저는 검사가 삶의 한 극점에 이른 '순결성'을 지닌 직업인이라고 지금은 생각하고 있습니다. 이 '순결성'이라는 화두에 대하여 계속 반복하여 깊이 생각하고 있습니다. 아마도 나라와 민족이라는 말로, 혹은 국민을 위해서라는 말로, 공익이라는 말로 표현되는 직업의 본질에서 자신을, 사심을 뛰어넘은 자리에 이르러 자기가 베어지고 지극히 정제된 단순한 정점에 이르렀을 때, 우리는 순결함이라는 표현을 쓸 수 있겠지요.

아마도 조직을 이끌어 가는 차원에서 소통과 이해를 추구하는 말이었을 것이다. 나 역시 검찰 내부에서 선의를 가지고 맡은 바 직책을 성실히 수행하는 많은 검사들을 기억한다. 그러나 2019년부터 2022년까지 대검 감찰부장으로 일하면서, 대단히 영리하고 치밀한 검사들도 많이 경험했다. 본연의 업무에 충실하기보다는 정보를 수집·교환하고, 언론에 메시지를 내고, 수사팀에 어떠한 영향력을 행사할 것인지를 궁리하는 정치인 같은 모습을 보았다. 그러한 환경에서 공익을 위해 사심 없이 자기를 버리는 검사, 끝까지 자기 소신을 굽히지 않는 검사는 찾기 어려웠다. 정치화된 검사, 비위로 얼룩진 상급자, 무오류주의와 무결점주의에 경도된 문화, 특수활동비와 각종 특권으로 부패해진 공적 마인드 등 구조적인 문제를 잔뜩 안고 있는 괴물 같은 조직으로 보는 것이 좀 더 현실적인 인식일 것이다.

기록과 증언의 힘을 믿다

대검 중수부는 직제상 폐지되었지만, 현재 검찰 주류인 특수부로 이어져 내려온다. 이명박 정부는 윤석열 중수과장이 참여한 C&그룹 사건 수사와 같이 대검 중수부를 통한 정치수사, 표적수사, 하명수사의 오점을 만들었다. 박근혜 정부는 김기춘 비서실장, 우병우 민정수석과 같은 검찰 출신을 중용했다. 박근혜 정부 시절인 2014년 4월 대검 중수부는 직제상 폐지되었지만, 그 인력과 하는 일은 서울중앙지검 특수부 등으로 그대로 옮겨 갔기 때문에 그 구성과 권한은 존속했다.

경찰과 국정원의 국내 정보수집 활동 및 청와대 보고가 없어짐에 따라 검찰의 권한은 상대적으로 더 커졌고, 급기야 국정농단, 사법농단 수사를 통하여 마침내 대통령과 대법원장까지 수사대상으로 삼았다. 검사들은 청와대 민정수석실 등에 파견되면서 청와대의 의사결정 구조와 통치방식을 이미 알고 있었다. 그러던 중 2018년 사법농단 수사를 하면서 그때까지 검찰이 알지 못하던 사법부의 핵심 정보인 법관에 대한 인사정보와 대법원 재판연구관 보고서 등까지 통째로 입수하게 되었다.

검찰 출신은 검찰을 나가서도 검찰 내부의 일에 대해서는 일제히 침묵한다. 따라서 법무부나 청와대와 같은 조직에서도 검찰 내부 정보와 조직의 작동원리, 생리 같은 것을 정확히 알지 못한다. 나는 그것이 검찰개혁의 지지부진함과 한계를 야기한 원인이라고 생각했다. 이제 누군가 검찰의 심장부에 들어가 기록하고 증언해야 한다고 생각했다. 대검 감찰부는 검찰의 온갖 비위정보가 모이고 징계 감찰을 하는 곳이므로 검찰의 실상을 파악하고 개선하는 데 적소(適所)의 자리라고 생각했다.

검찰총장 윤석열에 대한 긍정적인 평가도 나의 결심에 영향을 미쳤다. 당시는 박근혜 대통령 국정농단 사건, 양승태 대법원장 직권남용 사건에 대해 윤석열 서울중앙지검장, 검찰총장에 대한 국민적 지지가 높았고, 나도 그랬다. 문재인 대통령이 그랬던 것처럼, 윤석열 검찰총장이 적폐청산에 대한 의지와 추진력이 있는 인물이라고 생각했다. 윤석열 검찰총장이 사법연수원 23기이고, 나는 24기이니 기수 차이도 적당하다고 생각했다. 다만 그것은 나 혼자만의 생각이었다. 윤석열 검찰총장은 감찰부장으로 따로 염두에 둔 검찰 출신 변호사가 있었고, 나를 결코 원하지 않았다는 것을 나중에 알게 되었다.

첫 출근의 기억

2019년 10월 18일 대검찰청에 부임하던 첫날, 대검 감찰부에서 보낸 검정색 그랜저 차량이 내가 사는 아파트(서울 서초구 아크로비스타) 1층으로 왔다. 윤석열 대통령이 당선 후 첫 출근을 하던 날 차를 탄 장소와 같다.

그 차를 타고 과천 법무부 청사에 들러 법무부 장관 대행이던 김오수 차관으로부터 임명장을 받았다. 이날 김오수 차관이 자신은 현재 검사가 아니라면서 내게 "검사로 임명되어 부럽다"라고 말을 건넨 기억이 난다. 감사원 출신의 마광열 법무부 감찰관실에서 이성윤 검찰국장과 차담을 한 뒤 서초동 대검에 들어갔다. 이성윤 검사와는 이날 처음 인사를 나누었다.

대검에 도착해 8층 검찰총장실로 올라가니 대검 부장들과 사무국장이 모여 있었다. 윤석열 검찰총장과 대면하고 선 채로 인사를 나누었다. 아크로비스타에 산다고 하니 몇 동 몇 호인지 물었다. 나중에 알고 보니 같은 동 주민이었다.

인사를 나누고 소파에 앉았다. 처음 만남에서 으레 있기 마련인 악수를 건네지 않아 조금 의아했다. 검찰총장이 디귿(ㄷ) 자로 배열된 소파의 중앙에 앉았고, 총장 왼쪽에는 강남일 대검 차장이, 오른쪽에는 내가 앉았다. 이어서 대검 부장들이 앉았다.

그 자리에서 윤석열 검찰총장이 이야기한 몇 가지 사항이 있다. 첫 번째는 감찰에 착수하기 전에 총장에게 보고하고 총장의 승인을 받아서 하라는 것이었다. 대검찰청 감찰본부 설치 및 운영 규정 제4조 제1항에 따르면, 감찰부장은 감찰개시 사실과 그 결과만을 검찰총장에게 보고하도록 되어 있다. 사전 보고와 승인은 규정과 맞지 않는다. 더군다나 2013년 국정원 댓글 수사 및 재산등록과 관련해 감찰대상이 되어 정직처분을 받은 적이 있는 윤 총장이 이 규정의 존재를 모를 리가 없는데도 규정과 다른 이야기를 한 것이다.

윤 총장은 또 매일 오전 열리는 대검 부장회의에 감찰부장은 들어오지 않아도 된다고 말했다. 역대 감찰부장은 대검 부장회의에 들어오지 않았고, 감찰부장 입장에서도 대검 부장회의에 들어오지 않으면 편할 것이라고 했다. 나는 대검 부장회의에 참석하길 원했다. 대검 전체 업무를 파악해서 감찰 업무를 원활하고 정확하게 처리하려면, 대검 부장회의에 참석해 검찰조직 현황과 의사결정을 파악하는 게 당연하다고 봤기 때문이다. 그런데 당시에는 알지 못했지만 역대 대검 감찰부장은 대검 부장회의에 참석해왔다.

윤석열 총장의 속내

나는 과거 검찰총장 시절 대검 부장회의 전례를 살펴봤다. 김진태 검찰총장의 경우에는 차장검사 배석하에 ①반부패부장 보고 ②공안부장 보고 ③부장들 모두 참석(감찰본부장, 대변인 참석) 방식으로 운영했다. 김수남 검찰총장과 문무일 검찰총장의 경우 차장검사 배석하에 ①반부패(강력)부장 보고 ②공안부장 보고 ③부장들 모두 참석(감찰본부장, 대변인 참석)이었다. 참고로 김오수 검찰총장은 차장검사 배석하에 모든 대검 부장들이 참석했으며, 대변인은 선보고 후 퇴실하는 방식으로 운영했다.

하지만 나는 몇 달 동안이나 부장회의에 참석하지 못했다. 그러다가 2020년 2월 새로 부임한 구본선 대검 차장검사에게 회의 참석 의사를 피력했다. 구 대검 차장은 역대 검찰총장별 대검 부장회의에 감찰부장이 참석해온 사실을 조사·확인한 후 그 자료를 윤 총장에게 보고했고, 비로소 나는 부장회의에 참석할 기회를 얻었다.

그런데 대검 부장회의에 몇 차례 참석하던 중에 윤 총장과 어느 대검 부장과의 의견불일치가 발생하면서 윤 총장이 회의를 중단하는 사태가 벌어졌다. 윤 총장은 전체 부장회의를 중단하고, 사무국장·운영지원과장→대변인→수사정보정책관→필요시 부장 개별보고 순으로 오전 회의를 진행했다. 윤 총장이 차장검사, 대변인, 수사정보정책관과는 매일 회의를 한 후에 기획조정부장, 반부패·강력부장, 공공수사부장, 정책기획과장, 형사과장, 감찰과장 등 필요한 간부들과 사안별로 수시로 업무를 논의하는 체제로 운영된 것이다.

당초 윤 총장은 감찰부장 임명에 관심이 아주 많았다. 본인이 원하는 검찰 출신 인사가 있었던 것으로 알려지기도 했다. 그런데 자신이 원했던 사람이 아닌 판사 출신의 내가 임명되었으니 탐탁지 않았을 것이고, 첫 만남에서 무슨 이야기를 할지 미리 계산해두었을 것이다. 당시 한동훈 반부패·강력부장, 이원석 기획조정부장 등 자신과 가까운 사람들에게도 의견을 물었을 것이다. 그래서 '감찰 착수 시 총장의 승인을 받고 할 것', '대검 부장회의에 참석하지 말 것'이라는 두 가지 사항을 부임 첫날 첫 대면 자리에서 말한 것이라고 생각한다.

윤 총장의 속내는 무엇이었을까? 감찰을 시작할 때부터 자신의 허락을 받으라는 것은 감찰부장 당신 마음대로 감찰을 하지 말라는 뜻이다. 그리고 대검 부장회의에 들어오지 말라는 것은 그의 말처럼 감찰부장인 나의 편의를 위한다거나 수사기밀이 있다는 등의 이유라기보다는 일종의 집단 따돌림이라고도 볼 수 있을 것이다. 대검 부장회의에 들어가지 못하니 그 안에서 논의되는 검찰의 각종 현안과 소식을 알 수 없었고, 대검 감찰부 과장이나 부속실 계장, 실무관에게도 부서장으로서 위신이 서지 않았다.

법무부에서 감찰부장 면접을 볼 때 어느 위원이 했던 질문이 떠올랐다. "검찰총장이 싫어한다면 어떻게 할 것인가?" 나는 출근 첫날부터 이런 상황에 직면했다. 소명의식이 없었다면 바로 그만두었지 2년 9개월이라는 시간 동안 대검에서 근무하지는 못했을 것이다.

"검찰의 편파수사, 정치개입 부끄럽다"

첫날 검찰총장실에서 이야기를 마치고 나와 점심을 하기 위해 이원석 부장 관용차를 타고 서초동 소재 '부산복집'에 갔다. 박찬호 공공수사부장, 한동훈 반부패·강력부장, 이원석 기획조정부장 등과 복지리를 먹었다. 한동훈 부장은 자신이 성당 복사(천주교에서 사제의 전례 집전을 보조하는 평신도)를 한 적이 있다고 말했고, 또 검사가 자기가 맡은 사건에서 성과를 못 내면 무능한 것이라고도 했다. 이원석 부장은 내가 서산지원에서 근무할 때 2년 차 검사여서 안면이 있는 사이였다. 그 자리에서는 특별히 문제될 만한 이야기가 오가지 않았다. 각자 종교 이야기 등을 편하게 나누었다.

그런데 점심을 마치고 대검으로 복귀하는 차 안에서 이원석 부장이 진혜원 검사가 병가를 자주 낸다고 이야기했다. 부임 첫날 들은 감찰 업무와 관련된 구체적인 대화였고, 당연히 감찰부장 업무에 대한 대검의 의견으로 받아들였다. 이날 나는 진 검사의 이름을 처음 들었다. '문제가 있는 검사라서 감찰부에서 모종의 조치가 필요한가' 하는 생각을 했다.

알고 보니 진혜원 검사는 내가 부임하기 한 달 전인 2019년 9월 10일 검찰 내부 게시판인 '이프로스'에 '검찰의 편파수사, 정치개입 부끄럽다'라는 제목으로 글을 올린 사람이었다. "저희 회사가 지난주까지 장관 후보자님의 자녀가 엄청난 범죄혐의가 있다는 인상을 수시로 줬다. 물러나지 않으면 주변을 쑥대밭으로 만들 것이라는 사인을 줬다"라며 조국 전 장관에 대한 수사방식을 비판한 것이다. 내가 대검 감찰부장으로 근무하는 내내 국회 국정감사를 할 때마다 미래통합당(현 국민의힘) 소속 법사위 국회의원들로부터 진 검사를 감찰하고 징계하라는 요구가 빗발쳤다.

사실 일선 청이나 대검 감찰3과에서는 이프로스와 페이스북에 글을 올린 진 검사의 행위가 비위로 인정되는지 명확하지 않다고 본 것 같았다. 또한 진 검사의 적극적 반응에 대한 부담이 있어서인지 감찰 절차에 속도를 내지 않았다. 나는 특별히 진 검사에 대한 감찰을 지연할 이유가 없었고, 실제 그러지도 않았다. 일선 청에서 올라오는 관련 사건을 모아 징계 절차를 진행했다. 대검 감찰부의 징계 절차는 감찰위원회 회부가 중요한데, 이때 해당 감찰과에서 감찰결과 보고서를 작성해 위원들에게 제시·낭독한다. 나는 검찰개혁을 주장하는 표현의 자유와 관련하여 참작할 점이 있다는 의견을 적시했다. 이 건은 감찰위원회 의결결과에 따라 법무부에 징계 청구되었다.

검사라는 말이 낯설었지만

대검찰청 7층 705호실이 감찰부장실이다. 첫 인상은 방이 무척 크다는 것이었다. 차관급 크기의 방이라는데, 율촌 변호사 사무실이 매우 좁은 것과 비교되어 더 그렇게 느꼈는지도 모르겠다. 10여 명 이상 앉아 회의할 수 있는 테이블이 있었고, 세면대도 따로 있었다. 부속실에는 계장 1인과 실무관 1인이 근무했다.

6층에는 감찰1과와 2과가 있고 11층에는 특별감찰단

이 있었다. 당시 윤석열 검찰총장 이후 인사발령된 신승희 감찰1과장, 정희도 감찰2과장, 황병주 특별감찰단장, 각 과별 대검 연구관들, 감찰부 서기관, 사무관 등과 인사를 나누었다. 11층은 대검 중수부가 있던 곳인데 특별감찰단장실에는 검찰총장실, 대검 차장실과 같이 화장실이 따로 있는 점이 특이했다. 예전에 감찰부 소속 수사관으로부터 노무현 대통령이 생전에 대검 중수부에서 조사를 받기 전 특별감찰단장실 테이블에서 차를 마셨다는 이야기를 들었다. 간혹 특별감찰단실을 방문해서 그 테이블에 앉게 되면 마음이 숙연해지곤 했다.

감찰1과장은 평검사와 직원들에 대한 감찰, 감찰2과장은 통합사무 감사, 특별감찰단장은 고검 검사급 이상을 감찰한다.[*] 황병주 특별감찰단장은 권순정 대변인과 동기이며 차장검사급으로 최선임이었다.

감찰부 사람들과 인사를 나누며 출근 첫날이 정신없이 지나갔다. 나는 법무부에서 받아 온 〈검사선서〉에 '2019년 10월 18일 검사 한동수'라고 적은 뒤 감찰부장 책상 테이블 유리 안에 끼워놓았다. 검사라는 말이 아직 낯설었지만, 감찰

---

[*] 임시조직이었던 특별감찰단은 고위직 검사들에 대한 감찰 강화를 위해 2020년 2월에 정식직제인 감찰3과로 변경되었다.

부장에 지원해서 오길 잘했다는 생각이 들었다.

나는 이 순간 국가와 국민의 부름을 받고
영광스러운 대한민국 검사의 직에 나섭니다.
공익의 대표자로서 정의와 인권을 바로 세우고
범죄로부터 내 이웃과 공동체를 지키라는
막중한 사명을 부여받은 것입니다.
나는 불의의 어둠을 걷어내는 용기 있는 검사,
힘없고 소외된 사람들을 돌보는 따뜻한 검사,
오로지 진실만을 따라가는 공평한 검사,
스스로에게 더 엄격한 바른 검사로서
처음부터 끝까지 혼신의 힘을 다해
국민을 섬기고 국가에 봉사할 것을
나의 명예를 걸고 굳게 다짐합니다.

나는 대전지법 홍성지원장으로 근무할 때 대전·청주 관내 법원공무원 기관장 투표에서 1위에 꼽힐 정도로 판사들 및 직원들과 원만하게 잘 지낸 경험이 있다. 고맙게도 다들 맡은 바 직무를 성실하게 수행해주었다.

대검에서도 여러 간부들이나 감찰부 직원들과 잘 지낼 것이라고 생각했다. 실제로 검찰 내부에서 선의를 가지고 나에게 따뜻한 시선을 보내준 분들을 기억한다. 지금은 어떨지 모르겠지만 황병주 특별감찰단장은 몇 달이 지난 후 나에게 '사'(私인지 邪인지는 확실치 않다)는 없다고 했고, 윤석열 검찰총장이 나를 '양반'이라고 평했다는 말을 어느 검찰 직원으로부터 간접적으로 전해 듣기도 했다.

그렇지만 첫 출근 다음 날부터 새벽 3시 반이면 잠에서 깼다. 따로 운동을 하지 않았는데도 몇 달 만에 몇 킬로그램씩 살이 빠졌다. 긴장된 생활의 연속이었다.

쿠데타와 조선일보

쿠데타는 국민의 의사와는 관계없이 무력 등의 비합법적인 수단으로 정권을 빼앗기 위해 일으키는 정변을 말한다. 우리나라에는 5·16 군사쿠데타와 12·12 군사쿠데타가 있었다. 이후 5·18민주화운동과 6월 민주항쟁의 숭고한 희생이 있었고, 하나회 해체 등 군대 민주화가 이루어졌다. 그 결과 우리나라에서 무력에 의한 군사쿠데타는 불가능해졌다. 그 대신 정권을 바꿀 수 있다는 허황된 꿈을 꾸는 극보수언론과 검찰 세력이 등장했다. 군대 무력이 아닌 합법적인 수사권과 기소권, 그리고 여론조작을 통한 새로운 유형의 쿠데타다.

조현오 전 경찰청장은 2019년 5월 8일 서울서부지방법원 재판에 출석해 이렇게 증언했다. "이동한 조선일보 사회부장이 집무실로 찾아와 '우리 조선일보는 정권을 창출할 수도 있고 정권을 퇴출시킬 수도 있습니다. 이명박 정부가 우리 조선일보하고 한판 붙자는 겁니까?'라고 했다."

　　박근혜 대통령 탄핵은 조선일보와 TV조선이 박근혜 정부에 등을 돌렸기 때문이라고 보는 시각이 있다. 물론 우병우 민정수석과 조선일보 사이의 대립을 계기로 TV조선이 미르재단과 K재단과 청와대와의 연관성을 밝혀내는 보도를 쏟아냈고, 고영태로부터 제보를 받은 최순실의 이른바 '의상실 영상'을 공개하여 박근혜-최순실 게이트를 촉발한 것은 사실이다. 그러나 박근혜 파면결정에는 헌법재판소 재판정을 휘감던 세월호 어린 영혼들의 절규가 있었다. 광화문을 비롯한 전국 방방곡곡에서 외쳤던 "대한민국의 주권은 국민에게 있다"라는 민초들의 도도한 힘과 의지도 있었다. 때가 되면 국민들이 나라를 바로잡아놓는 것이다.

쿠데타와 빨갱이 색출

2020년 3월 19일 오후 6시경 검찰총장의 호출을 받고 8층 총장실로 올라갔다. 대검 부장들이 모여 있었다. 윤석열 검찰총장은 허 모 검사의 본인상 빈소가 마련된 삼성의료원 장례식장에 문상을 가려고 했는데 코로나19로 조문이 취소되었다면서 대검 부장들과의 저녁 '번개 모임'을 제안했다.

이주형 과학수사부장이 서울 서초구 서래마을에 있는 한식당 '어여쁜한우'를 추천해 그곳으로 이동했다. 구본선 차장검사와 심재철 반부패·강력부장을 제외한 대검 부장들이 참석했다. 검찰총장이 도착하기 전까지 대검 부장들은 너나없이 당시 최대 관심사였던 4·15 국회의원 선거에 대해 이야기를 나누었다. 소관 부서인 배용원 공공수사부장에게 의견을 물어보니 잘 모르겠다고 답했다. 이정수 기획조정부장은 코로나로 인해 야당인 미래통합당(현 국민의힘)이 우세할 것이라고 전망했다.

나는 대검 부장 가운데 연수원 기수와 나이가 선임이어서 의전상 검찰총장의 왼쪽 옆자리에 앉았다. 술을 전혀 하지 않았기 때문에 윤 총장이 하는 말을 빠뜨리지 않고 잘 들을 수 있었다. 윤 총장은 그간 건강상 이유로 술을 안 하고 있었는데, 이날따라 기분 좋은 상태에서 소주와 맥주를 섞은 폭탄주를 여러 잔 마셨고 호기롭게 많은 말을 했다.

그날 기억나는 윤 총장의 발언을 기록으로 남긴다. 그가 한 말은 단순히 사적인 말이 아니라 검찰조직을 이해하는 중요한 단서이기도 하다. 내가 윤 총장과 저녁 회식을 한 것은 세 번에 불과하다. 그러니 그의 말 한 마디 한 마디에 더욱 집중할 수밖에 없었다.

먼저 '전생'과 관련된 말이다.

윤석열 일제 때 태어났으면 마약판매상이나 독립운동을 하였을 것이다.

나는 천주교 신자이지만 '천불교'(천주교이자 불교) 신자로 오해받을 정도로 불교에 관심이 많다. 해인사 원당암에서 용맹정진 참선을 하고《금강경》《능엄경》등 관련 서적을 읽으며 공부했다. 그렇기 때문에 육신통(불교에서 말하는 여섯 가지 초인적인 능력) 중 전생을 아는 것은 높은 신통력이라는 것을 알고 있었고, 경허선사의 말씀처럼 전생을 볼 줄 안다고 신통을 내세우는 것은 백이면 백 가짜일 가능성이 높다고 파악하고 있었다. 윤 총장에 대해서는 강릉의 심 도사 등과 교류한다는 말을 익히 들어 알고 있었다. 그래서 나는 윤 총장이 어떤 무속인이나 그와 비슷한 가짜 승려 등과 교류하고 있으며 그 사람에게 속고 있구나 하는 생각을 했다.

참고로 검찰에서는 인사철에 승진을 할 수 있는지 점을 보거나 본인이 승승장구할 수 있을지 풍수나 사주 등을 보고 팔공산 등에서 기를 받거나 기도를 하는 검사들이 적지 않다. 위험한 일을 하다 보니 자아 깊은 곳에서 두려운 마음이 들고, 검사장 등으로 승진하고자 하는 욕망이 강한 조직이다 보니 상대적으로 무속 등에 대한 의존도가 더 큰 것이라는 생각이 들었다. 다음은 '쿠데타'와 관련된 말이다.

윤석열 만일 육사에 갔더라면 쿠데타를 했을 것이다. 쿠데타는 김종필처럼 중령이 하는 것인데 검찰에는 부장에 해당한다. 나는 부장 시절로 돌아갔으면 좋겠다.

그의 입에서 문득 튀어나온 "쿠데타"라는 단어가 충격적이었다. 윤 총장은 삼권의 한 축인 사법부의 수장인 대법원장을 구속시켰고, 대통령인 이명박·박근혜를 잇따라 구속 수사한 사람이다. 그 어조와 톤이 본인의 의지가 담긴 것이어서 단순한 농담이나 소회로 들리지 않았다. 검찰로 치면 부장에 해당한다는 말까지 하는 것으로 볼 때, 수사권·기소권을 통해 국내 정세를 좌우하는 권력을 지금 실감하고 있다는 소리로 들렸다. 부장 시절로 돌아갔으면 좋겠다는 말은 현장에서 직접 선수로 뛰고 싶은 일종의 호승심을 표현하는 것으로 느껴졌다.

시간이 흐른 뒤 김관정 형사부장에게 물어보니 "쿠데타"라는 말은 기억이 안 난다고 했다. 그러나 나는 윤 총장의 바로 왼쪽 옆자리에서 들었고, 혼자 술을 마시지 않아 취하지도 않았으며, "쿠데타"라는 말이 너무 충격적이라 회식을 마친 후 바로 업무수첩에 적어두기까지 했다. 그러니 내가 들은 것은 "쿠데타"가 맞다.

마지막으로 조선일보 사주를 만난 이야기다.

윤석열 조선일보 사주를 만났다. 조선일보 일가는 평안도에서 내려온 사람들이고, 반공의식이 아주 투철하다.

서울중앙지검장 시절에 방상훈 조선일보 사주를 만났다는 보도 내용을 스스로 인정한 것이다. 윤석열 총장은 2002년 검찰을 떠나 법무법인 태평양 소속 변호사로 일한 적이 있는데, 그 시절에 방상훈 사장의 탈세 형사사건을 변호한 인연으로 이미 알고 있는 사이였다.

나는 조선일보 일가가 평안도에서 내려왔고 반공의식이 투철하다는 말을 그때 처음 들었다. 검색을 통해 확인해보니, 조선일보 일가가 평안도에서 내려온 사람들이라는 말은 사실이었다. 1933년 조선일보를 인수한 방응모와 1954년부터 1964년까지 조선일보를 경영한 방일영, 1964년부터 1993년까지 조선일보를 경영한 방우영 모두 평안북도 출신이다. 1993년부터 현재까지 조선일보를 경영하고 있는 방상훈은 1948년 서울에서 출생했으나 평안도 출신인 방일영의 아들이다. 윤 총장은 이런 말도 덧붙였다.

윤석열 평안도 출신의 결속력은 아주 대단하다. 평안도 출신 사람들은 같은 평안도 출신인 리영희 기자에 대해 진실을 보도한 기자일 뿐 빨갱이는 아니라고 보고 있다. 동아일보는 전북 출신인데 전라도 사람이 보수적인 입장을 가지게 되면 더욱 강하게 된다.

전라도 사람들이 보수적인 입장을 가지게 되면 더욱 그 성향을 강하게 드러낸다는 사실은 새롭게 듣는 시각이었다. 실제로 몇몇 호남 출신 검사들이 이른바 '윤석열 사단'으로 맹렬히 활동하고 있었다. 이들은 생존을 위해서라도 더욱 보수적인 색채를 강하게 표현할 수밖에 없을 것 같기도 했다.

윤석열 검찰 역사는 빨갱이 색출의 역사다.

이른바 '빨갱이 색출'은 공안부 검사들의 역할이었는데, 특수부의 수장격인 윤석열 검찰총장의 입에서 "빨갱이 색출의 역사"라는 말이 나와 생경했다. 만일 조선일보 사주가 반공의식이 투철하다면 조선일보 사주와 공감하는 과정에서 이 말이 나왔을 것이고, 조선일보 사주로부터 반공의식에 관한 일종의 점검과 교양이 이루어졌을 수도 있지 않을까 추론해본다. 당시 이수권 인권부장의 관여하에 이루어진 미국 CIA 국장과 윤석열 총장의 만남에 관한 이야기도 나왔다. 이와 관련하여 단순한 수사공조나 협조 방안 모색과는 차원이 다른 정치적인 성격의 만남이라는 분석 기사도 있었다. 그리하여 나는 윤석열 총장이 검찰에 있을 때나 대통령 선거 후보로 나섰을 때 자주 사용한 '자유민주주의'라는 말은 반공이데올로기를 의미한다고 이해했다.

검찰 수사를 통한 쿠데타

2020년 3월 19일, 이날 윤 총장의 발언을 더 깊이 이해하려면 몇 가지 상황을 추가하는 것이 좋을 것이다. 우선 2020년 1월 인사를 앞두고 황병주 특별감찰단장이 한 말이다. 황 단장은 세칭 '윤석열 라인'으로 분류된다. 그는 윤 총장이 서울중앙지검장으로 재직할 때 서울중앙지검 첨단범죄수사부장으로 근무했고, 윤 총장이 대통령이 된 후에는 대검 형사부장으로 승진했으며, 현재 서울동부지검 검사장이다.

2020년 당시 차장급이었던 황병주는 대검 권순정 대변인과 연수원 29기 동기이고, 카카오톡으로 총장에게 감찰 업무를 수시로 보고하는 등 대검 내 위치가 상당한 편이었다. 그때 그는 감찰부장실에서 확신에 차서 화난 목소리로 이렇게 말했다. "이번 총선에서 야당이 승리할 것이다. 근무 중 자리를 비운 이성윤 서울중앙지검장이 법무부 차관 등을 만났다면 공무상 비밀 누설로 영장을 쳐야 하는 사안이다." 윤석열 사단에서는 총선에서 야당의 승리를 예상하고 있었다는 것이다.

실제로 전대미문의 코로나 확산으로 민심이 출렁이고 있었다. 특히 3월 19일은 이른바 '제보자X'로 알려진 지현진 씨가 며칠 후 채널A 본사를 방문해 유시민 관련 제보를 하기로 약속한 날의 며칠 전이었다. 윤 총장은 한동훈 반부패·강력부장으로부터 이 사실을 보고받고 있었을 것으로 추론한다. 그 이유는 다음과 같다.

　한동훈은 점심 또는 저녁 식사 중에도 조국 전 법무부장관의 페이스북이나 유시민 씨의 유럽 출국 정보를 수시로 총장에게 전할 정도로 많은 것을 보고하고 있었다. 한동훈이 윤 총장의 최측근이라는 말은 틀린 말이 아니다. 그는 당시 김유철 수사정보정책관과 고등학교, 대학교 선후배 사이였고, 청와대 행정관으로 함께 근무한 적이 있을 뿐만 아니라, 수사정보정책관실(수정관실)로부터는 업무상 각종 정보를 보고받는 위치에 있었다. 수정관실은 그 무렵 총선 관련 여론조사 결과를 수시로 수집·정리하고 있었다. 외부에서는 잘 모르는 일이지만, 검찰은 업무와 관련된 사항이 있으면 정말 사소한 것까지 상급자에게 보고한다. 그래서 나는 윤석열 총장도 '제보자X'의 동태를 그때그때 잘 알고 있었으리라고 합리적으로 추론한다.

　대검 내 모 부장검사로부터 '이노공 성남지청장은 서울중앙지검 차장으로 근무할 때 회식자리에서 폭탄사로 총장의 대권을 바라는 취지의 발언을 하여 검사장 승진에서 탈락했다고 믿고 있다'는 말을 듣기도 했다. 모 검사장으로부터는 윤 총장이 책은 잘 읽지 않지만 MBC 드라마 〈제3공화국〉 〈제4공화국〉 〈제5공화국〉을 열심히 시청하면서 언론 대응과 통치술에 대한 공부를 했다고 들었다. 드라마에는 박정희, 전두환의 군사쿠데타가 등장한다.

윤 총장으로서는 이른바 '대호프로젝트'가 진행 중인 상황에서 조선일보와 중앙일보 사주와의 만남을 통해 대권에 대한 내심의 야망이 싹트고 있었을 때다. 결국 이날 총장의 호기어린 다수의 말들은 4월 총선에서 야당이 승리해 검찰개혁 입법이 원점으로 돌아가고, 대권을 향한 자신의 입지에 무언가 생기기를 기대하던 차에 나온 게 아닐까 생각한다. '쿠데타'라는 단어까지 사용한 것을 보면, 군대에 의한 무력 쿠데타가 아니라 검찰 수사를 통한 쿠데타를 의식했던 것은 아닐까.

동아일보는 2020년 12월 18일 〈한동수 "수사 통한 쿠데타" 진술서 제출…檢 내부 반발 확산〉이라는 제목으로 다음과 같이 보도했다. 윤석열 총장 대리인에게도 징계기록에 대한 열람 등사를 허용한 것으로 기억하는데, 아마도 윤석열 총장 대리인을 통해서 동아일보 기자에게 전달된 것으로 보인다.

"군대에 의한 무력 쿠데타가 아니라 검찰 수사 통한 쿠데타를 의식하고 있는 것 아닌가 하는 생각이 든다."

한동수 대검 감찰부장이 윤석열 검찰총장에 대한 법무부 감찰 과정에서 법무부에 이 같은 내용이 담긴 진술서를 제출한 것으로 18일 전해졌다. 한 부장은 윤 총장 징계 사유 중 하나인 채널A 사건 감찰 및 수사 방해 의혹과 관련해 법무부 조사를 받으며 "윤 총장은 총선에서 야당이 이길 것으로 생각한 듯하고 이 사건은 한동훈 검사장이 혼자 한 것이 아니라 총장이 같이 한 것"이라는 취지로 진술한 것으로 알려졌다.[7]

나는 2022년 5월 8일 국회에서 열린 한동훈 법무부 장관 후보자 인사청문회 때도 동일한 취지로 증언했다. 그런데 공모관계에 의한 쿠데타라는 점에 대한 뚜렷한 반박은 지금까지도 찾아볼 수 없다. 나의 진술이 터무니없다고 생각하는지 아니면 현 정권의 정통성에 관한 약점을 지적하는 뼈아픈 사실이어서 어떻게든 쟁점화하고 싶지 않은 것인지는 알 수 없다.

충돌의 시작

충돌의 전초는 한동훈 관련 사건이었다. 내가 감찰부장으로 근무한 지 두 달여 만에 임은정 검사가 감찰제보시스템을 통해 한동훈 검사에 대해서 내부제보를 했다. 한동훈이 자신의 지위를 부정하게 이용해서 처남인 진동균 검사가 법무심의관실에 배치되도록 부당한 인사청탁을 했는지, 그리고 사법농단 수사와 관련해 구 모 판사의 소환 시기를 기자에게 알렸는지 여부를 조사하는 일이었다.

사건이 접수되고 얼마 지나지 않았을 때다. 2020년 1월 16일 황병주 특별감찰단장이 찾아와서 사건의 처리 방향에 관해 물었다. 나는 "경험칙, 상식에 비추어 (그런 행위가) 있을 수 있다. 당시 법무심의관실 검사에 대한 추가조사, 해당 기자가 누구인지에 대한 추가조사를 할 필요가 있다"라고 말했다. 황 단장은 "알겠다"라고 답했고, 신승희 감찰1과장은 "있을 수 있는 일이다. 추가조사가 필요하다"라고 말했다.

1월 17일 황 단장은 '관련자들에 대한 전화조사 결과를 수사보고 형식으로 정리했다'면서 임은정 검사를 조사하고 진술을 청취할 필요가 있을지 의문이라는 취지로 사건보고를 했다. 나는 기록을 검토해보겠다고 답했다.

1월 20일 황 단장이 다시 찾아와 사건 검토가 어떻게 되고 있냐고 물었다. 나는 "임은정 검사에 대한 대면조사와 진술조서 작성, 주상용 검사와의 대질 등이 필요하다. MBC 〈PD수첩〉 보도 내용과 검찰이 법조기자단에 제공한 내용을 비교해 차이점이 있는지 등을 살펴봐야 한다"라고 답했다. 사건의 경위와 검찰의 관행이 어떻든 자신의 처남 인사에 대해 언급하는 것 자체가 부적절하고, 또한 언론에 수사상황을 알리는 행위 역시 부당하다는 것이 내 생각이었다.

그런데 황 단장은 이런 나의 의견을 받아들이지 않았다. 처남 문제에 대해서는 "인사청탁 사실이 없다", 수사정보 유출에 대해서는 "오보 대응" 차원의 일이라고 했다. 황 단장은 또 "(감찰을 계속하면) 임은정 검사의 정치행위에 이용된다. 별 사안이 아니다"라며 "지난 금요일(15일)에 한동훈 부장으로부터 어떻게 되었느냐는 전화를 받았다"라고 전했다.

내가 사건을 종결하지 않겠다는 입장을 유지하자 황 단장은 감찰부장실 테이블 맞은편에 앉아 나를 조사하듯 내 말을 기록했다. 그리고 내가 말한 내용을 그대로 어딘가로 보고하겠다고 했다. 왜 이리 서두르는 것일까? '사건 접수 후 3개월 내 처리하면 되는데…… 이 민감한 인사철 시기에…… 왜?' 하는 생각이 들었다.

그로부터 열흘 후인 2020년 1월 30일 하루 연가를 내고 논산훈련소에 입소하는 아들을 데려다주던 날, 황 단장으로부터 또 연락이 왔다. 한동훈 관련 건에 대해 검찰총장 주재하에 특별감찰단장, 감찰1·2과장 등이 참석하는 회의를 열어 결론을 내리기로 했다는 전화였다. 내가 대검 감찰부장으로 부임한 이후 처음으로 윤석열 검찰총장이 감찰부 업무에 적극적으로 개입하는 태도로 나선 것이다. 돌아가는 상황을 보니 나 혼자만 소수의견으로 몰릴 형국이었다. 그런데 잠시 뒤 검찰총장이 감찰부장을 압박하는 모양새가 되니 회의를 열지 않기로 했다는 전화를 황 단장으로부터 다시 받았다. 검찰총장이 의견을 번복한 경위나 배경은 알 수 없지만 실제로 그 회의는 열리지 않았다.

채널A 검언유착 사건

충돌의 시작도 한동훈이 관련된 '채널A 사건'이었다. 2020년

3월 31일과 4월 1일 MBC는 신라젠 수사와 관련해 채널A 기자가 검사장과의 유착관계를 바탕으로 유시민 노무현재단 이사장의 비위를 캐려고 했다는 의혹을 보도했다. 추미애 법무부 장관은 4월 2일 검찰총장(감찰3과장)을 수신자로 지정해 '최근 언론보도 관련, 진상확인 보고 지시'를 내렸다. 사회적 이목이 집중되는 언론보도 내용의 진상을 확인해 검찰 고위 관계자 등의 비위발생 여부 및 진상확인 결과를 신속하게 보고해달라는 내용이었다.

윤석열 검찰총장이 대검 부장 가운데서도 한동훈과 각별히 가까운 사이라는 것은 옆에서 지켜봤기 때문에 잘 알고 있었다. 더군다나 총선을 앞두고 언론을 통해 이슈화된 만큼 매우 중요한 사안이었다.

나는 4월 1일 허정수 감찰3과장에게 이 사건의 감찰이 필요하다는 의견을 밝혔다. 다음 날인 4월 2일 허 과장은 진상조사가 필요하다는 의견에 동의했고, 총장 보고용 문건을 작성해 왔다.

우리는 검찰총장실로 올라갈 준비를 했다. 부속실에 미리 연락한 뒤 허 과장과 함께 총장실에 들어갔다. 윤 총장은 법무부 장관의 진상확인 지시를 알고 있었다. 더구나 감찰부장이 직접 보고하러 온다고 하니 당연히 채널A 사건 때문이라는 것도 알고 있었을 것이다.

총장실로 들어가니 윤 총장은 책상에 다리를 올려놓은 채 스마트폰을 보고 있었다. 얼굴이 붉어져 있어 화가 난 것처럼 보였다. 평소 내가 방문하면 존댓말을 쓰며 자리에 앉으라고 권하던 모습과는 딴판이었다. "채널A 사건과 관련해 보고드릴 게 있습니다. 채널A 기자가 녹음한 음성파일과 한동훈 음성의 동일성 부분만 확인되면 클리어되는 사건입니다." 이렇게 내가 보고하자 그는 "한동훈 것이 아니라고 한다"라면서 다음과 같이 말했다.

> **윤석열** 과수부(과학수사부)와 인권부 일이다. MBC와 채널A에 자료 요청했다. 자료 오면 감찰부에 넘겨주겠다. 감찰 사안이 아니다. 법무부에서 감찰3과로 공문을 보낸 것은 잘못된 일이다. 3과 보고문서는 거기에 놓고 가라.

총장실 책상 왼쪽 상단 모서리 부분에 내가 들고 온 보고문서를 놓고 가라는 말이었다. 나는 그냥 놓고 나가면 안 될 것 같다는 생각이 들었다. 그래서 윤 총장에게 읽어보시라고 손가락으로 한 줄 한 줄 짚어가며 이렇게 말했다.

> **한동수** 감찰부장으로서 보고드립니다. 인권부장은 자신의 업무 소관이 아니라고 했습니다. 이 건은 감찰부 소관이라

고 생각합니다. 감찰부가 MBC 제보자 소환조사, 음성파일 확보를 위한 조사에 나서는 것이 타당하다는 의견입니다.

내 말이 끝나자 윤 총장은 이렇게 말했다. 단 세 글자로.

윤석열 조사해.

한동수 그러면 진상확인을 위한 조사를 승인한 것으로 알겠습니다. 인권부 업무와 병행해서 진행하겠습니다.

그러자 윤 총장은 "병행?"이라고 날카롭게 목소리를 높이면서 내 쪽으로 다가왔다. 윤 총장의 덩치는 무척 크다. 순간 나를 칠 수도 있겠다는 생각이 들 정도로 위협적이었다. 윤 총장은 매주 월요일 오찬시간에 서울중앙지검 특수부 및 대검 중수부 검사 시절을 회고할 때가 있었는데, 어느 특수부 검사가 피의자 옆에서 골프채를 휘두른 적이 있었다는 말도 했다. 순간 특수부 조사를 받은 피의자들은 이런 식으로 위협을 느꼈겠구나 하는 생각이 스쳐 갔다.

윤석열 해. 그런데 일일 보고해.

총장에게 사건을 매일 보고하면 감찰조사에 개입할 여

지가 커지겠다는 위기감이 들었다. 나는 변호사로 법정에서 변론하던 때와 같이 초집중하며 그에게 또박또박 답을 했다.

한동수 매일 보고드릴 사항이 없을 수도 있으니 자료가 나오거나 보고할 사항이 있으면 보고를 드리겠습니다. 감찰부에서 조사받은 적이 있어 인적 사항을 알고 있는 지현진(채널 A 사건의 제보자)을 조사하겠습니다. 한동훈이 스마트폰을 임의 제출하지 않으면 압수수색영장으로 확보하는 방법이 있겠습니다.

윤석열 쇼하면 안 되잖아.

한동수 쇼라면 시작도 하지 않습니다. 여러 가능성을 열어두고 객관적으로 조사하도록 하겠습니다.

"쇼하면 안 되잖아"라는 총장의 말이 상황과 맥락에 맞지 않는 이상한 말로 느껴졌다. 나도 모르게 순간적으로 이와 같은 답변이 저절로 나왔다.

총장실을 나와서 허정수 감찰3과장과 함께 대책을 논의하려고 7층 감찰부장실로 이동하는데, 구본선 대검 차장이 감찰3과장을 호출했다. 허 과장은 8층으로 올라갔다가 감찰부장실로 돌아왔다. 그에 따르면, 총장실에서 총장, 차장, 자신(감찰3과장)이 함께 만났는데 윤 총장은 법무부 장관이 감찰부장에게 감찰을 지시하는 법적 근거가 무엇인지 검토할 것을 차장에게 지시했다고 한다.

참고로 법무부 장관은 '최근 언론보도 관련, 진상확인 보고 지시' 공문에서 2019년 10월 21일 신설된 법무부 감찰규정 제4조의2 제3항 '대검찰청 감찰부장은 검찰공무원의 범죄나 비위를 발견한 경우에는 그 내용이 극히 경미한 경우를 제외하고는 이를 지체 없이 법무부 장관에게 보고하여야 하고 그 처리결과와 신분조치 결과도 지체 없이 법무부 장관에게 보고하여야 한다'는 규정을 근거로 삼았다.

"쇼하면 안 되잖아"

나는 바로 이수권 인권부장에게 전화를 걸었다. 그는 MBC와 채널A에 자료 요청 공문을 발송한 사실을 모른다고 했다. 이정수 기획조정부장에게 연락하니 "오늘 2시 총장 지시로 보냈다. 기획조정부는 검토하지 않고 자료가 오면 감찰부로 바로 보내겠다"라는 답이 돌아왔다. 윤 총장은 조금 전 총장실에서 내게 인권부의 일이라고 했지만 인권부와 사전에 논의한 게 아니었다.

나중에 알려진 바에 따르면, 당시 윤석열 총장과 그의 부인 김건희는 채널A 사건 관련자인 한동훈과 전화통화 및 카카오톡 메시지를 수시로 교환하고 있었다. 한동훈은 손준

성 대검 수사정보정책관, 권순정 대검 대변인과 채널A 사건
이 보도된 3월 31일부터 4월 2일 사이에 하루 최대 127차례
문자메시지를 주고받은 것으로 드러났다. 더욱이 4월 1일에
도 윤 총장과 한동훈은 밤늦게까지 전화통화를 했다. 대변인
은 통상 검찰총장의 입으로 총장과 수시로 소통하고, 수사정
보정책관은 검찰총장의 눈과 귀이자 최측근 부서로서 총장에
게 필요한 논리 개발과 심층적인 전략 수립과 법리 검토를 하
는 역할을 한다. 나중에 고위공직자범죄수사처(공수처) 수사
등을 통해 알려진 바에 따르면, 채널A 사건 외에도 고발사주
의혹과 관련한 4월 3일자 고발장 작성과 전달도 동시에 진행
되고 있었다.

　　따라서 4월 2일 윤 총장이 한 여러 행위들과 격분한 동
작은 다음과 같은 추론이 가능하다. 그가 발을 책상에 올려놓
고 화가 난 표정으로 "놓고 가라"라고 한 것은 미리 준비된
행위라는 인상을 지울 수 없다. 그 정도면 물러설 줄 알았는
데 감찰부장인 내가 선선히 물러서지 않자 "쇼하면 안 되잖
아"라는 말이 튀어나오면서 자기도 모르게 위협적인 접근 등
으로 이어진 게 아닐까 추측한다.

　　감찰부장인 내가 보고한 후 총장실에서 곧바로 감찰
3과장을 불러 법무부 장관이 감찰부장에게 진상확인 지시를
하는 법적 근거가 무엇인지 검토하라고 한 것도 이미 측근들

끼리 사전에 논의된 내용일 것이다. 감찰에 들어가기 전 감찰부로 하여금 법적 근거가 무엇인지 검토하여 보고하라는 지시는 결과적으로 감찰을 지연시키고 약화시키는 효과를 얻을 수 있기 때문이다. 이러한 수법은 대검 등 지휘부에서 자주 활용하는 방법이기도 하다.

또한 기획조정부장과 인권부장이 전혀 모르는 내용이었다는 점에서 윤 총장 최측근인 한동훈, 손준성, 권순정 사이의 단톡방에서 이 부분과 관련한 논의가 이루어지지 않았을까. 한동훈은 압수된 휴대폰의 비밀번호를 알려주지 않았고 서울중앙지검에서 무혐의처분을 하는 바람에 끝내 열리지 않았다. 대검 총·차장과 그 사이에 있었던 긴박한 상황을 직접 경험한 당사자로서 채널A 관련 논의가 그 휴대폰에 담겨 있었을 것으로 짐작한다.

문득 한동훈과의 일화가 떠오른다. 그는 2021년 인사발령으로 대검을 떠나기 직전에 감찰부장인 내 방으로 찾아왔다. 내 방 탁자 유리 아래에는 모 작가의 판화인 개복치에 대한 인쇄 그림이 끼워져 있었다. 바다를 유유히 다니는 개복치는 최대로 성장하면 길이 4미터, 무게 2톤에 이르는 대형 어류다. 그 형상과 움직임이 묘한 평화를 주는 생물인데, 검찰의 바다를 유영하는 나 자신 같기도 했다. 그런데 한동훈이 자신도 개복치를 안다고 했다. 개복치를 아는 사람은 드물었기 때문에 당시에는 그저 생물에 관심이 많나 보다 생각했다 (나중에 일본 게임에 개복치가 등장한다는 것을 알게 되었다). 그러면서 자신의 명함을 건네주었다. 이상했다. 처음으로 인사를 나누는 자리도 아니고, 이미 휴대전화번호도 알고 있는데, 왜 명함을 내밀었을까. 이상했지만 뭔가 앞으로 자신과 친하게 지내자는 의미로 다가왔다.

그렇게 느낀 이유가 있다. 2010년 한명숙 전 국무총리 정치자금법 위반 사건을 수사하던 서울중앙지검의 어느 특수부 검사가 참고인에게 명함을 건네주었다는 일화가 떠올랐기 때문이다. 그것은 회유수단이었다. 참고인은 그때부터 그 검사와 자신이 특별한 관계라는 인식을 갖게 되었다고 진술했다.

채널A 사건과 검찰총장의 감찰방해

윤석열 검찰총장에게 채널A 사건을 보고한 그다음 날은 4월 3일 금요일이었다. 윤 총장은 이날 연가를 내고 하루 종일 출근하지 않았다. 주말이 지나 4월 6일 월요일에도 연가를 냈다. 사실 그때까지 윤 총장은 연가를 잘 내지 않았는데 연이어 출근을 하지 않은 것이다. 감찰부 진상조사가 이루어지려면 휴대폰 입수 등이 신속하게 필요했기 때문에 그 부분을 총장에게 보고하고 진행할 생각이었는데 정작 총장이 연가를 내고 출근하지 않으니 답답한 상황이었다.

총장 부속실 비서가 각 부장실 실무관에게 메신저 쪽지를 보냈다. 병가 중인 총장에게 보고할 사항이 있으면 문자로 보고하라는 내용이었다. 과거에 윤 총장이 서울중앙지검장 재직 시 연가를 내고 자신이 지휘하던 이른바 적폐청산 수사를 중단하겠다면서 청와대로부터 수사권 조정과 관련해 자신이 원하는 바를 얻어냈다는 이야기를 들은 적이 있다. 때로 검사가 연가나 병가를 내고 출근하지 않는 것은 목적을 이뤄내는 유력한 수단이 될 수 있다.

4월 6일 오후 감찰3과장에게 "출석요구 등 조사에 착수해야 하지 않는가"라고 말했더니 "윤 총장의 '조사해'라는 말은 본뜻이 아닐 수 있으니 다시 연락해보는 것이 좋겠다"라는 답이 왔다. 감찰3과장의 의견을 듣고 보니, 당시 윤 총장의 격앙된 태도로 볼 때 비진의의사표시(非眞意意思表示, 의사를 표현하는 자가 의사와 표시가 일치하지 않는다는 것을 스스로 알면서 하는 의사표시)일 수도 있겠다는 생각이 들었다. 감찰3과장이 있는 자리에서 오후 4시 7분 윤 총장에게 문자메시지를 보냈다.

"병가 중 보고드려 죄송합니다. 4. 2. 대면보고드린 바와 같이 감찰3과에서 MBC 제보자에 대한 출석요구 및 자료제출 요구를 진행하고자 합니다. MBC와 채널A로부터 자료 입수는 현재 사실상 기대하기 어려운 상황인 것 같습니다. 감찰부장 한동수 드림."

이 문자에 이어 'MBC 뉴스보도 관련 법무부 장관 지시 보고'라는 제목의 4월 2일자 문서 사진도 송부했다. 곧바로 윤 총장으로부터 전화가 왔다. 내가 "4월 2일 보고드린 바와 같이 출석요구를 하겠다"라고 말하자 그는 큰소리로 "조사하지 마라"라며 일방적으로 전화를 끊었다.

"조사하지 마라"

4월 7일 화요일에도 윤 총장은 연가를 내고 출근하지 않았다. 이날 오후 2시 15분 감찰3과장과 함께 차장실로 올라갔다. 이 자리에서 감찰3과장은 〈MBC 보도 관련, 진상확인 조치 검토〉 자료를 구본선 차장에게 보고했다. "법무부 감찰규정 제4조의2 제3항을 근거로 법무부 장관이 감찰부장에게 진상확인 보고 지시를 할 수 있는지에 대해서는 견해 대립은 있다. 그러나 박수종 변호사의 검사와의 유착 의혹에 대한 감찰 지시, IDS홀딩스 언론보도 관련 비위 관련 조사 지시, 김 모 차장검사 명예퇴직 관련 진상확인 지시와 회신이 이루어진 사례가 있다. 이번 MBC 보도 관련 건도 대검 감찰부 차원에서 진상확인이 진행 중이다."

나는 구본선 차장에게 "MBC 언론보도 관련 감찰개시 보고문서를 지참했는데 이 부분도 차장에게 직접 보고할까요?"라고 물었다. 구 차장은 감찰 관련 사항은 감찰부장이 총장에게 직보(直報)하는 것이 맞다고 말한 적이 있었다. 이날도 구 차장은 이 부분은 본인이 보고를 받지 않겠다면서 총장에게 직접 문자메시지로 보고드리라고 했다.

감찰부장실에 돌아와 총장을 수행하는 김 모 계장에게 전화를 걸어 총장이 출근하지 않은 이유를 물었다. 종기가 있는데 병원에 입원한 것은 아니고, 총장 자택으로 의사가 아닌 누군가가 와서 치료 중이라고 했다.

오후 4시 15분경 감찰3과장과 전윤경 특감팀장이 있는 자리에서 수신 확인이 가능한 카카오톡으로 대검찰청 감찰본부 설치 및 운영 규정 제4조 제1항 제1호에 따른다는 근거 규정을 명시해 다음과 같은 감찰개시 보고서를 촬영한 사진 2장(본문, 별첨 각 1장)을 윤 총장에게 전송했다.

〈MBC 보도 관련, 진상확인을 위한 감찰개시 보고〉

—비위혐의 요지: 대상자(검찰 고위 관계자)는 ①2020. 2.~3. 채널A 기자가 수감 중인 前 신라젠 대주주 이철 측에 접근하여 관련 수사내용을 거론하며 특정인의 비위를 캐내려 하는 과정에서, 채널A 기자에게 '3월 중순경 검찰의 이철 소환예정 사실 등' 이철에 대한 수사진행 상황 등의 수사정보를 알려주고, ②채널A 기자가 이를 이용하여 이철 측을 접촉하게 되면 그 반응을 다시 알려달라고 말하는 등 채널A 기자를 수사에 이용하려는 취지의 말을 하여 공무상 비밀 누설 및 품위 손상.

—향후 계획: 진상확인을 위한 감찰개시(별첨 '대검 감찰본부 설치 및 운영 규정' 제4조에 따라 감찰개시 사실 보고).

메시지를 송신하자마자 곧바로 수신확인이 되었다. 하지만 윤 총장은 아무런 응답이 없었다. 1시간 30분쯤 경과한 5시 40분경 감찰부장실에서 감찰3과장과 특감팀장에게 '중요 사항이니 내가 댁을 방문하여 직접 보고를 드리거나 전화로 확인해야 하느냐'고 물었다. 그들은 일치된 의견으로 '추가로 확인 전화 필요 없고, 이 문자보고로 적법하다'라고 했다.

그런데 오후 6시경 구본선 차장이 나를 호출했다. 감찰3과장과 함께 8층 대검 차장실로 올라가니 이정수 기획조정부장이 있었다. 구 차장은 총장 말씀을 전달한다고 했다. '만일 개시되었다면 일단 중단하라'는 취지라고 했다. 나는 이렇게 말했다. "공적 행위에 조건이나 잠정적인 의견이 있을 수 없다. 중단하라는 근거가 무엇이냐. 이미 보고 완료되었고 감찰이 개시되었다."

그럼에도 불구하고 검찰총장의 중단 지시에 따라 감찰3과장 등 감찰부 소속 검사들은 더 이상 감찰을 하지 못했다. 나는 감찰3과장에게 제보자에 대한 출석요구 조사 및 한동훈에 대한 휴대폰 임의 제출 요구 등을 진행하자고 말했으나 소용없었다. 더는 어찌할 도리가 없었다.

　다음 날인 4월 8일 수요일 새벽이었다. 당시 새벽 3시 반이면 눈이 떠지던 나는 스마트폰으로 우연히 조선일보 기사를 보게 되었다. 〈대검 간부, 윤석열에 "측근 감찰하겠다" 문자 통보〉라는 제목이었다. 전날 오후 4시 15분경 윤 총장에게 보낸 감찰개시 보고와 관련해 "사실상 항명", "조국 전 법무부 장관이 사퇴 전 청와대에 임명을 제청했던 인사", "한 본부장과 법무부 간에 모종의 교감", "진보 성향 판사들의 모임인 우리법연구회 멤버" 등의 프레임으로 감찰부장인 나를 공격하는 내용이었다. 순간 오보라는 생각이 들면서 '어떻게 이것이 보도되었지?' 하는 의문이 들었다. 감찰개시 보고 사실을 아는 사람은 총장과 차장, 감찰과장 등 극소수였다. 더구나 감찰개시 보고 당시 윤 총장은 문자를 받고도 아무런 반응이 없었는데, 기사에는 윤 총장의 반응이 추가되어 있었다.

　뜬눈으로 밤을 보내고 출근하니 윤 총장도 이날은 출근한 상태였다. 그런데 바로 퇴근할 것이라는 이야기가 들렸다. 나는 총장실로 올라갔다. 전날 구본선 차장이 전해준 '감찰을 중단하라'는 말이 대검찰청 감찰본부 설치 및 운영 규정 제4조 제2항에 따른 감찰중단 지시인지 불명확하니 그 취지를 총장에게 직접 확인할 필요가 있었다.

총장실에 도착하니 강의구 비서관이 적의를 드러내며 공격적인 태도로 나를 맞았다. 총장에게 보고를 하겠다고 하니 병원에 간다는 이유로 거절했다. 부속실 비서는 매우 곤혹스러운 표정으로 "제가 어떻게 하겠습니까"라고 말했다.

부속실에 서서 대기하고 있는데 윤 총장이 나왔다. 운동복 차림이었다. 그때만 해도 대한민국 검찰총장이 근무시간 중에 운동복 차림으로 총장실에서 나온다는 것을 상상하기 어려웠던 터라 충격이었다. 윤 총장은 나를 보더니 "보고할 것이 있으면 문자로 보고해"라는 말을 획 던지고 지나쳤다. 엘리베이터 앞까지 총장을 따라갔지만 더 이상 대화는 할 수 없었다. 그때가 오전 11시 45분이었다.

윤 총장이 보고를 받지 않고 그대로 퇴근하자 나는 대검 차장실로 갔다. 두 가지를 파악하기 위해서였다. 구본선 차장은 "조선일보에 어떻게 보도가 났지?" 하면서 자신은 아니라고 했다. 또 본부 규정 제4조 제2항에 따른 감찰중단 지시인지를 총장에게 직접 문자를 보내 확인하겠다고 하니 그러지 말라면서 만류했다. 자기가 총장에게 전화해본 뒤 내게 알려주겠다고 했다.

이 상황을 어떻게 이해해야 할까. 당시에 나는 이렇게 생각했다. '감찰부 소속 감찰3과장과 특감팀장이 조선일보에 알려줄 리는 만무하므로 총장, 차장, 그리고 감찰부장인 나밖에 모르는 내용이 조선일보에 보도된 것은 차장이 대변인 경험을 바탕으로 조선일보에 흘린 것 같다(추후 감찰대상 검토 대상).' 나는 당시에도 차마 윤 총장이 언론에 흘렸을 것이라고는 생각하지 못했다.

그런데 차장은 본인이 아니라고 했다. 그 말이 맞다면 남은 사람은 총장뿐이었다. 2022년 5월 8일 한동훈 법무부장관 후보 청문회에서 내가 증언했듯이, 윤 총장은 당시 세계일보 김 모 기자에게 감찰개시 보고 사실을 알려줬고, 김 모 기자가 다시 조선일보 박 모 기자에게 이를 전달하면서 기사화되었다는 것을 알게 되었다. 당시 제보자 인적 사항은 대검 감찰부와 수사정보정책관실만 알고 있었는데 이 부분도 조선일보에 보도되었다.

조선일보 보도는 감찰대상자에게 알려지면 안 되는 내밀한 정보 중 하나인 감찰개시 사실을 보도한 것일 뿐만 아니라 '메신저'(감찰부장)를 공격하는 전형적인 수법이다. 이날 조선일보 보도를 기점으로 나는 조선일보, 중앙일보, 문화일보 등 보수언론으로부터 공격을 받고 매도당하기 시작했다. 사실 검찰 내부에서조차 감찰개시 사실을 언론에 흘린 것은 너무하다는 분위기가 형성되었다. 여러 사례를 겪으면서 언론에 수사상황 등을 흘리는 것은 검찰청 직원이나 평검사는 감히 하지 못하며 결재라인이나 공보라인에 있는 고위직 검사가 한다고 보는 게 맞겠다는 확신을 가지게 되었다.

검찰은 언론을 이용하고, 언론은 프레임을 짜서 여론을 움직이면서 검찰 수사에 영향을 미치거나 때로는 수사 방향을 지휘하기도 한다. 감찰개시 사실은 공무상 비밀 누설에 해당하는데, 행위자는 그 부분에 대한 위법의 인식 자체가 없거나 이를 무시할 정도로 과감했던 것으로 보인다.

다음 날인 4월 9일 오전 9시 검찰총장 부속실 강의구 비서관을 감찰부장실로 불렀다. 강 비서관은 부속실에서 보인 자신의 언동은 총장이 병원에 가야 하니 결재가 어렵다고 한 것일 뿐 적대적 태도는 아니었다고 소명했다. 나는 그대로 믿기 어려웠지만 이해하기로 마음먹었다. 강 비서관은 총장실 특수활동비 관련 장부 및 금전 집행 실무 등을 담당했다. 윤석열 검찰총장이 사직한 후 자신의 본래 특기 분야인 수사정보정책관실로 갔고 윤 총장이 대통령에 당선되자 대통령실로 자리를 옮겼다.

4월 8일 조선일보 보도 이후 문화일보 등에서 대검 기자단 소속 기자 스스로는 알 수 없는 비공개 규정과 해석 자료를 근거로 한 보도가 이어졌다. 감찰부장이 감찰을 개시하려면 사전에 감찰위원회 심의를 거쳐야 한다거나 감찰개시는 검찰총장의 승인사항이므로 감찰개시를 반려할 수 있다는 등 윤 총장 측의 일방적인 주장을 대변하는 기사들이었다.

이와 관련하여 누가 감찰 관련 규정과 해석 자료를 언론에 제공했는지 살펴본 적이 있다. 이정수 기획조정부장은 기획조정부가 이 일에 관여하지 않았다고 나에게 말했다. 임승철 감찰1과장은 구본선 대검 차장의 지시에 따라 손준성 수사정보정책관에게 관련 자료를 건네주었다고 사후에 나에게 말했다. 임 검사와 손 검사가 실제로 메시지를 주고받은 기록이 있다.

　　나는 감찰개시 보고 후에 윤 총장이 감찰부의 감찰을 일방적으로 중단시킨 것은 전형적인 직권남용 권리행사방해죄에 해당된다는 견해를 가지고 있었다. 그렇기 때문에 이러한 일련의 기사들은 나를 공격하는 뜻도 있지만, 감찰개시와 관련하여 무언가 심각한 이론적 논란이 있는 것처럼 만들어 나중에 직권남용 혐의를 벗어나고자 하는 사전 대비로도 생각되었다.

　　그때마다 일일이 오보 대응을 하지는 못했지만, 해당 보도에서 지적한 쟁점마다 법적 검토를 진행한 뒤 관련 문건을 작성해두었다. 대검 감찰부에서 작성한 문서들은 모두 법무부 징계기록에 편철되었고, 징계 취소 소송에도 제출된 것으로 안다.

　　채널A 사건은 대체로 충실히 기록되어 있고, 감찰중단이 명백한 사안이므로, 대통령 퇴임 후 등 일정 기간이 경과하면 반드시 형사적으로 문제가 될 것으로 생각한다. 윤석열 총장에 대한 정직처분 취소 소송에 대한 행정법원 판결에서도 윤 총장의 채널A 감찰중단을 징계사유로 인정했다. 사실 행정법원 판결을 그대로 옮겨 적으면 직권남용 공소장이 될 정도다. 내가 감찰부장으로 근무하면서 절차를 지켜 흠 없이 한 일 가운데 하나다.

검찰 수사를 믿을 수 있을까

2020년 4월 15일, 이날은 국회의원 선거일이었다. 사전투표를 마치고 가벼운 마음으로 인왕산으로 향했다. 윤동주 시비가 있는 곳으로 해서 정상으로 향하는 코스였다. 문득 김윤상 변호사(전 대검 감찰과장)로부터 근거 없는 공격을 당한 것에 대해 설명을 해야겠다는 생각이 들었다.

4월 9일 김윤상 변호사는 채널A와 현직 검사장의 유착의혹에 대해 내가 감찰에 착수하겠다면서 윤석열 검찰총장에게 휴대전화 문자로 통보했다는 보도와 관련해 "정권의 끄나풀", "법무법인에서 일 잘못 배운", "검찰업무에 (대해) 쥐뿔도 모르면서 너무 나대면" 등 거친 표현을 사용하면서 비난하는 글을 자신의 페이스북에 올렸다(현재는 삭제). 중앙일보는 이날 곧바로 〈"정권 끄나풀의 시정잡배질" 한동수 때린 前 감찰본부 후배〉라는 제목으로 보도했다.

조선일보의 4월 8일 기사(〈대검 간부, 윤석열에 "측근 감찰하겠다" 문자 통보〉) 이후 연일 벌어지고 있는 '메신저 공격'의 일환이었다. 김 변호사는 연수원 동기이기는 하지만 연수원 시절에 교류한 기억은 없다. 다만 내가 율촌에서 기업 형사사건을 수행할 때 함께 사건을 변호한 적이 있다. 그가 검찰 출신이라는 점이 고려되어 율촌 소속 검찰 출신 변호사의 소개로 일을 맡긴 것으로 안다. 이처럼 아예 모르는 사이도 아닌데, 왜 이렇게 사실에도 맞지 않는 과도한 표현으로 나를 공격하는지 그 이유를 알 수 없었다.

김윤상 변호사를 알고 있는 사법연수원 동기로서 그 중앙일보 기사를 본 차규근 출입국관리본부장이 "말도 안 되는 이야기는 무시하라"며 전화를 주었다. 당시 나는 대검 기자단은 물론이고 모든 기자들과 일절 접촉하지 않고 있었다. 페이스북에도 직접적인 표현은 삼가면서 은유적이고 함축적인 글을 올릴 뿐이었다. 더욱이 당시는 총선을 일주일 앞둔 때였고, 사실과 다르다는 이유로 감찰업무 영역을 언급하는 것은 적절치 않다고 생각해서 묵묵히 감내했다.

하지만 '중요한 감찰개시 보고를 총장에게 문자메시지로 하는 사람'이라는 비난을 받는 것에 대해 내 명예를 위해서라도 최소한의 사실은 밝혀야 한다는 생각이 들었다. 마침 선거 당일 점심 무렵이었고, 이 시간이면 선거에 영향이 없을 것이라고 판단했다. 그래서 다음과 같은 글을 인왕산 정상 부근 진달래꽃 근처에서 페이스북에 게시했다.

> 지금 필요한 검사의 덕목은 '겸손'과 '정직'인 것 같다. 이를 위한 여러 제도적 장치를 생각해볼 수 있다. 언론은 있는 그 대로의 '사실'을 말해야 하는 구성 부분이다. 사실과 상황을 만들고자 하면 사람의 마음을 상하게 하고 사회를 병들게 할 수 있다.
>
> MBC 보도 관련, 진상확인을 위한 감찰개시 보고는 일방 통보가 아니라 수차례 검찰총장, 대검 차장에 대한 대면보고 및 문자보고 후에 이루어진 것이다. 당시 병가 중인 총장님이 정하신 방식에 따라 문자보고된 것이다. 보고 당시 그 근거로서 감찰본부장의 직무상 독립에 관한 '대검찰청 감찰본부 설치 및 운영 규정' 제4조 제1항 제1호를 적시하여 이루어진 것이었다. 그런데 보고 다음 날 일부 언론에 사실과 다른 내용으로 보도되었다.[8]

페이스북에 글을 올리고 나서 인왕산을 내려와 시청 앞을 통과할 무렵 기자들로부터 예상치 못한 전화들이 걸려

왔다. 나는 답변하지 않았지만 그날 내가 쓴 페이스북 내용이
보도되었다.

　이를 계기로 나는 페이스북을 최소한의 공보기능과 업
무수단으로 활용했다. 채널A 사건과 관련해 감찰부의 오보
대응은 완전히 막혀 있는 상황이었고 대변인은 검찰총장의
지휘 아래 놓여 있었기 때문에, 나는 자기 검열을 하면서 추
상적이고 은유적인 표현으로 글을 게시할 수밖에 없었다. 그
러나 당시의 모든 글에는 감찰업무를 처리하면서 경험한 특
별한 순간과 고민의 흔적이 담겨 있다.

　4월 16일 아침에도 인왕산에 올랐다. 청와대와 광화
문, 남산이 한눈에 내려다보이는 인왕산 석굴암에 올라 머리
를 비우고 출근했다. 윤 총장의 감찰중단 지시 이후 감찰부에
서 채널A 사건에 대해 아무것도 할 수 없는 답답한 날들이었
다. 감찰대상자의 증거인멸 행위가 뻔히 눈에 보이는 상황이
었고, 윤 총장의 부당한 지시 아래 감찰부장으로서의 소신과
양심에 반하는 것을 감내해야 했다. 나는 감찰3과장에게 감
찰개시 보고가 되었으니 독자적으로 압수수색영장을 청구하
면 어떻겠느냐는 말을 해봤으나, 윤 총장의 지시에 따를 수밖
에 없다는 입장이었다. 이러한 상황에 대해 나는 '검찰청법상
검사동일체라는 말은 삭제되었지만, 검찰총장을 정점으로 하
는 검사동일체가 여전히 강고하다'고 페이스북에 은유적으로

표현했다.

아무것도 할 수 없는 답답한 나날들

채널A 사건을 서울중앙지검에서 수사하기까지는 약간의 과
정이 있었다. 당시 감찰3과장을 비롯한 감찰부 검사들은 윤
총장의 중단 지시에 따라 모두 손을 놓은 상태였다. 그럼에도
나는 대검 감찰부에서 감찰을 하고, 필요하면 수사로 전환하
는 것이 타당하다는 입장에는 변함이 없었다.

　　법무부 검찰국장을 하다가 대검 반부패·강력부장으로
부임하여 대검에서 같이 근무하게 된 심재철 검사는 서울중
앙지검에서 수사를 잘할 것이니 거기로 보내는 것이 어떻겠
느냐는 의견을 주었다. 이정현 서울중앙지검 1차장에게 연락
을 취했다. 그는 전화통화에서 '서울중앙지검은 대검 감찰부
와 보충적 지위에 있으니 대검의 입장을 밝혀주면 수사하겠
다'는 입장을 밝혔다. 나는 이정현 차장과 통화하면서 "공모
관계, 검사의 정치적 중립 의무, 검사장 신분에 수사가 위축
되지 않을 수 있는지" 등에 대해서 그의 구조적인 인식과 의
지를 확인했다. 이 차장은 이 사건을 수사하는 기회에 검언유
착 척결이 필요하므로 검사장 등 신분 고하를 불문하고 수사
의지가 있고 준비도 되어 있다고 말했다.

　　감찰3과장, 특감팀장과의 내부 회의에서도 서울중앙지

검 수사로 가는 것이 타당하다는 일치된 의견이었다. "서울중앙지검에서 수사하면 감찰부는 조사를 하지 않는다"라고 이정현 차장에게 말하니, 이 차장은 "감찰부 공문이 있으면 좋을 것 같다"라고 말했다. 나는 서울중앙지검에서 독자적으로 하면 될 것 같다고 말했다. 나는 온 마음을 다해 채널A 사건의 진상을 제대로 밝히고 싶었다. 하지만 서울중앙지검의 수사를 온전히 믿기는 어려웠다. 그래서 서울중앙지검에서 신속히 압수물을 획득하고 올바르고 정확한 수사가 될 수 있도록 상황과 자료를 공유하는 등 안전장치를 두어야겠다고 생각했다.

그런데 이수권 인권부장을 찾아가 이야기해보니 '인권부의 상황과 자료를 감찰부에 공유해줄 수 없다. 총장님 지시의 취지에 반하기 때문이다. 인권부가 자료를 확보한 후 검토하는 시간을 예측하기도 어렵다'라는 취지로 말했다. 4월 2일 이후 태도가 바뀐 것이다. 나는 "이것은 감찰 사안인데 감찰 개시 권한을 인권부가 가지려는 것이냐"라고 반문했다. 이미 감찰이 개시되었음을 인권부장에게 다시 고지했다.

6월 6일 업무수첩에 이런 소회를 적었다. 서울중앙지검이 수사를 시작한 지 상당한 시간이 흘렀지만, 특별한 수사 결과가 나오지 않던 때였다.

검찰의 수사를 믿을 수 있을까? 중앙지검장, 1차장을 믿을 수 있을까? 반부패부장을 믿을 수 있을까? 3과장, 팀장을 믿을 수 있을까?

철저히 수사하고 또 경우에 따라 총장까지 수사할 수 있을까? 믿고 가야 한다고 하지만, 대검 감찰부에서 직접 수사하는 것이 타당하지 않았나 하는 그런 생각도 든다.

법무부 장관의 침묵은 또 무엇인가? 늘 밤마다 노심초사하며 이 상황을 지켜보고 있다. 왕래가 많지 않던 공송부장, 인권부장이 내 방을 찾아와 나의 동태를 살피는 것, H 검사장의 연수원 동기이자 검찰 출신으로 서울중앙지법 영장전담 판사를 했던 대학 친구 모 부장판사가 갑자기 나를 만나자고 연락이 온 것도 모두 석연치는 않다.

주여 당신의 뜻을 이루소서. 그에 어긋나지 않도록 나를 이끌어주소서.

한동훈의 휴대폰과 법기술

정진웅은 한동훈을 수사하다 역으로 기소되는 황당한 일을 겪었다. 이른바 2020년 7월 29일 발생한 '한동훈 독직폭행' 사건이다. 정진웅 검사는 2020년 10월 27일 기소되어 1심에서는 징역 4월에 집행유예 1년을 선고받았다가 항소심에서 무죄를 선고받았고, 2022년 11월 30일 대법원에서 상고기각으로 무죄가 확정되었다.

그러나 대검찰청은 무죄 확정 6개월 만인 2023년 5월 품위유지 위반을 이유로 법무부에 정 검사에 대한 징계를 청구했다. 정 검사는 이미 광주지검 차장검사에서 충북 진천 소재 법무연수원 연구위원으로 좌천성 인사발령을 받은 상태였다. 징계가 청구되면 의원면직이 되지 않고 명예퇴직도 할 수 없다(국가공무원법 제78조의4, 국가공무원 명예퇴직수당 등 지급 규정 제3조 제3항 등). 정 검사는 사건 발생 후 2년 4개월 만에 어렵게 무죄판결을 받았지만 검찰총장의 징계청구로 말미암아 또다시 징계가 확정되기 전까지 법무부 장관이 사표 수리를 해주지 않으면 의원면직을 할 수 없다. 변호사라는 직업을 선택할 수도 없고, 2억 원가량의 명예퇴직수당도 수령할 수 없는 처지에 묶여 있는 것이다. 정진웅은 무엇을 잘못해서 이러한 곤욕을 치르는 것일까.

한동훈과 정진웅

정진웅은 당시 서울중앙지검 형사1부장으로 검언유착 사건으로 불리는 채널A 사건을 수사 중이었다. 형사1부장은 부장 중 선임이 맡으며 다음 인사에서 차장검사로 승진이 유력한 자리다. 보통 검사장에 대해 압수수색영장을 집행할 때는 부장검사가 검사, 수사관들과 함께 간다. 검찰이 법무연수원 연구위원이던 한동훈의 스마트폰 유심칩을 압수하는 과정에서 몸싸움이 있었는데, 한동훈이 서울고검에 독직폭행 진정서를 제출했고, 서울고검은 신속히 수사로 전환해 정진웅을 독직폭행치상으로 기소했다.

　　몸싸움 직후 정진웅이 병원에 누워 있는 사진이 보도되면서 그는 온갖 조롱과 공격을 받았다. 나는 판결문에 나온 것처럼, 정진웅은 한동훈이 휴대폰을 초기화하는 등 삭제한다고 여긴 나머지 급박하고 긴장한 상태였고, 또한 완력이 상당하고 자신의 상급자이기도 한 전직 반부패·강력부장 한동훈으로부터 강제로 휴대폰을 취득하는 과정에서 한꺼번에 힘과 정신을 쏟았으며, 그러다 병원에 가야 할 정도로 탈진 상태에 이르렀다고 생각했다.

그러나 정진웅이 한동훈의 몸 위에 올라타거나 정진웅이 한동훈 책상 위로 뛰어오른 것처럼 사실을 과장하거나 왜곡한 카툰 등 조선일보, 중앙일보 등 보수언론으로부터 일제히 공격당하면서 수사팀은 동력을 잃었다. 결국 한동훈에 대한 기소는 이뤄지지 않았다. 당시 한동훈도 함께 기소하는 게 타당하다는 의견이 있었지만, 부득이 채널A 이동재 기자만 분리 기소되었다는 말이 돌았다.

서울중앙지검의 채널A 사건 수사는 검찰 안팎에서 여러 압박이 있었다고 알고 있다. 특히 한동훈이 서울고검에 자신이 독직폭행을 당했다고 진정서를 제출하고 곧바로 서울고검 감찰부가 조사에 나서면서 수사팀 검사들이 크게 위축되었다. 이동재 기자에 대한 구속영장 청구 여부를 결정할 때도 형사1부를 총괄하는 1차장인 이정현 검사는 이성윤 서울중앙지검장에게 자신의 직을 걸겠다고 말했을 정도였다. 영장실질심사에 출석한 검사가 영장이 필요한 사유를 설명하며 감정이 북받쳐 울먹일 정도로 어려운 과정을 거쳐서 극적으로 이동재에 대한 구속영장이 발부되었다는 이야기도 전해 들었다.

검찰은 이동재 기자에 대한 영장실질심사에서 한동훈 당시 부산고검 차장검사에 대한 공모관계를 밝히기 위해 구속수사가 필요하다고 주장했다. 김동현 영장전담 판사는 2020년 7월 17일 다음과 같이 영장 발부 사유를 기재했다.

> 피의자가 특정한 취재목적을 달성하기 위해 검찰 고위직과 연결하여 피해자를 협박하려 하였다고 의심할 만한 상당한 자료들이 있다. 이러한 혐의사실은 매우 중대한 사안임에도 피의자와 관련자들은 광범위하게 증거를 인멸하여 수사를 방해하였고, 향후 계속적으로 증거를 인멸할 우려도 높다고 보인다. 실체적 진실 발견 나아가 언론과 검찰의 신뢰 회복을 위해서라도 현 단계에서 피의자에 대한 구속수사가 불가피하다고 판단된다.

영장실질심사가 있던 날, 윤석열 총장이 보인 관심이 특이하다. 그는 영장 발부를 원했을까? 아니면 영장이 기각되기를 원했을까? 영장전담 판사가 심문을 마치고 기록을 검토하던 당일 늦은 밤, 서울중앙지법에는 SBS를 비롯한 언론사 차량이 대거 출동해 법원 청사를 환하게 비추고 있었다. 같은 시각 아크로비스타에 거주하는 윤석열 총장과 그보다 키가 큰 검찰 관계자 1인이 서울회생법원 정문을 통과해 법원 구내로 들어가는 것이 아크로비스타 주민에게 목격되었다. CCTV 촬영기록 보존기한이 지났으니 확인할 수는 없겠지만, 법원 구내에서 윤 총장 일행을 스쳐 지나온 목격자의 말대로 윤 총장 오른쪽에서 함께 걸으며 윤 총장 쪽으로 얼굴을 약간 기울인 채 그에게 술이 아닌 페리에를 마셨다고 말을 건넨 남성이 누구인지 궁금하다. 윤 총장뿐만 아니라 그 사람 또한 구속영장에 관심이 많았을 것으로 추정되기 때문이다. 윤석열 총장은 4월 29일 채널A 압수수색과 관련해 "채널A와 MBC 관련 의혹 사건을 균형 있게 조사하라"라고 공개적으로 지시하는 등 채널A 사건에 각별한 관심을 표명했다.

    언론을 통한 윤 총장의 공개적 발언에 서울중앙지검은 "민주언론시민연합 고발 사건과 최경환 전 부총리 명예훼손 고소 사건의 진상을 철저하고도 공정하게 규명하기 위해 최선을 다하고 있다. 앞으로도 혐의 유무는 물론 이와 관련해 제기된 모든 의혹들에 대해 객관적 증거를 바탕으로 법과 원칙에 따라, 치우침 없이 엄정하게 수사할 것"이라는 입장을 표명했다. 민주언론시민연합은 이동재 기자와 한동훈 검사, 그리고 또 다른 채널A 기자 세 명을 협박과 강요죄 위반 혐의로 서울중앙지검에 고발했다. 최경환 전 경제부총리는 MBC 보도책임자, 취재기자, 제보자를 허위사실 유포에 대한 명예훼손으로 서울남부지검에 고소했고, 윤석열 총장이 서울중앙지검으로 이첩 지시했다. 이에 따라 위 두 사건은 서울중앙지검 형사1부에서 함께 처리하게 된 것이다.

총장에게 제출한 이의제기서

서울고검에서 서울중앙지검 직무대리 발령 형식으로 정진웅을 특가법 위반(독직폭행)죄로 기소한 지 불과 일주일이나 지났을까. 나는 윤석열 총장으로부터 정진웅에 대한 직무집행정지를 법무부에 요청하는 공문을 작성하라는 지시를 받았다. 나는 정진웅과 개인적으로 아는 사이가 아니다. 그러나 정진웅에 대한 직무정지는 채널A 사건의 수사와 공판에 영향을 미칠 것이고 진실을 덮게 될 것이라고 생각했다. 나는 채널A 사건의 실체적 진실이 중요하다고 생각했기 때문에 검찰청법에 따라 검찰총장에게 이의제기서를 제출했다. 일신상의 불이익을 당하더라도 정진웅 사건의 부당성을 알려야 한다고 생각했다. 또한 피의자인 한동훈이 검찰총장의 최측근이고, 법무부 장관이 검찰총장을 배제하고 수사팀의 독립적 수사를 보장하는 취지의 수사지휘권을 발동한 사안이라는 점을 감안해 대검 규정에 따라 대검 부장회의에서 이 건을 논의해달라고 건의했다. 그러나 나의 건의는 받아들여지지 않았다.

추미애 법무부 장관이 직무정지를 하지 않을 것이라는 점은 누구나 예상할 만한 일이었다. 그렇지만 대검 기획조정부는 늘 하던 대로 1안, 2안, 3안을 짜서 장단점을 분석하고 법무부 장관에게 직무정지를 요청하는 쪽으로 정략적 판단을 했을 것이다. 윤 총장은 마치 언론사와 약속된 보도 일자가 있는 것처럼 직무정지요청 공문 상신을 강행했고, 이는 언론에 일제히 보도되었다. 나는 이 건의 직무에서 배제되었고, 감찰부장 결재란이 빠진 상태로 공문이 작성되어 법무부에 제출되었다.

내가 윤석열 총장에게 이의제기를 한 것은 정진웅이 직무집행정지가 되면 검사 신분만 유지되고 모든 업무에서 배제되기 때문에 정진웅 개인의 희생이 큰 것도 있었지만, 무엇보다 채널A 사건의 진실이 가려질까 봐 염려되었기 때문이다. 채널A 사건의 본질은 선거에 영향을 미치려는 공직선거법 위반 행위라는 점이었고, 더 나아가 이동재 기자 단독행위를 넘어 복수의 관여자가 있는지 철저히 규명해야 했다.

한동훈이 검찰총장, 서울고검장 등과 사전 교감을 한 상태에서 진정서를 제출할 대상으로 서울고검을 선택했다는 말이 들려왔다. 당사자가 자신에게 유리한 법원을 찾아다니는 포럼쇼핑(forum shopping)과 유사한 행위다. 원래 고검은 항고 사건과 관련된 보완수사를 하는 곳이지 고소고발 사건을 처리하는 곳이 아니므로 진정 사건으로 시작해 수사로 전환하는 것은 부당하다는 견해도 있었다.

이러한 방법을 찾아낸 것도 기술이고 실력이라고 평가할 수 있지만, 검찰조직 내에 윤석열 검찰총장과 한동훈을 따르는 세력과 힘이 강하다는 증거이기도 했다. '문재인의 검찰'이 아니라 '윤석열의 검찰'이었던 것이다. 앞서 말했다시피 검찰은 어느 정부의 검찰이었던 적이 한 번도 없었다고 보는 것이 맞다. 그저 늘 검찰의 검찰이었을 뿐이다.

당시에 나는 페이스북에 이의제기서를 제출한 이유에 대하여 다음과 같이 글을 올렸다.

〈검찰총장에 대하여 이의제기서를 제출한 이유〉

'Dark Cloud'가 몰려오는 때 거짓에 속지 않고 기세에 주눅들지 않고 아닌 것은 아니라고 말하다. 채널A 사건 주임검사(현 차장검사)가 피의자(법무연수원 연구위원) 사무실에서 피의자가 손에 쥐고 있던 압수수색영장 대상물인 휴대폰을 강제로 취득하는 과정에서 피의자를 폭행하여 상해를 입혔다는 이유로, 피의자로부터 고발장을 제출받은 서울고검(고검장 조상철)은 검찰총장으로부터 서울중앙지검 직무대리 발령을 받아 위 차장검사를 특가법 위반(독직폭행)죄로 수사, 기소하였다. 사안과 피고인 및 피의자, 사건처리 경위 및 결과가 검찰 역사상 충분히 이례적이고 특별한 경우라 할 만하다.

종래 대검 감찰본부는 검사징계법 제8조 제3항에 따른 징계 청구 전의 임시적, 사전적 조치로 2개월의 범위에서 징계혐의자의 직무집행정지를 법무부 장관에 요청하는 공문을 기안해왔다. 검찰총장은 위 기소 직후 대검 감찰본부에 위 차장검사에 대한 직무집행정지 요청 공문 작성을 지시하였다. 관계 법률 규정과 선례를 살펴본 결과, 이 건은 수사완료 후 기소 전 사건 재배당(직무이전)이 이루어져 주임검사(연수원 28기)가 아닌 다른 검사가 기소한 점, 검사의 영장집행 과정에서 일어난 실력행사로서 향후 재판에서 유무죄 다툼이 치열할 것으로 예상되는 점, 무엇보다 피의자에 대한 수사 및 위 차장검사가 '직관'하고 있는 관련 재판에 영향을 미칠 우려가 있다는 점 등에 비추어 볼 때, 위 차장검사에 대한 직무집행정지 요청은 검사징계법 제8조 제3항 소정의 직무집행정지 요청 요건에 해당되지 않고 부적절한 조치라고 생각되었다. 이에 따라 검찰총장에게 대검 차장을 통하여 검찰청법 제7조 제2항에 따른 이의제기서를 제출하였다. 아울러 피의자가 검찰총장의 최측근인 점, 관련 사건에서 법무부 장관으로부터 검찰총장을 배제하고 수사팀의 독립적 수사를 보장하는 취지의 수사지휘권이 발동된 중요 사안인 점 등을 감안하여, 관련 대검 규정에 따라 대검 부장회의에서 이 건을 논의할 것을 건의하였으나 이 또한 받아들여지지 않았다. 그 직후 감찰부장은 이 건 직무에서 배제되고 결재란에서 빠진 상태로 직무집행정지 요청 공문이 작성되어 당일 법무부에 제출되었다.

그 후 어떻게 안 것인지 머니투데이는 단독기사로 법무부 검찰과 소속 검사의 개인 의견까지 들면서 오히려 법무부 장관이 직무집행정지를 부당하게 지연하고 있는 것처럼 보도하였고, 조선일보 등은 그간 반복되어왔던 우리법연구회 출신, 조국 전 장관의 임명 제청 등을 내세우며 네편 내편을 가르는 식의 프레임을 통해 이의제기권을 적법하게 행사한 감찰본부장을 공격하는 보도를 쏟아냈다.

이러한 일련의 과정에서, 지난 4월 채널A 사건에 대하여 검찰총장에게 감찰개시 보고를 하였는데 그다음 날 새벽 누군가의 유출 내지 탐지에 따라 조선일보에 개시 사실이 처음 보도되고, 총장의 인권부 배당, 감찰중단 지시에 따라 더 이상 감찰진행을 하지 못하였던 아픈 기억이 다시금 떠올랐다. 채널A 사건의 초창기, 즉 나중에 알려진 바와 같이 물증인 휴대폰과 노트북이 수차례 초기화되는 동안 대검에서 검찰총장의 사건 지휘 과정을 직접 몸으로 겪으며 경험한 그 생생한 상황과 장면들이 뇌리에 깊이 각인되었고, 결국 그때나 지금이나 채널A 사건의 진상 규명에 어떻게든 지장을 주거나 주려는 행위라는 점에서는 변함없이 동일하였기 때문이다.

그럼에도 불구하고, 채널A 사건은 과거부터 있어온 검찰과 언론, 자본 유착의 연장선상에서 비선출권력이 수사권, 기소권을 가지고 입법권력 형성에 부당하게 개입하려 하였다는 국민적 의혹이 확산되고 있는 상황이다. 따라서 채널A 사건의 본질과 관계자의 범위에 관하여, 가능하면 현재 계속 중인 검찰의 수사를 통해 그 의혹이 속 시원히 해소되거나 그 실체가 철저히 밝혀져 주권자인 전체 국민 앞에 있는 그대로 수사결과가 보고되기를 바랄 뿐이다.[9]

정진웅은 이후 광주지검 차장으로 전보되었는데, 이동재 기자에 대한 형사사건 공판에 직접 관여하다가 직무배제 등 논란이 제기되자 스스로 회피했다. 사건을 가장 잘 아는 부장급 검사가 공판에서 빠졌으니 이동재 기자에 대한 공판 수행 전력과 의지가 필시 약화되었을 것이다. 경력이 짧은 검사 1인이 홀로 공판을 수행했다고 전해 들었다.

2021년 5월 14일 이동재 기자에 대한 결심공판에서 공판관여 검사가 "구속 수감된 피해자(이철)에게 형사처벌과 검찰과의 관계를 언급하는 건 명백한 취재윤리 위반"이라는 취지로 변론했다는 기사를 봤다. 법과 도덕이 구별되는 형사 법정에서 공판관여 검사가 취재윤리를 운운했다는 게 무슨 의미일까? 실수가 아니라면, 판사로 하여금 이 사건은 형벌을 부과할 사안이 아니니 무죄를 선고하라고 대놓고 요구하는 것과 다름없다는 생각이 들었다.

이와 비슷한 상황으로, 피고인 측이 보석허가 청구를 하면 법원은 검사의 의견 조회를 거치게 된다. 이때 검사의 의견이 '기각'이 아니라 '적의처리(적절하게 처리)'라고 적혀 있으면, 판사가 이 의견을 '보석을 허가해도 이의 없다'는 뜻으로 해석하는 것과 같다. 아무리 도덕적으로 비난받을 만한 일을 했어도 형벌 규정이 없으면 처벌하지 못한다는 죄형법 정주의 아래에서 윤리와 형벌을 명확히 구별하는 것은 판사에게 유무죄 판단의 ABC와 같은 것이다.

이 사건 이후 정진웅 차장을 직접 만난 것은 2021년 광주지검에 사무감사를 나갔을 때다. 당시 여환섭 광주지검장, 정진웅 광주지검 차장과 함께 점심으로 육전을 먹었다. 그날 본 정진웅 차장은 상당히 점잖아서 신사 같다는 생각이 들었다. 나중에 대법원에서 상고기각으로 무죄판결이 확정되었을 때도 아무런 입장 표명을 하지 않은 것으로 보아 그날 내가 받은 인상이 어느 정도 맞는 것 같다.

다만 수사팀장이던 이정현 법무연수원 연구위원(당시 서울중앙지검 1차장)은 대법원 판결 직후 입장문을 통해 "한동훈 전 검사장이 수사의 정당성을 훼손하기 위해 적법한 공무집행 행위를 악의적인 '권력의 폭력'인 것처럼 고발하고 일부 검사가 그 주장을 그대로 수용해 기소했다"면서 "이제 기소에 관여한 법무부, 검찰의 책임 있는 사람들이 정진웅 검사와 국민께 사과해야 할 시간"이라고 말했다. 이정현 검사는 수사팀장으로서 당당하게 의견을 밝혔다. 전적으로 동의하는 바다.

판사사찰 문건을 세상에 알리다

심재철 서울남부지검 차장검사는 2020년 1월 대검 반부패·강력부장으로 부임했다. 대학 후배라는 이유인지 처음부터 "선배님"하면서 붙임성 있게 나를 따랐다. 그런 그가 2월 26일 〈주요 사건 재판부 분석〉이라는 6쪽짜리 문서를 들고 감찰부장실로 찾아왔다. 약간 격앙된 상태였는데, '수사정보정책관실에서 이런 것을 만들었다', '전임 반부패·강력부장인 한동훈에게 주던 것을 나에게도 생각 없이 전달한 것 같다'는 취지의 말을 했다. 당시 언론에서 보도되고 있는 중요 사건인 "청와대 및 조국 일가 관련 사건, 사법농단 사건, 국정농단 사건, 국회의원(손혜원) 사건, 세월호 수사팀 관련 사건" 순으로 일목요연하게 정리된 도표 안에 그 사건을 다루는 재판부

판사들에 대한 정보가 기재되어 있었다.

기억나는 몇 가지는 다음과 같다. 내가 법원에서 근무할 때 안면이 있던 김 모 부장판사가 김 모 차장검사의 처형이라는 사실, 모 판사가 휴일당직 전날 술을 마시고 다음 날 늦게 일어나 당직법관으로서 영장심문기일에 불출석한 사실 등 감찰부장인 나도 모르는 정보와 언론에도 보도되지 않은 사적 사항들이 적혀 있다는 점에서 충격이었다. 심재철에게 "감찰을 의뢰하는 것이냐"라고 물으니 "그것은 아니고 선배님이 보관하고 계시라"라고 말했다.

심재철의 의사와 관계없이 내가 이 문서를 가지고 감찰을 개시할 수 있을지 생각했다. 수사정보정책관실은 총장의 귀와 눈이라는 점, 또 반부패·강력부장에게 교부될 정도의 문서라는 점에서 이 문건은 검찰총장 승인하에 작성된 것이 명백했다. 그렇다면 총장의 반대를 무릅쓰고 감찰부장 단독으로 문제를 제기하고 조사하는 것은 사실상 불가능한 상황이었다.

언제든 때가 되면 진실을 밝히리라는 생각으로 나는 이 문서를 감찰부장실 캐비닛 상단에 잘 보관해두었다. 한준수 연기군수가 1992년 선거부정을 고발하면서 기자회견을 했던 장면이 떠오르면서 언제든 기자회견을 통해 국민 앞에 밝힐 만할 자료라고 생각했다.

검찰에 의한 재판의 지배

이 문서는 왜 어떤 목적으로 만들어졌을까? '검찰에 의한 재판의 지배'가 사실상 어떤 수법을 통해 이뤄지는지 그 일단을 엿본 기분이었다. 판사들은 공보관 외에는 언론기자를 상대할 일이 전혀 없다. 조용히 재판만 하는 부류의 사람들이 대부분이기 때문에 언론의 비판에 익숙하지 않다. 판사들은 여론에 약하고, 언론에서 흔들어대면 재판에 영향을 받을 수밖에 없는 것이 현실이다. 그러니 판사들을 공격할 수 있는 정보를 미리 수집해 정리하고 있다가 필요시 언론에 흘려 활용하려는 자료라고밖에는 생각이 들지 않았다.

판사들은 검찰이 얼마나 조직적으로 언론과 함께 수사와 재판을 준비하는지 알지 못할뿐더러 상상도 못 할 것이다. 언론에 보도되는 중요 사건은 수사검사가 직접 공판관여를 한다. 그들은 종전 수사팀장에게 공판진행 상황과 대응전략을 보고하고, 대검의 반부패·강력부, 공공수사부 등 관계부서, 총장과 차장의 지휘감독하에 공판을 수행한다.

예를 들어 정경심 교수에 대한 재판에서 드러난 공판관여 검사들의 행위는 사전에 치밀하게 준비되었을 뿐만 아니라 상부의 승인을 받아 진행되었을 것으로 본다. 오마이뉴스의 2019년 12월 19일 기사는 다음과 같이 재판 상황을 묘사하고 있다.

서울중앙지법 제25형사부(부장판사 송인권)가 19일 오전 진행한 정경심 동양대 교수(조국 전 법무부 장관 부인)의 4회 공판준비기일은 재판부와 검찰, 그리고 검찰과 정 교수 변호인 측의 팽팽한 신경전 속에 진행됐다. 이 과정에서 이따금 감정적인 발언이 오갔고, 특히 검찰이 재판부를 향해 강한 불만을 드러냈다.

검찰은 이날 재판에 총 9명의 검사를 투입했다. 서울중앙지검 반부패수사2부 소속의 고형곤 부장검사, 이광석·강백신 부부장검사, 김진용·천재인·강일민·안성민·곽중욱 검사와 이번 수사를 위해 외부에서 투입된 한문혁 서울남부지검 검사가 법정에 자리했다. 검사 9명, 그것도 부장검사가 직접 법정에 나왔다는 점은 그만큼 검찰이 이 재판에 신경을 쏟고 있음을 의미한다.

(중략) 이후 송 부장판사가 재판 절차를 이어가려고 하자 여러 검사가 돌아가면서 일어나 "검찰 의견을 듣지 않고 일방적으로 재판을 진행하는 건 부당하다고 생각한다", "그 외에도 이의를 제기할 내용이 있다"라고 제동을 걸었다.

이에 송 부장판사는 불만을 이야기하는 검사들의 이름을 각각 물어보며 "○○○ 검사님, 앉으시죠", "의견서를 다 읽어 봤고 저희가 유감을 표명했다"라고 대응했다.

이후 절차에 따라 변호인 측이 검찰 증거에 대한 문제점을 지적하자 검찰은 더욱 거세게 반발했다. 강일민 검사는 고성을 내지른 뒤 재판부가 아닌 방청석을 바라보며 발언을 이어가기도 했다.[10]

사건은 사건의 생긴 그대로 실체적 진실을 적법절차에 따라 밝혀야 한다. 사법권의 독립은 헌법의 핵심적 가치인데, 검찰이 인위적으로 부당한 영향을 미치는 것은 매우 부적절하다. 그런데 이른바 '판사사찰' 문건은 공판관여 검사들이 단순히 언론기사나 '한국법조인대관'(법조인의 개인정보와 프로필을 제공하는 유료 서비스) 등을 통해 수집한 정보가 아니라 총장의 최측근 검사들과 검찰에서 정보수집 능력이 가장 뛰어난 다수의 수사관(IO)들을 보유한 수사정보정책관실에 의하여 이루어졌다는 점, 그리고 사법농단 등 다른 별개의 사건에서 수집된 개인정보도 담겨 있다는 점에서 문제가 아주 심각하다고 생각했다.

이 문건의 존재가 세상에 알려진 후 내가 들은 검사들의 목소리도 함께 밝혀둔다.

"수사정보정책관실의 사무에 포함되지 않으므로 수사정보정책관실이 작성한 것은 잘못이다. 개인정보가 포함되어 있는 것은 맞다. 서울중앙지검 강백신 검사 등 특별공판수행팀이 수행하는 별개의 사건인 사법농단 사건에서 입수한 정보를 수사정보정책관실에서 활용한 것은 문제다. 그렇지만 수사정보정책관실이 아니라 공판부에서 만들었으면 문제가 없었을 것이다. 유죄 입증을 위해 열심히 한 것인데 무엇이 문제인가."

이런 맥락에서 수사정보정책관실 수사정보2담당관 성상욱 검사(현 서울동부지검 차장검사) 등은 검찰 내부 게시판인 이프로스를 통해 자신들이 작성했다고 스스로 인정하고 나섰나 보다. 그러나 2020년 12월 16일자 법무부의 징계결정문을 보면 '언론플레이에 활용할 목적으로 작성된 것'이라고 판단했다. 2021년 10월 14일 행정법원 판결은 '재판부는 윤 전 총장 지시로 대검 수사정보정책관실에서 작성된 재판부 분석 문건에 개인정보보호법을 위반해 수집된 개인정보들이 다수 포함돼 있다'며 윤 전 총장이 국가공무원법과 검찰청 공무원 행동강령을 위반했다고 판단했다.

동기인 대검 차장조차 면전에서 할 말을 잘 못할 정도로 지배력이 강한 윤석열 검찰총장이었으니 그에 대한 감찰은 현실적으로 불가능한 상황이었다. 그렇다고 해서 이를 언론에 알린다면 공무상 비밀 누설에 해당된다고 공격받을 것이다. 때를 기다릴 수밖에 없었다. 그러던 중 2020년 11월 법무부로부터 윤석열 총장에 대한 징계조사를 위해 출석하라는 통지를 받았다. 채널A 감찰방해 사건과 감찰개시 사실의 언론유출 등과 관련해 진술을 요청하는 취지였다.

　　이때 개인적으로 정말 많은 고민을 했다. 알고 있는 사실을 숨김없이 말할 것인가? '판사사찰' 문건에 대해서도 말할 것인가? 나는 보수적인 법원 조직에 16년간 몸을 담았고, '율촌'이라는 대형로펌에서도 5년 7개월을 근무했다. 조직 내부의 문제를 발설하는 순간, 개인의 인생사에서 돌아올 수 없는 강을 건넌다는 것쯤은 알고 있었다. 내부고발자는 자기를 던져야 하는 것이다.

내부고발, 나를 던지다

아내를 포함해 그 누구하고도 상의하지 않았다. 혼자 고민하고 결정했다. 출석 당일이었던 2020년 11월 6일 오전에 자료를 정리하고 출력했다. 오후에는 연가를 내고 친한 신부님, 임은정 검사와 서래마을에서 점심을 먹고 개인 차량을 이용해 법무부로 향했다. 이들은 내가 어디로 가는지 알지 못했다. 지금 생각하면 왜 그렇게 심각하고 비장했는지 빙그레 웃음이 나온다. 아무튼 나는 당시 나를 던지기로 결심했다.

　　조사를 담당한 이정화 검사는 대전지검에서 법무부 감찰담당관실로 파견돼 윤 총장 감찰사건을 맡은 인물이다. 조사실에서 만나 몇 마디를 나눴는데, 사법연수원 교수로 재직했던 이준호 감찰본부장을 평가하는 대목 등에서 그의 인식 수준과 역량이 느껴졌다. 그래서 박은정 법무부 감찰담당관을 불러달라고 했다. 나는 이정화 검사, 박은정 감찰담당관이 동석한 자리에서 '판사사찰' 문건을 제시했다. 박은정 담당관은 "이 문건은 조사대상이 아니다"라고 하면서도 놀라는 기색이 역력했다.

나는 이날 이정화 검사의 휴대폰으로 녹음이 이루어지는 상태에서 다음과 같이 진술했다.

"수정관실에서 작성한 재판부 분석 문건은 사법의 독립을 침해할 수 있는 위법, 부당한 행위다. 한명숙 총리에 대한 감찰기록 사본을 가지고 인권부에 재배당된 것처럼 처리한 것도 위법한 행위다. 한명숙 전 총리 공판에 관여한 신응석, 엄희준 검사 등은 윤 총장의 측근이므로 윤 총장이 이들을 비호하고 있는 것이다."

그런데 나중에 이정화 검사가 녹취록을 기초로 정리한 문건을 보니 내가 위에서 진술한 것 중 많은 부분이 빠진 상태로 아주 순화된 표현으로 작성되어 있었다. 이정화 검사 스스로의 판단인지 검찰 내부의 압박을 받아 순화된 내용으로 정리한 것인지는 알 수 없다. 다만 이정화 검사는 윤석열 총장에 대한 징계 국면에서 감찰조사 내용을 누설하고 박은정 법무부 감찰담당관을 비난하는 등 윤 총장을 적극적으로 옹호했다.

윤석열 징계 국면에서 일부 언론은 심재철과 한동수가 사전에 짜고 '판사사찰' 문제를 제기했다고 공격했다. 오로지 나 혼자만의 판단으로 제보한 일인데 언론의 이런 음모론적이고 일방적인 추측 보도는 너무도 부당하고 모욕적으로 느껴졌다. 그러고 보면 뭐 눈에는 뭐만 보인다고, 일부 검사들과 기자들은 사전에 짜고 무언가를 기획하고 실행하는 일이 잦은가 보다. 당시 심재철 법무부 검찰국장은 판사사찰 문건을 내가 제보할 것이라는 사실을 전혀 알지 못했다. 나 혼자 단독으로 결정하고 내부고발자의 심정으로 제보한 것이다.

법무부 징계기일에 출석했을 당시에 문건의 제공자와 제공받은 시기를 말하지 않은 것은 내가 오해를 받더라도 문건 제공자의 신분을 밝히지 않는 것이 감찰부 업무를 하는 공무원으로서 내가 지켜야 할 의무라고 생각했기 때문이다. 내가 제보하지 않았다면 판사사찰 문건은 세상에 알려지지 않았다. 나는 감찰부장이었지만 감찰을 할 수 없는 여건이었으니 내부고발자로서 공익신고를 한 것이다.

윤석열 총장과의 일대 격돌

법원은 2020년 12월 1일 윤석열에 대한 직무배제명령의 집행정지 신청을 받아들였다. 윤석열 총장은 집행정지 결정이 나자 바로 대검으로 출근했다.

공교롭게도 이날은 정제천 신부님이 오후 5시에 대검을 방문하기로 오래전에 약속이 되어 있었다. 나는 정 신부님이 번역한 《세월의 지혜》(이냐시오영성연구소, 2019)를 읽고 감동을 받아 페이스북에 글을 올리기도 했고, 수십 권을 주문해서 지인들에게 선물하기도 했다. 나이가 오십 후반에 들면서 부모님들이 돌아가시거나 편찮으셔서 누워 계신 벗들이 많았다. 나도 어르신들이 세상을 떠나기 전에 자주 만나 삶의 지혜를 나누는 것이 좋겠다는 생각을 더 하게 되었는데, 프란치스코 교황이 쓴 《세월의 지혜》 덕분이기도 했다. 제법 여러 권을 구입하니 번역을 한 정 신부님이 출판사를 통해 연락을 주셨고, 서로 감사인사를 나누다가 방문약속을 잡았다.

약속시간이 되어 대검 지하 1층 동쪽 민원인 출입구로 내려가기 위해 7층에서 엘리베이터를 탔다. 엘리베이터 안에는 조남관 검찰총장 직무대행과 전무곤 정책기획과장이 타고 있었다. 그들은 법원의 결정으로 윤 총장이 바로 대검에 온다는 소식을 듣고 1층으로 마중 나가는 길이었다. 조 대행이 의기양양한 표정으로 나를 보고 말했다. "소식 들으셨죠?" 두 사람의 적의에 찬 눈빛과 기운이 전해졌다. 나는 지하 1층에 내려서 대중교통으로 오신 정 신부님을 맞이했다. 신분증을 내고 출입증을 발급받은 신부님을 모시고 7층 대검 부장실로 올라가 차를 마시고 대화를 나눴다. 신부님은 대검찰청 4층 검찰역사관을 구경한 뒤 출입증을 반납하고 대검을 걸어 나갔다.

그런데 2020년 12월 8일 조선일보 단독으로 〈윤석열 수사 검사 만난 뒤, 尹비난 성명 낸 '정의구현 신부'〉라는 기사가 나왔다. 이어 같은 날 중앙일보도 〈尹비판 성명 낸 '정의구현' 신부, 6일전 尹수사 검사 만났다〉라는 기사를 보도했다. 중앙일보는 조선일보 기사 중 정제천 신부가 정의구현 사제단 소속이라는 점과 정 신부가 차량을 가지고 대검에 왔다는 부분은 삭제했지만, 윤 총장을 수사하는 나와 정제천 신부의 만남이 12월 7일 정의구현사제단의 성명과 어떤 관련성이 있는 것처럼 보이게 했다. 또한 '12월 1일 윤 총장이 출근하기 8분여 전 한 감찰부장이 정 신부를 대검 지하 주차장에서 배웅하는 장면이 목격되었다', '검찰 안팎에선 "한동수 부장과 정제천 신부가 대검에 함께 있다가, 윤 총장 직무정지 취소 뉴스를 보고, 정 신부가 황급히 자리를 뜬 것 같다"라는 말도 나왔다'는 내용은 그대로 유지했다. 명백한 오보이며 추측에 바탕을 둔 기사다. 그 의도가 정치적이고 다분히 공격적이다.

> 윤석열 검찰총장을 비난하는 성명에 이름을 올린 천주교정의구현사제단 소속 신부가 성명 발표 6일 전 '윤석열 감찰·수사'를 진두지휘하고 있는 한동수 대검 감찰부장을 만난 것으로 8일 확인됐다. 해당 신부는 "한 부장의 초대로 대검 구경을 간 것일 뿐"이라고 했지만, 검찰 일각에선 "윤 총장 비난 성명에 대한 사전 논의를 한 것 아니냐"는 말도 나왔다.[11]

천주교정의구현전국사제단은 조직으로서의 실체가 없다. 정제천 신부님이 정의구현사제단 소속일 리도 없다. 아닌 말로 정의구현사제단 소속이면 또 어떤가. 무엇이 잘못되었는가. 정 신부님은 프란치스코 교황이 소속된 수도회이기도 한 예수회 소속 사제로 프란치스코 교황이 한국을 방문했을 때 교황 바로 옆에서 수행하며 통역을 담당했던 분이다.

천주교정의구현사제단은 7일 대검 앞에서 집회를 갖고, 윤 총장을 비난하는 성명을 발표했다. 이들은 성명에서 추미애 법무부 장관이 최근 윤 총장의 직무를 정지한 것에 대해 "남의 허물에 대해선 티끌 같은 일도 사납게 따지면서 자신에게는 한없이 관대해지는 검찰총장의 이중적 태도는 검찰의 고질적 악습을 고스란히 보였다"며 "국민이 선출한 최고 권력이라도 거침없이 올가미를 들고 달려드는 통제 불능의 폭력성을 언제까지나 참아줄 수 없다"고 발표했다. 사실상 윤 총장의 자진 사퇴를 촉구한 것으로 추 장관과 민주당 주장과 같은 입장을 낸 것이다. 이 성명엔 사제 및 수녀 3951명이 이름을 올렸는데, 이 중엔 정제천 신부의 이름도 올라 있었다.

본지 취재를 종합하면, 천주교정의구현사제단 소속 정제천 신부는 지난 1일 대검을 방문해 한동수 대검 감찰부장을 만났다. 이후 그날 오후 5시 5분쯤 한 부장이 정 신부를 차량이 대기하고 있는 대검 지하 주차장까지 배웅하는 장면이 목격됐다.[12]

정제천 신부는 차량이 없고, 지하철을 타고 대검에 왔다. 나는 배웅한 것이 아니라 지하 1층 민원실 출입구를 통해 신분증을 교환한 정 신부를 마중 나온 것이다. 7층 감찰부장실로 안내하기 위해서다.

이로부터 8분 뒤인 오후 5시 13분, 이날 법원의 검찰총장 직무정지 취소 처분으로 직무배제에서 벗어난 윤석열 검찰총장이 대검 청사로 출근했다. 윤 총장에 대한 이날 법원의 결정이 언론에 알려진 시각은 오후 4시 54분쯤이었다. 검찰 안팎에선 "한동수 부장과 정제천 신부가 대검에 함께 있다가, 윤 총장 직무정지 취소 뉴스를 보고, 정 신부가 황급히 자리를 뜬 것 같다"는 말이 나왔다.

정 신부는 본지 통화에서 "한동수 부장과는 신부, 신자의 관계로, 이런 저런 기회에 자연스럽게 만나게 됐다. 정말 열심히 사시고 진실한 분"이라며 "내가 대검 구경을 하고 싶다고 했고, 한 부장이 초대를 해주어서 (대검에) 가게 된 것"이라고 했다. "한동수 부장과 만난 자리에서 (윤 총장 비난) 성명 관련 얘기를 나누지 않았느냐"는 질문엔 "전혀 관련성이 없다"며 "(성명 관련) 서명 운동을 한다는 것을 (한 부장 만남) 그 뒤에야 알게 됐다"고 했다.[13]

훨씬 전부터 이날 5시에 만나기로 약속되어 있었고, 윤 총장의 법원 결정은 나중에 일어난 일이다. 윤 총장은 많은 기자들의 플래시를 받으며 대검 총장실로 들어갔고, 그 시간 나는 7층 감찰부장실에서 정 신부와 차를 마시고, 4층 대검역사관을 구경했다. 그러니 조선일보가 오비이락(烏飛梨落) 격으로 상황을 오해했다고 보기 어렵다. 큰따옴표로 인용한 검찰 안팎의 말이 누구의 말인지 모르겠으나 완전한 추측이거나 의도적 조작이다. 출처를 밝히지 않으니, 아닌 말로 기자가 스스로 창작해서 기사를 작성하더라도 어떻게 알 수 있겠는가.

나는 정의구현사제단의 성명 사실을 전혀 몰랐고, 이날 대화에는 정의구현사제단의 '정'자도 나오지 않았다. 내가 어떻게 정의구현사제단의 성명에 영향을 미친다는 말인가. 터무니없다.

여기서 그치지 않았다. 조선일보는 2020년 12월 15일 〈'정의구현' 신부 만난 한동수, 신부측근 사건기각은 우연?〉이라는 기사를 보도했다. 마찬가지로 오보이자 불순한 의도를 가진 기사였다.

한동수 대검 감찰부장이 이달 초 천주교정의구현사제단 소속 정제천 신부를 만난 뒤 정 신부의 측근이 연루된 배임혐

의 재항고 사건을 배당받아 기각 처분한 것으로 14일 확인
됐다. 재항고는 고검의 불기소처분 등에 불복해 대검에 제
기하는 항고를 말한다. 이 사건을 맡은 한 감찰부장은 고발
인에게 재항고의 근거를 정리한 '재항고 이유서'를 제출하
라고 연락했지만, 정작 이를 받지도 않고 이틀 뒤 사건을 기
각한 것으로 알려졌다. 비슷한 시기 정 신부가 포함된 정의
구현사제단은 대검 앞에서 검찰개혁을 요구하는 성명서를
발표하고 윤석열 검찰총장을 강하게 비판했다.[14]

재항고 사건이 대검에 접수되어 주임검사가 지정되면
재항고인에게 "귀하의 사건은 대검찰청 ○○호 검사실에 배
당되었음을 통지하오니 추가로 제출할 자료가 있으시면 민원
실로 제출하시고, 연락처나 주소 변경 시 변경 사실을 검사실
(02—3480—××××)로 알려주시기 바랍니다.(주임검사 한동수)"
라는 내용으로 전산시스템상 자동적으로 문자가 발송된다.
주임검사실에서 별도로 발송하는 것이 아니며 내용 또한 언
론에 보도된 것처럼 '재항고 이유서'라고 특정해서 발송된 것
도 아니다. 처분 결과에 대해서는 재항고인에게 문자로 발송
하지 않는다. 주임검사실에서 사건처분 다음 날 자동 출력되
는 사건처분통지서를 운영지원과를 통해 우편으로 발송한다.

문제의 사건은 2017년 박종구 서강대 총장이 대학법인 상임
이사 겸 산학협력단 산하 기술지주회사 대표로 재직한 A 신
부 등 6명을 특경법상 배임혐의로 수사해달라며 서울서부지
검에 진정을 낸 사건이다. A 신부는 정제천 신부의 최측근
으로 알려져 있다.

서울서부지검이 진정을 각하하자 박 총장 측은 정식 고발장
을 냈고 불기소처분이 내려지자 서울고검에 항고했다. 서울
고검 재기수사 명령에 따라 재수사가 이뤄졌으나 서부지검
은 다시 불기소 처분했다. 이후 박 총장 측은 서울고검에 항
고했으나 지난달 말 항고 기각됐고, 박 총장 측은 지난 2일
항고 기각처분에 불복해 대검에 재항고장을 제출했다.

정 신부가 대검을 찾아 한 감찰부장을 만난 것은 재항고장
제출 바로 전날이었던 이달 1일이었다. 당시 이 사건 관계
자들 사이에서는 재항고 계획은 알려진 사실이었다고 한다.
이후 지난 7일 A 신부 사건은 한 감찰부장에게 배당됐고, 나
흘 만인 지난 11일 기각처분이 내려졌다. 또, 감찰부는 지난
9일 고발인 측에 재항고 이유서를 제출하라는 문자를 보내
고서는 이유서는 받지도 않고 결론을 내렸다고 한다. 당시
내막을 잘 아는 서강대 관계자는 "해당 사건에 대한 문건을
제출하라고 했지만, 이를 받아 검토하지 않고 해당 사건을
기각했다"고 했다.[15]

대상 사건의 고발장, 진정 사건 직접수사상황보고서, 불기소결정서 등에는 피재항고인의 직업이 서강대학교 기술지주 대표이사(항고장, 재항고장도 고발장 기재와 같음)로 기재되어 있어 기록상으로는 피재항고인이 정제천 신부의 최측근인지 정의구현사제단 소속인지 확인하기 어렵다. 12월 6일 정제천 신부를 만났을 때 이 사건에 대해서 어떠한 대화도 하지 않았음을 하느님께 맹세할 수 있다. 재항고 사건이 검찰 출신 변호사들의 먹거리 역할을 하고, 변호사들이 몇몇 부장실을 출입하여 사건 변호를 하는 것은 알고 있었으나 나는 재항고 사건과 관련해 사건 관계인을 부장실에서 면담한 적이 없다.

대상 사건은 총 8권으로 공소시효 만료일이 2020년 12월 12일(감찰부 배당 시 공소시효 임박 표시된 부전지 부착)이었다. 2020년 11월 25일 항고각하, 2020년 12월 2일 재항고 제기, 2020년 12월 7일 대검 재항고 접수, 2020년 12월 8일 감찰부 배당, 2020년 12월 11일 재항고기각 처분, 2020년 12월 14일 사건처분통지서 발송으로 처리되었다.

재항고 사건의 배당절차는 이렇다. 재항고 사건은 통상 매주 화요일 오후 주임검사인 각 부장실에 배당된다(주 1회 배당). 형사1과 재항고 사건 담당자가 일주일 동안 각 고검으로부터 접수된 재항고 사건을 매주 화요일 차장실로 인계한다. 차장 부속실 계장은 배당 건수를 각 부장별로 배열해놓고 시효완성 등 특이사항을 차장에게 보고하면 차장은 배열된 기록을 검토한 후 배당한다. 차장 부속실 담당 계장은 이 재항고 사건의 공소시효 만료일이 2020년 12월 12일이라는 점을 조남관 차장에게 보고했고, 조 차장은 이를 확인하고 배당했다.

대상 사건이 2020년 12월 8일 감찰부에 배당된 후 감찰부장 부속실 계장은 감찰1과장에게 시효임박 사실 등을 보고했다. 그리고 감찰1과장의 지시에 따라 당일 감찰1과 소속 선현숙 연구관에게 검토하게 했다. 12월 9일 연구관이 검토한 보고서와 함께 감찰부장실로 기록을 인계해서 감찰부장이 최종적으로 대상 사건을 검토한 후 연구관 의견대로 처리했다. 내가 대검에 근무하는 동안 공소시효 만료가 임박한 사건에서 재항고를 인용한 사례를 한 건도 보지 못했다.

앞서 말했듯이 처분 결과에 대해서는 재항고인에게 문자로 발송하지 않고 주임검사실에서 사건처분 다음 날 자동 출력되는 사건처분통지서를 운영지원과를 통해 우편으로 발송한다. 이 사건은 재항고장에 재항고 이유서를 추후에 제출하겠다는 내용이 기재되어 있다. 그래서 최대한 기다렸다가 공소시효 만료일이자 공휴일 전날인 2020년 12월 11일에 처리한 것이다. 실체상으로나 절차상으로 어떠한 흠도 없다.

대검 지침에 따라 재항고 사건은 감찰부에도 배당될 수 있다. 그러나 "한 감찰부장이 정 신부를 만나고, 사건을 배당받고, 일주일도 되지 않아 기각한 것은 석연치 않다"는 지적이 나온다. 한 감찰부장과 정 신부는 지난 7일 천주교정의구현사제단 소속 사제·수도자 3951명이 발표한 검찰개혁 성명서와 관련해서도 사전 교감 의혹이 제기된 바 있기 때문이다. 한 감찰부장은 해당 의혹을 부인하며 페이스북에 "정 신부가 정의구현사제단인지 알지 못했다"라고 올렸다. 법조계 관계자는 "해당 사건의 시효가 임박해 사건처리를 했을 가능성도 있다"고 했다. 정 신부는 대검 방문에 대해 앞서 본지 통화에서 "한 부장의 초대로 대검 구경을 간 것뿐"이라고 밝혔지만, 이날 측근 A 신부 사건 기각처분과 관련한 본지의 전화 및 문자 질의엔 답하지 않았다. 한 감찰부장도 본지 취재에 답하지 않았다.[16]

기사가 나온 12월 15일은 내가 윤석열에 대한 법무부 징계위원회에 출석해 증언한 날이다. 당시 윤석열 검찰총장에 대한 징계위원회가 열리는 것은 전국적으로 뜨거운 이슈였다. 법무부 측 증인으로 내가 출석하기로 했다는 사실을 검찰 정보에 매우 빠른 대검 기자단 소속 조선일보 기자가 몰랐을 리 없다. 윤 총장 측 증인은 모두 출석하기로 했으나 법무부 측 증인으로 거론된 이성윤 검사와 정진웅 검사는 출석 불응 의사를 밝힌 상황이었다. 나는 징계위원회에 출석해 사실대로 진술하는 것이 내 의무이자 징계사유의 사실 인정에도 도움이 될 것이라는 판단에서 출석하기로 결심했다.

기사를 쓴 이정구 기자는 전날인 12월 14일 밤 9시 35분에 이런 문자메시지를 보냈다. "부장님, 안녕하십니까. 조선일보 법조팀 이정구 기자라고 합니다. 오늘 연합뉴스에 보도된 정제천 신부님 만남 이후 신부님과 평소 가까운 사이로 알려진 정 모 신부님 기각처분 관련해서 입장 여쭙고자 합니다. 조선일보 이정구 드림."

다음 날 있을 증언을 앞두고 마음의 준비를 하는 시간에 이런 문자메시지는 여간 신경 쓰이는 게 아니다. 더구나 '정 모 신부님 기각처분'이 무슨 사건인지도 모르는데 퇴근 후 밤늦은 시각에 감찰부에 확인해보기도 어려운 상황이었다. 아무런 응대를 하지 않았다.

12월 15일 법무부 징계위원회에 증인으로 출석했다. 인권국장실에 대기하면서 다음과 같은 글을 페이스북에 올렸다.

1. 저는 법무부의 검사징계위 증인으로 출석하여 증인심문 대기 중입니다. 진실을 증언할 따름입니다.

2. 공소시효 만료 4일 전 대검 감찰부에 재항고 사건을 배당한 대검 차장검사에게 물어볼 일을 징계위 출석 전날 밤늦은 시간까지 전화와 문자를 계속하여 증인의 평온을 해치고 징계위원회 판단에 영향을 미치려는 기자, 사실에 맞지 않는 악의적인 모함과 비난에 기초한 보도, 이 건을 포함하여 과거의 심각한 왜곡보도에 대하여 적당한 시기 공동 불법행위에 따른 위자료 소송 등으로 대응하려 합니다.[17]

윤석열 검찰총장과의 일대 격돌이었다. 나는 총장에 대한 징계사유로 거론되는 것 중에서 채널Λ 감찰방해 사건, 재판부 사찰문건, 한명숙 전 총리 모해위증 교사 사건의 사본 배당 등의 피해자이자 사건의 중심에서 문제를 제기한 주역이었다. 또한 나는 윤석열 총장을 직권남용으로 범죄 인지한 부서장이기도 했다.

역사적인 격돌의 한복판에 서 있었지만 나는 혼자였다. 누구 하나 도와달라고 할 사람도 없었다. 조선일보는 나를 공격하고 윤석열 총장을 수호하고자 노력했다. 나는 조선일보 기자가 의도적인 오보와 명예훼손 등 불법행위를 저질렀다고 본다. 몇몇 검사가 관여했다면 징계 대상이고, 민형사상 책임 유무를 따져야 한다고 생각한다.

무엇보다 조남관 직무대행은 윤석열 총장에 대한 직권

남용 수사를 하는 감찰3과장 등을 되레 압박하고, 인권감독관으로 하여금 나를 조사하도록 지시하고, 결국 나를 직무배제하고, 윤 총장 사건을 서울고검으로 이전하는 조치를 한 사람이다. 내가 지휘하고 있던 수사를 하지 못하게 막고, 또 나를 공격하며 해치려고 한 사람이다. 그가 나에게 공소시효가 임박한 이 재항고 사건을 배당했고 이후 이런 기사가 나왔으니 지금이라도 나에게 어떠한 설명을 해야 마땅할 것이다.

빼앗긴 한명숙 모해위증 교사 사건

2020년 5월 29일 오전 8시 20분에서 25분 사이의 일이다. 서울 서초동 아크로비스타 C동 앞에서 윤석열 검찰총장과 딱 마주쳤다. 나는 대검 사무실로 걸어서 출근하는 길이었고, 윤 총장은 동네 산책 후 집으로 돌아오는 길이었다. 나는 지난달 채널A 사건과 관련하여 검찰 관계자(한동훈)에 대한 감찰개시를 보고한 이후 윤 총장을 좀처럼 만날 수가 없었다. 윤 총장이 나로부터 대면보고를 받는 것을 피했기 때문이다.

당시 한명숙 전 국무총리 모해위증 교사 사건과 관련해 검찰총장에게 대면보고할 사안이 있었는데, 보고 기회를 얻지 못하고 있었다. 그러던 차에 드디어 보고할 기회가 찾아왔다고 생각한 나는 바로 윤 총장의 오른쪽으로 다가섰다. 그리고 BL동(아크로비스타는 A, B, C동으로 구성되어 있는데 각 동마다 서로 연결된 고층부(H)와 저층부(L)가 있다)까지 이동하면서 대화를 나눴다.

당시 한명숙 국무총리에 대한 정치자금법 위반 사건에서 증언한 최 모 씨가 '양심에 반한 증언을 했으니 이제 진실을 말하겠다'고 밝힌 내용이 적힌 서신과 관련된 이야기였다. 최 모 씨는 2020년 4월 2일 추미애 법무부 장관 앞으로 보낸 편지에서 이렇게 썼다. "한만호 사건은 검찰의 공작으로 날조된 사건입니다. 저는 지난 시간 동안 감당할 수 없는 죄책감 속에 살아왔습니다. 검찰에 비자발적으로 협조하면서 수집한 증거가 있습니다. 저를 검찰로 불러주시면 모든 상황을 진술하겠습니다. 당시 조작을 지시했던 주요 인사는 윤석열 검찰총장의 직계 부하이고, 대표 인사는 엄희준 전 대검 수사지휘과장입니다."

대검 감찰부는 법무부 감찰담당관실로부터 최 모 씨가 제기한 위 민원 사건을 이첩받아 2020년 5월 21일 관계된 검찰공무원을 조사하기 위해 감찰3과에 배당을 마친 상태였다. 일부 언론에서는 징계시효 3년이 경과했으니 감찰부가 조사할 필요가 없다며 '한명숙 전 국무총리 구하기'라는 식으로 정치적으로 보도했다.

한동수 3년의 징계시효가 지났지만, 징계시효가 지났더라도 신분조치(검찰총장 주의, 경고)는 가능합니다. 모해위증 교사 주장이 있어 이 사건은 수사로 전환될 수 있습니다. 따라서 감찰부에서 조사할 사안이 맞습니다.

윤석열 인권부로 보내. 법무부 감찰담당관이 이걸 왜 보냈는지 근거 없으니.

징계시효가 지났더라도 검찰총장, 감찰부장 등의 주의, 경고가 가능하므로 감찰부가 직접 조사할 수 있는데도 합리적 이유나 설명 없이 인권부로 보내라는 말이었다. 그사이 아크로비스타 BL동 출입문 앞에 도착했다.

한동수 한번 살펴보겠습니다.

순간 윤 총장의 표정이 굳어졌다. 그는 B동 회전문 안으로 들어가며 이렇게 말했다.

윤석열 지시이네.

나는 채널A 사건으로 윤 총장의 심기를 건드린 이후 사실상 대면보고할 기회를 얻지 못하고 있었다. 윤 총장에게 보고하려고 부속실을 통해 연락하면 부속실 직원을 통해 "무슨 일이냐"고 물어왔다. "감찰부장이 대면보고드릴 사항이 있다"고 하면, "대검 차장을 먼저 만나라"는 답이 돌아왔다. "감찰 관련 사항이어서 직보하겠다"고 하면 답이 없었다. 윤 총장은 자기가 싫고 불편한 사람을 만나지 않는다거나 의외로 겁이 많다는 등 여러 말들이 들려왔다.

나는 그가 4월 2일 검찰총장실에서 내게 화를 내면서 한 언행 때문에 대학 후배이자 판사 출신의 외부인인 나를 볼 면목이 없어서 그런 것이라고도 생각해봤지만, 업무상 필요한 대면보고 자체를 피하는 이유에 대해서는 납득하기 어려웠다. 그래서 심지어 '윤 총장 주변에 주술적인 조언을 해주는 누군가가 있어 천주교 신자인 나를 피하라고 하나?' 하는 비과학적인 추측을 해보기도 했다.

그런데 출근길에 윤 총장을 우연히 만났으니 얼마나 반가웠겠는가. 대면보고할 기회를 얻은 것이니 채널A 사건에서와 같이 보고를 했느니 안 했느니 하는 시비는 생기지 않을 것이다. 나는 상대적으로 침착하게 보고했고, 윤 총장은 굳은 표정으로 "지시이네"라고 일방적으로 말한 뒤 먼저 자리를 피했다. 이날 나는 감찰부에서 진상조사를 계속하겠다고 보고했지만 윤 총장은 인권부로 보내라고 했다. 그 후 인권부는 대검 감찰부에서 참고용으로 건네받은 기록 사본을 가지고 서울중앙지검에 사건을 이첩했다. 이로써 대검 감찰부의 조사는 중단되었다. 더 이상 감찰을 진행하지 못하는 상황이 되었지만 나는 기록 사본으로 사건을 이첩한 것 자체의 위법성을 기록상 분명히 남겨두고자 했다. 대검 감찰부가 기록 원본에 의한 감찰사건을 가지고 있다는 사실을 서울중앙지검에 공문으로 알려놓았다.

사심 없이 진실을 밝혀라

검찰조직의 수장으로서 한명숙 전 총리 모해위증 교사 사건에 관해 한 점 의혹이 없도록 검찰의 명예를 걸고 사실관계를 조사하는 것은 불가능한 일인가? 객관적인 기관인 감찰부에서 조사결과를 내놓으면 대국민 설득력이 더 높아지지 않을까? 그런데 왜 한사코 반대했을까?

　　대검 감찰부에서 대검 인권부로 재배당되는 과정에 대한 언론 보도량은 이슈화된 시점(2020년 6월)부터 3개월간 누적 84건이었다. 감찰부 조사에 반대하는 이유와 논리는 이렇다. '이미 대법원 판결로 유죄 확정된 사건이다. 민원을 제기하거나 모해위증 교사라고 증언하는 사람이 전과자이고 현재 복역 중인 수용자이므로 믿을 수 없다. 한 총리 사건을 재론하는 것은 정치적인 진영에서 제기하는 이슈에 불과하다. 감찰부장 한동수는 우리법 출신이므로 믿을 수 없다.'

여기에 더하여 한 총리에 대한 정치자금법 위반 형사 공판을 수행했던 신응석, 엄희준 검사 등을 윤 총장이 잘 안다는 사실을 추가하는 것이 가능할지 모르겠다. 이른바 '윤석열 사단'에 대한 챙김은 검찰의 고질적 병폐인 제 식구 감싸기의 수준을 뛰어넘는 것으로 알려져 있다.

좀 더 추측을 해보자면, 한 총리 사건 당시는 MB 정부로부터 하명수사가 있었던 시절인데 윤 총장도 대검 중수부 과장이었으니 이 사건의 보고 및 결재 라인에 있었고, 일정 정도 사건에 관여했을 가능성도 배제할 수는 없을 것이다. 공교롭게도 당시 한동훈은 청와대 민정수석실 행정관으로 근무했다. 물론 이것은 조사 과정에서 확인되어야 할 포인트 중 하나일 것이다.

> 한명숙 전 총리 사건은 이미 사회적 이목을 끄는 사건이 되어 진상조사가 불가피한바, 이를 정치 쟁점화하여 진상 규명이 지연·표류하지 않게 하려면, 관계 부서의 입장에서는 사건의 과정(방법)과 결과(처리방향)를 명확히 구분하여 사건의 결과를 예단하지 말고 오로지 사건의 과정에 초점을 맞추어 논의하고 처리하는 것이 필요할 것 같다.
>
> 사건의 결과(처리방향)는 "재심, 제도개선(인권침해 수사 예방 및 통제방안, 인권부와 감찰부의 관계, 대검 감찰부의

독립성 보장 방안 포함), 징계(신분조치 포함), 형사 입건, 혐의 없음 등"의 전부 또는 일부가 가능하고, 사건의 과정(방법)은 "사안 진상 규명 의지와 능력을 가진 단수 또는 복수의 주체가 국민의 신뢰를 받을 수 있는 조사결과를 정확하게 내놓는 것"일 것이다.

공직자는 국민 누구라도 억울함이 없도록 해야 하고 민의에 간섭해서는 안 된다. 감찰부장으로서 담당, 처리 중인 채널 A 사건, 한명숙 전 총리 민원 사건과 관련한 여러 사실과 기록들이 모아지고 있다. 진실불허! 법무부 장관과 검찰총장 두 분 모두 이 사건들을 '사심 없이' 바로보고 있음을 믿고 싶다.[18]

당시 페이스북에 올린 글이다. 추미애 장관이든 윤석열 총장이든 사건 생긴 대로 진실을 밝히자는 취지였다. 페이스북에 감찰 중인 사건을 언급한 것이 부적절하다며 목소리를 높였던 정희도 검사 등이 기억난다. 검찰 내부 게시판에 글을 올리면 사전에 약속이나 한 듯 즉시 일부 보수언론에 보도된다는 것을 잘 알면서도 수사상황 등 공무상 비밀에 속한다고 볼 수 있는 사항을 이프로스에 올리던 사람들이다. 내로남불의 전형이다. 이들은 사건의 진실을 밝히는 데는 전혀 관심이 없거나, 사건에 대한 강한 예단을 가지고 사건을 종결하겠다는 의도를 가지고 있었던 것은 아닐까.

합동감찰 브리핑

2021년 7월 14일 박범계 법무부 장관은 한명숙 전 총리 사건 및 검사 직접수사 전반에 대한 법무부와 대검의 합동감찰 결과를 발표했다. 법무부는 검사 직접수사 전반에 대한 개선안 발굴을, 대검 감찰부는 한 전 총리 사건에서 드러난 부적절한 수사관행 진상 파악을 담당했다. 나는 법무부에서 열린 합동감찰 브리핑에 대검 감찰부 소속 민영현 감찰정책연구관, 법무부 류혁 감찰관, 임은정 감찰담당관과 함께 동석했다. 합동감찰 브리핑에서 착수배경과 주요 경과 및 주요 개선사항이 발표되었다.

　이날 브리핑에 따르면, 공소제기 후 증인 출석이 예정된 참고인들이 100여 회 이상 소환되어 증언할 내용 등에 대해 미리 조사를 받은 사실이 확인되었다. 재소자 증인에게 외부인과의 자유로운 접견과 통화를 허락하고, 수감 중인 가족에게 부적절한 편의를 제공했다. 참고인들의 진술을 청취하고도 이를 기록하거나 사건 기록에 편철하지 않은 사실도 확인되었다. 이와 관련해 피의자 및 참고인에 대한 과도한 출석 요구 및 조사, 수용자에 대한 음식물 제공, 사적 통화 허용 등 부적절한 수사관행에 대한 발표가 이어졌다. 배당과 수사팀 구성에 대한 원칙 마련, 검사의 증인 사전면담 내용에 대한 기록 보존, '형사사건 공개금지 등에 관한 규정' 개정 등 주요 개선사항도 발표되었다.

법무부와 대검의 합동감찰 결과 발표는 그 자체로 공적인 기록이라는 점에서 의미가 있다. 일거에 만족스럽지는 않아도 조금씩 제도개선이 이루어지고 있다고 볼 수 있을 것이다. 그러나 엄희준 검사와 같은 관여자들에 대한 행위와 역할 규명 부분이 빠져 있다. 검찰 일선에서 이러한 제도개선을 실천하고자 하는 의지와 후속 조치가 담보되지 않은 점도 아쉽다. 과거 전관특혜 방지를 위한 개선책 등이 검찰에서 받아들여지지 않아 선언적 권고에 그쳤던 것과 같다.

한명숙 전 총리 모해위증 교사 사건에 대한 감찰조사를 진행할 때, 법원의 모 부장판사로부터 대법원 판결이 선고되었지만 여전히 한 총리 사건의 진실을 궁금해하는 분들이 많으니 감찰을 통해 진실이 밝혀지길 희망한다는 말을 들었다. 지난 2010년 한명숙 후보와 오세훈 후보가 맞붙은 서울시장 선거에서 한 후보가 불과 0.6퍼센트포인트의 득표율 격차로 낙선했는데, 그에 대한 수사 및 기소가 영향을 미쳤다고 보는 것이 많은 국민들이 갖는 합리적인 의심이기도 하다.

당시 한 총리 사건을 담당했던 엄희준 검사는 서울중앙지검 반부패수사1부장을 거쳐 2023년 현재 대검 반부패기획관이다. 신응석 검사는 의정부지검장을 거쳐 대구지검장이다. 엄희준 검사는 서울중앙지검 반부패수사부장 시절에 강백신 검사(반부패수사3부장)와 함께 이재명 더불어민주당 대표에 대해 배임, 제3자 뇌물공여 등의 혐의로 수사하고 구속영장을 청구했다.

이재명 대표의 경우 2023년 9월 26일 구속영장 실질심사 당시 기준으로 727일 동안 3개 본청 70여 명의 검사가 달라붙어 376회의 압수수색과 여섯 번의 소환조사를 받았다고 한다. 한 총리 사건 때와 동일한 수사 주체가 반복 소환, 장기간 수사 등의 수사방식을 여전히 재현하고 있다는 비판이 있다.

공직자의 책임 소재가 분명히 밝혀지고, 그에 따른 진지한 반성과 사과가 이뤄지고, 위법행위자에 대해 책임이 부과되어야 한다. 그렇지 않으면 잘못된 역사는 반복된다. 소속 집단과 조직이 용인하니 비위와 위법행위에 대한 죄의식이 엷어지는 것이다.

그 사례는 이른바 판사사찰 문건에서 드러난 검사의 태도에서 확인할 수 있다. 판사사찰 문건은 개인정보 보호라는 이슈 외에 재판에 영향을 미치는 부당한 행위라는 헌법적 이슈도 아울러 가지고 있는 매우 심각한 문제다. 윤 총장이 징계를 받은 사유 중 하나이기도 하다. 그런데도 당시 대검 수사정보정책관실 성상욱 검사는 문제가 된 주요 사건 재판부 분석 문건을 자신이 작성했다고 이프로스에 글을 올리면서 무엇이 잘못되었느냐는 식으로 주장할 정도였다.

회의 형식을 빌려 진실을 가리다

"사안과 법리가 복잡하고 기록이 방대하므로 사건처리 경험과 식견이 풍부하고 검찰 내 집단지성을 대표하는 일선 고검장들을 대검 부장회의에 참여하도록 해 공정성을 제고하고 심의의 완숙도를 높이도록 하겠다."

조남관 검찰총장 직무대행이 2021년 3월 18일에 낸 입장문이다. 말이 길다. 핵심은 대검 부장회의에 고검장들을 참여시키겠다는 것이다. 어느 면의 이장회의에 사안도 모르는 다른 면의 면장들이 대거 참여하는 셈이다. 검찰조직의 수장이 국민 앞에 한 말이다.

대검 부장회의에서 의결하려는 안건은 두 가지였다. 한명숙 전 국무총리에 대한 정치자금법 위반 형사재판에서 증언한 민간인 2인을 모해위증으로 기소할 것인가. 그리고 공판에 관여한 신응석, 엄희준 검사에 대한 징계조사를 할 것인가.

법정에서 선서한 증인이 자신의 기억에 반하는 허위진술을 했는지, 또 증언 과정에 검사들이 부당한 관여를 했는지를 확인하면 될 일이다. 사안과 법리가 전혀 복잡하지 않다. 한명숙 전 국무총리에 대해 확정된 재판기록이 별책으로 첨부되어 있어 기록 쪽수가 제법 방대하다고 말할 수는 있겠다. 그러나 고검장들이 그 기록의 100분의 1, 아니 그 기록의 한 장이라도 제대로 읽어보았는지, 고 한만호 씨의 비망록을 한 페이지라도 읽어보았는지 묻고 싶다.

조남관 직무대행이 밝힌 입장문의 본심은 기소 의견에 반대할 게 충분히 예상되는 고검장들을 대검 부장회의에 참석시켜서 한 표씩 행사하게 하겠다는 것이다. 고검장들이 집단지성을 대표한다는 말, 고검장들이 참석하면 공정성이 제고되고 심의 완숙도가 높아진다는 말은 눈속임이다. 사실 사건을 가장 잘 아는 것은 주임검사다. 그 주임검사가 조사 상황을 수시로 보고받고 지시하는 상급자인 것이다. 개개의 검사는 단독제 관청이고 결재라인이 엄연히 존재하는데, 다른 부서장들과 고검장들이 기록을 파악할 시간도 없이 잠시의 회의에서 다수로 결정하는 것이 과연 공정한 것인지 근본적으로 의문이다.

상급자가 짜놓은 판

2021년 3월 19일 대검 15층에서 열린 대검 부장·고검장회의 분위기를 간단히 소개한다. 대검 부장·고검장회의에 참석한 고검장들은 처음부터 이미 어느 쪽으로 결론을 낼지 정해진 사람들처럼 발언하고 행동했다. 모 고검장은 회의 시작부터 감찰부장이 이 회의에 참석하는 것에 이의를 제기하는 것으로 포문을 열었다. 공격적 질문을 하는 고검장, 기획조정부, 감찰부 검사들에 둘러싸여 임은정 검사 혼자 사안을 설명하며 고군분투했다.

임은정 검사는 2020년 9월 14일 감찰 정책 및 감찰부장이 지시하는 사안에 관한 업무를 담당하는 대검 감찰정책연구관으로 부임한 이후 내내 거의 이 사건에 매달려 관계자를 조사하고 기록을 검토했다고 해도 과언이 아니다. 검찰의 조직 이기주의와 조직 논리와는 다른 시각에서 검토할 필요가 있다고 판단되는 사안들을 그에게 맡겼다. 이를테면 명예퇴직금을 수령하면서도 지검장과 지청장이 관용차를 출퇴근용으로 사용하는 것이 정당한지, 특정 사건에서 검찰 내부에서 이른바 관선변론이 이루어졌는지 등을 비롯해 이프로스 내 익명 게시판의 운영이나 수사관 회의체 구성 등에 대한 의

건 청취와 보고서 작성 등이다. 임 검사는 기존에 평검사들만 하던 재항고 사건에 대한 검토 보고서 작성도 마다하지 않았으며 다른 과장급 검사들도 보고서 작성에 일부씩 참여하도록 했다.

임은정 검사는 한 총리 사건에 투여한 시간이 절대적으로 많았고, 그 사건에 대해 고민도 많이 했기 때문에 누구보다 사안을 잘 알았다. 오전 회의를 마치고 고검장들과 대검 부장들이 각기 다른 장소에서 점심 도시락을 먹었다. 점심을 먹으면서 대검 부장들에게 내가 회의에서 사안의 실체를 직접 설명하겠다고 하니, 이정현 공공수사부장은 이미 결론이 정해져 있는 사람들로 소용이 없으니 말하지 말라고 했다.

실제로 회의에 참석해보니 고검장들은 '재소자의 말을 어떻게 믿느냐, 확정 판결이 있는데 재론할 필요가 없다'는 두 가지 예단과 편견의 잣대로 회의 분위기를 몰아갔다. 연수원 기수로 4, 5기 후배인 대검 부장들은 그 기세에 눌렸는지 별다른 말을 하지 못했다. 대검 부장들도 검사장급이니 어느 정도 자기 목소리를 낼 것으로 예상했지만 아니었다.

그래도 해야 할 소리는 하고 사는 법원조직과 달리 검찰은 철저한 상명하복의 위계질서 속에 있다는 것을 그때까지도 나는 잘 몰랐던 것 같다. 예를 들어 나에게 평소 예의 바르고 깍듯한 고검장과 지검장이 소속 검사들에게 강압적으로 지시하는 모습을 보고 적잖게 놀라기도 했다. 찬성할 것으로 예상되던 일부 대검 부장들이 기권 표를 던진 것도 그러한 분위기와 무관하지는 않아 보였다.

회의 주재자로서 중립을 지켜야 하는 조남관 직무대행은 임 검사가 작성한 보고서를 손에 들고 공중에 흔들며 어떻게 이런 사안을 가지고 기소하느냐고 조롱하듯 말했다. 나는 참다 참다 이렇게 말했다. "기록 몇 페이지에 보면 김 모 씨에 대한 구속영장이 신청된 것이 있다. 보험사기로 의율(법원이 법규를 구체적인 사건에 적용하는 일)되어 있으나 교통사고를 가장한 공갈죄로 의율되어야 할 정도로 죄질이 중한 사건이다. 그런데도 김 모 씨는 법정에서 자신이 수사받는 것이 없다고 진술했다." 이 말은 증언의 신빙성 판단에 중요한 자료다. 그런데도 이것을 위증이 아니라고 판단한 것은 지금도 이해할 수 없다.

검찰의 반응은 다음과 같은 이유일 것이다. 검찰이 모해위증 교사 등으로 적극 관여한 것이 사실로 드러난다면, 이것은 검찰의 명운이 달린 심각한 문제다. 2013년 유우성 간첩조작 사건과는 비교할 수 없을 정도로 치명적인 신뢰 손상을 가져올 수 있다. 당시 사건은 국정원이 중국 공문서인 출입경 기록조회 결과 등을 위조했기 때문이라고 탓이라도 할 수 있었지만 이번 사건은 그럴 수도 없다.

그런데 대검 부장회의 결과는 두 안건에 대해 가결될 가능성이 있었고, 부결되더라도 아주 근소한 표 차이로 예측되었다. 대검 부장회의 자체로는 강제력이 없지만 만약 가결이 되거나 팽팽한 결론이 나온다면 이 사건의 검사장에 해당하는 감찰부장과 부장검사에 해당하는 주임검사의 의견대로 공소제기되더라도 할 말이 없어지는 것이다. 그러니 검찰총장 직무대행이 필사적으로 계략을 짜고 입장문까지 내면서 고검장들을 참여시켰다고 볼 수밖에 없는 것이다.

사실 이처럼 상급자 또는 결재권자가 국민 여론이나 하급자의 다른 의견을 방어하기 위해 각종 위원회를 이용하는 것은 상투적인 방법이다. 위원회 위원은 본래 친검찰 쪽 사람들이 다수 구성되어 있다. 치밀한 상급자는 여기서 더 나아가 자기가 원하는 방향으로 결론을 도출할 수 있는 위원들을 선별해 위원회를 구성하도록 움직인다. 이렇게 판을 다 짜놓은 뒤 위원회에서 심층토의를 거쳐 객관적인 결과에 따라 해당 사건을 결정하는 것처럼 만드는 것이다. 그래서 특히 검찰조직에서는 위원회의 구성이 객관적이고 공정할 필요가 있다.

안이한 수사지휘의 한계

박범계 법무부 장관은 2021년 3월 18일 "모든 부장이 참여하는 '대검찰청 부장회의'를 개최하여 김○○의 혐의 유무 및 기소 가능성을 심의하시기 바랍니다"라는 수사지휘권(검찰청법 제8조)을 행사했다. 그런데 이 지시에 대해 조남관 직무대행은 대검 부장들(기조, 공공, 형사, 공송, 과수, 감찰) 6인 외에 고검장 6인을 대검 부장회의에 참석하도록 한 것이다.

대검 부장회의가 대검 부장·고검장회의로 바뀐 셈인데, 보수언론은 이를 '조남관의 묘수'라고 찬사를 보냈다. 조 직무대행은 대검찰청 예규인 '합리적 의사결정을 위한 협의체 등 운영에 관한 지침' 제5조 제2항의 '대검 부장회의는 검찰총장, 대검찰청 차장검사, 대검찰청 부장으로 구성한다. 다만, 검찰총장은 사안에 따라 대검찰청 부장 중 일부만 참석하게 하거나, 고등검찰청 검사장, 지방검찰청 검사장 또는 대검찰청 사무국장 등을 참석하게 하여 대검 부장회의를 구성할 수 있다'는 규정을 주장의 근거로 활용했다.

박범계 장관은 위와 같은 규정의 존재를 알지 못했을 가능성이 있다. 수사지휘의 본래 취지는 '대검 부장들로 구성되는'이라는 폐쇄형이었지 '대검 부장들을 포함하는'이라는 개방형은 아니었으니 조 직무대행의 그러한 구성을 예상하지 못했을 것이다.

조 직무대행의 발표 이후 박 장관이 동의했다는 보도가 나왔다. 박 장관이 어떤 상황에서 누구로부터 어떠한 말을 듣고 동의했는지 알 수 없으나 만일에 박 장관의 동의가 사실이라면, 박 장관은 처음부터 본인의 수사지휘를 간결하고 분명하게 하지 않았거나 조 직무대행의 법기술과 보고기술에 너무 안이하게 대처한 게 아닌지 의문이 든다. 검찰의 보고와 결재는 결재권자가 방심한 순간 결재권자가 제대로 의사결정을 하기에 필요한 전체적인 정보가 의도적으로 빠진 채 이루어질 수 있다는 것을 유의할 필요가 있다.

과거 2005년 천정배 당시 법무부 장관은 김종빈 검찰총장에게 강정구 동국대 교수를 불구속 수사하라고 명확한 결론을 제시하여 수사지휘를 한 적이 있다. 김종빈 검찰총장도 수사지휘를 수용하고 검찰총장직을 버리는 책임 있는 자세를 보여주어 검찰 내부에서 존경을 받았다. 그런데 박범계 장관이 내린 수사지휘는 "누구누구를 기소하라"와 같이 간명하지 않았고, 수사지휘의 문언적 의미와 취지에 대해서도 '대검 부장들로만 구성하라'는 폐쇄형 지시였다고 확인하지도 않았다. 장관들이 갖고 있는 조직에 대한 인식과 정치철학의 문제라고 볼 수 있지만, 구체적인 진행 경과를 보면 박 장관의 간명하지 않은 수사지휘와 고검장 참여 용인은 불충분하고 잘못된 결정이라고 생각한다. 결과적으로 사안의 진실을 법정에서 밝힐 기회는 공소시효 만료로 사라졌다.

통상 회의는 토론을 거쳐 안건을 의결한다. 하지만 이날 회의는 대검 감찰부가 표명한 '모해위증한 재소자인 김 모, 최 모 씨를 공소제기하고, 모해위증에 관여한 검찰공무원에 대한 감찰을 진행하겠다'는 조사결과에 반대하는 고검장들이 대거 참여해 회의 분위기와 투표결과에 영향을 미쳤다. 투표에 앞서 모 고검장은 익명성이 보장되는 무기명 투표로 진행되던 통상의 회의 방식과 달리 기명투표 방식을 제안했다. 한 표라도 이탈표가 생기지 않도록 하려는 생각으로 이해된다. 모 고검장은 기소 찬성에 투표했다가 착오를 이유로 투표함에 들어간 자기 표를 다시 가져와 새로 투표하기도 했다.

개표 작업을 담당한 조남관 직무대행과 기획조정부 연구관이 투표 결과를 알 것이다. 회의 직후 40분 만에 보도된 특정 언론의 기사를 보면, 불기소 10명, 기소 2명, 기권 2명이었다. 투표 결과를 언론에 유출한 실무 당사자가 기획조정부의 모 연구관일 것이라는 주장이 흘러나왔다.

대검 부장·고검장회의가 열리기 전 대검 부장 중 서너 명은 기소 의견을 낼 가능성이 있는 것으로 보도되었다. 그것이 사실이라면 고검장들은 모두 불기소 의견이고, 대검 부장 중 두 명이 기소, 두 명이 기권 의견을 낸 것이라고 볼 수 있다. 고검장들의 몰표가 없었다면 기소 두 명, 기권 두 명, 불기소 두 명으로 팽팽한 결론이 되었을 것이라는 추론이 가능하다.

그렇다면 조 직무대행은 이미 공소장 작성까지 완료된

김 모, 최 모 씨에 대한 기소를 막을 명분이 더욱 없었을 것이다. 공소제기가 되었다면 모해위증에 대한 공소시효가 만료되는 일도 없었을 것이다. 공범 중 일부가 공소제기되면 그 재판의 확정시까지 다른 공범의 공소시효가 정지되므로(형사소송법 제253조 제2항), 만일 추가적인 수사로 공범관계에 있다는 점이 밝혀진다면 추후 관계된 검사들도 공소제기가 가능했을 것이다.

조성은의 고발사주 제보

2021년 9월 3일 오후 3시 58분, 모르는 번호로부터 문자메시지를 받았다.

"안녕하세요. 한동수 감찰부장님. 저는 전 미래통합당 선대위 부위원장이었던 조성은이라고 합니다. 이번 '대검찰청의 미래통합당 고발사주 사건'과 관련하여 정식으로 공익제보를 하고자 합니다. 아래에 첨부되는 내용은 뉴스버스를 포함한 어느 곳이든 제출 또는 전달된 바 없는 전문입니다."

문자에 이어 사진이 전송되었다. 추후 밝혀진 것처럼 이 사진은 김웅(국민의힘 의원)이 조성은에게 보낸 '전달메시지 손준성 보냄' 고발장 사진이었다.

당시 나는 제보자의 신분과 내용이 심각하다는 판단

에 김덕곤 감찰3과장과 김정국 특별감찰팀장을 감찰부장실로 호출했다. 그들이 보는 자리에서 조성은 씨와 문자메시지를 주고받았다. 제보자를 잔뜩 경계하면서 내가 보내는 문자에 실수가 없도록 만전을 기했다. 메시지를 주고받는 동안 김 과장 등은 조성은 씨가 누구인지 인적 정보를 확인했다. 나는 첫 회신으로 "네, 감찰부장입니다"라고 응답했다.

> **조성은** 자료내용 2020. 04. 03~2020. 04. 08.간 전달 대화-지현진 실명판결 3건-황희석 외 12인 고발장 전문(사진파일)-최강욱 고발장 전문-외 고발장 첨부 제출 자료들입니다. 확인하시고 편하신 시간에 전화주시면 감사하겠습니다.
>
> **한동수** 제보 감사합니다. 어떻게 전달해주시겠습니까?
>
> **조성은** 외부에서 뵙고 USB로 전달드리고 싶습니다. 시간과 장소를 알려주시면 찾아뵙겠습니다.

'칼은 찌르되 비틀지는 마라' 등 이른바 수사 10결로 유명한 심재륜 고검장이 외부에서 제보자를 만나 수사했다가 사달이 났다는 기억이 언뜻 스쳐 갔다. 과장과 특감팀장 모두 외부에서 조성은 씨를 만나는 것은 적절치 않다고 말했다.

한동수 외람된 말씀입니다만 수사기관에서 제보자를 만나는 것은 오해의 소지가 있습니다. 대검찰청 감찰부에 방문 전달하여주시면 좋을 것 같습니다. 그것이 어려우면 등기우편으로 송부하여주시면 감사하겠습니다.

조성은 네. 저도 감찰부장님께 전달드리고자 상의를 했을 때에도 외부에서 뵙기를 꺼리실 것 같다 등을 말씀 들었습니다. 다만, 공익제보의 내용으로 전달드리고자 한 부분은 신분 노출이 되지 않고자 함이고, 제가 대검에 직접 방문하면 반나절 내 당내 신분 노출이 될 것을 우려하여 드린 말씀입니다. 우편 등의 고민도 함께했지만 금요일 늦은 오후라 주말 내 도착이 어렵더라고요. 해당 문건 USB 외 당시 당내 사정은 문서로 남길 수 없고 뵙게 된다면 구술로나마 전달드릴 내용이 있습니다.

조성은 씨는 나에 대한 사전 정보가 있는 듯했다.

한동수 공익제보자로서 신분 노출이 염려되신다면, 저희 수사관을 계신 곳으로 보낼 테니 수사관 차량을 이용, 대검 지하 주차장으로 오시는 방법을 제안드립니다. 감찰부 내에서 절차에 따라 저와 면담 가능합니다.

조성은 알겠습니다. 시간을 알려주시면 감사하겠습니다.

한동수 계신 곳 어디신지요? 일과 후인 저녁 7시경 뵈면 좋을 것 같습니다.

조성은 좋습니다. 서울역 근처입니다.

한동수 혹시 교통 혼잡 상황 고려하여 사당역이나 서초역 부근에서 픽업하면 어떨지요?

조성은 네. 그러면 그 근처에서 주차를 하고 뵐 수 있도록 하겠습니다.

여기까지 문자를 주고받은 뒤 감찰3과장, 특감팀장과 상의를 했다. 나는 이렇게 급박하게 조사할 필요가 없다고 생각했다. 3과장과 특감팀장에게 "드랍(drop)하자. 오늘 조사하지 말자"라고 말했고, 그들도 동의했다. 나는 정중히 거절 의사를 표명했다.

한동수 현재 인력 및 배차 상황이 여의치 않습니다. 우편으로 송부해주시면 잘 살펴보겠습니다.

조성은 그러시군요. 그러시면 주말이나 월요일에 가능한 인력&배차 시간을 알려주시면 시간을 맞추겠습니다. 다음 주가 되면 우편전달이 의미가 없을 시기가 될 것 같습니다. 선보도를 원치 않는 상황에서 공익제보를 하고자 했던 사정이라서요.

한동수 참고로, 공익제보자로 보호받으려면 수사기관이 아닌 국민권익위원회에 신고하셔야 합니다.

조성은 공익신고의 대상기관은 권익위나 국회의원 외에 수사기관도 해당하는 것으로 알고 있습니다.

김덕곤 과장이 확인해보니 조성은 씨의 말대로 수사기관도 공익신고 대상기관에 해당되었다. 마침 김오수 검찰총장이 퇴근 직전이어서 개략적인 상황을 보고하고 의견 내지 지휘를 받기로 했다.

검찰총장실에 김 과장과 찾아가 상황을 이야기하니 오늘 조사하는 것이 맞다고 했다. 우리는 감찰부에서 당일 조사하기로 하고, 조성은 씨에게 전화를 걸었다. 서울성모병원 주차장에서 만나 대검 차량을 이용해 감찰부에 들어오는 것으로 안내했다. 조사는 영상녹화실에서 내가 직접 하고 연구관, 수사관은 대기하도록 지시했다. 조성은 씨가 여성인 점을 고려해 여성 수사관을 함께 보냈다.

나는 그날 저녁 선약이 있어 외부에 나가 저녁을 먹고, 사무실에 일이 있다고 말한 뒤 일찍 일어났다. 대검으로 돌아와 기다리고 있는데 오후 7시 3분 다시 문자메시지가 도착했다.

조성은 안녕하세요 부장님, 제가 서초 성모병원 주차장에 있겠습니다. 한참 막히는 시간이라서 5~10분 늦어질 수 있을 것 같습니다.

한동수 네, 알겠습니다.

조성은 성모병원 지상 주차장에 도착했습니다.

한동수 약 10분 후 불상의 휴대번호가 오면 받으시면 됩니다. 남녀 수사관이 차량으로 그곳에 가는 중입니다.

조성은 알겠습니다.

조성은 씨는 그렇게 대검 감찰부 차량을 타고 대검 청사에 들어왔다. 나는 대검 11층 영상녹화실에서 감찰3과장, 특감팀장, 김 모 연구관, 수사관 1인을 참여시킨 가운데 조성은 씨와 마주앉아 직접 질문하고 조사했다. 미리 신문사항을 준비한 것은 아니었지만, 나는 사법연수원을 마친 후 병역의무로 3년간 군검찰관으로 근무할 때 장교와 사병을 상대로 수사하고 기소했으며, 판사 시절에도 수많은 증인신문을 했던 터라 질문하고 조사하는 데 별다른 어려움은 없었다.

조성은 씨에게 당일 조사에서 하고 싶은 말을 충분히 할 수 있도록 개방형으로 질문했다. 조성은 씨가 텔레그램에서 파일을 발견한 것이 우연이었는지, 이 사건을 고발하게 된 동기가 순수한지 등 필요한 부분을 확인했다. 감찰3과장 등도 추가로 질문했다. 나중에라도 적법절차나 증거능력에 어떠한 문제가 생기지 않도록 주의하고 신중을 기했다.

특감팀장과 수사관이 세월호 사건 등 특수부에서 일했던 사람들이라 인지수사와 디지털 포렌식 수사에 대한 경험이 있어서 USB 임의 제출, 봉인 등 적법절차를 준수하는 데 도움이 되었다. 공익신고자의 지위를 인정하기 위해서는 스마트폰 임의 제출이 필요했는데, 조성은 씨로부터 추후 스마트폰을 제출받아 디지털 포렌식을 진행하기로 했다. 어떠한 변수가 생길지 알 수 없어 조사를 마친 후 스마트폰에 담긴 고발장 사진 파일을 김 모 연구관으로 하여금 출력해두라고 지시했다. 또한 그 출력물이 스마트폰의 사진 파일과 동일함을 확인하기 위해 조성은 씨의 자필서명을 받아 조사기록에 편철했다. "전달된 메시지 손준성 보냄. 제보자 X가 지현진임", "전달된 메시지 손준성 보냄. 고발장 사진" 등의 문자와 함께 전달된 텔레그램 메시지 파일이다.

이러한 모든 과정은 영상녹화실에서 진행되었고, 조사한 전체 내용은 과학수사부 속기사에 의해 녹취록을 작성하기로 했다. 공수처가 2021년 11월 5일 압수수색영장을 받아 감찰부 기록을 사본으로 가져갈 당시 이 조사 자료들도 모두 기록에 편철되어 있었던 것을 확인했다.

하지만 내가 퇴직한 후에 조성은 씨가 손준성 재판 증

인으로 출석하기 위해 대검 감찰부에 정보공개 청구를 했는데, 대검 감찰부에서 조성은이 진술했던 모든 과정이나 그 어떤 내용들도 문서로 작성된 기록이나 조사가 없다며 거부했다고 한다. 대검의 거짓말에 그저 황당할 뿐이다.

윤석열, 김건희, 한동훈

조성은 씨는 미래통합당 선대위 부위원장을 해서인지 매우 똑똑하고 사실과 분석이 정확하다는 느낌을 받았다. 그의 말 가운데 기억나는 말이 있다. "고발장은 당사자성(當事者性)이 강하다." 윤석열, 김건희, 한동훈 개인이 피해자로 되어 있다는 것이다. 고발장에는 "윤 총장에 대한 퇴진운동", "채널A 녹음 파일은 한동훈 음성이 아니다"라고 적혀 있었다.● 김건희에 대해서는 "불법적인 주가조작에 관여한 사실이 전혀 없었다"라고 적혀 있었다.

조성은 씨 조사 과정에서 가장 인상적인 표현은 '위어드(weird)'였다. '기괴한'이라는 뜻의 이 말은 예전에 토플 공부할 때 암기했던 단어인데, 면전에서 들으니 인상적이었다. 조성은 씨의 이 말은 고발장 내용 등이 기괴하다는 뜻이었다.

● 4월 3일자 고발장 작성 당시 채널A 기자가 제보자 X에게 들려준 녹음 파일이 한동훈 음성인지가 쟁점이었다.

실제로 고발장 안에는 "정부와 여당 골수 지지자들은 서초동 일대에서 대규모 집회를 열어 윤 총장 퇴진운동을 벌였고, 이러한 부조리를 참다못한 많은 국민들은 광화문 일대에서 맞불집회를 열었다", "좌파 정권 유지라는 동일한 이해관계", "내통" 등의 표현이 담겨 있었다.● 사용하는 언어와 프레임이 극보수 유튜버들의 주장과 동일했다. 윤석열을 대통령으로 만들고자 하는 일련의 계획 중 이른바 '윤석열 찍어내기'라는 프레임을 통해 윤석열을 부각시키는 쪽으로 여론을 선동하는 '대호프로젝트'의 연장선상에서 나올 수 있는 표현들로 보인다. 이러한 표현과 내용으로 볼 때, 깔끔하게 검사가 전부 작성한 것으로 보이는 4월 8일자 고발장과 달리 4월 3일자 고발장은 검사가 아닌 사람도 작성 과정에 관여했을 것으로 추론된다.

　마지막으로 기억나는 조성은 씨의 진술은 "한동훈은 검찰에 있을 때 자료사진을 찍어 기자에게 보냈다"라는 것이다. 검찰 내부 관계자가 사진을 찍어 기자에게 보내면 기자가 그것을 보고 기사를 쓴다는 것을 실제 진술로써 확인할 수 있었던 대목이다. 조성은 씨는 정세와 상황을 판단하고 문서를

───────

● 　당시 서초동 집회의 구호는 "조국수호", "검찰개혁", "언론개혁"이었다. 이것을 윤석열 퇴진운동으로 보기는 어렵다.

해득하는 능력이 매우 뛰어난 사람이라고 느껴졌다.

2020년 4월 총선에 영향을 미치기 위한 대검찰청 고발 사주 사건은 공수처에 의해 손준성이 공직선거법 위반 등으로 기소되어 현재 재판 중이며 2024년 1월 31일 1심 선고를 앞두고 있다. 조성은 씨가 제보한 고발장 파일은 범죄사실을 인정할 1차적인 근거이자 범행을 부인하는 어떤 말로도 움직일 수 없는 선박의 닻과 같다. 전문가인 판사가 고발장의 내용과 문체, 용어 등을 잘 살펴보면 검사가 작성한 것인지, 혼자 작성한 것인지, 누구를 위해 작성한 것인지, 왜 작성한 것인지 등을 충분히 알 수 있을 것이다.

2021년 9월 6일 한겨레는 〈"여권 총선 이기려…윤석열 헐뜯어" 검찰 공소장 뺨치는 '고발장 20장'〉이라는 기사를 단독으로 냈다. "'윤석열 검찰'이 지난해 4월 총선을 앞두고 미래통합당(현 국민의힘)에 범여권 인사 고발을 사주했다는 의혹의 핵심 물증인 고발장 전문을 〈한겨레〉가 입수했다"라고 보도했다.

이에 조성은 씨는 "한겨레를 접촉한 적이 없다"면서 "검찰이 제공한 것 아니냐"고 내게 문자를 보내왔다. 조 씨의 스마트폰 2대를 임의 제출받아 디지털 포렌식 절차를 거쳤지만 감찰3과장, 특감팀장, 수사관 모두 보안을 철저히 유지했다. 나는 조 씨에게 "제공 사실 없다"라고 답신했다.

대검 감찰부장을 사직한 후 검찰 인사의 면면을 보면서 퍼뜩 든 생각이 있다. 중요한 사안이었으니 대검 감찰부 내에서도 기존에 관계가 있던 다른 상급자에게 보고했을 수 있고, 그러면 그 상급자가 다른 루트를 통해서 다시 상부로 보고를 이어갔을지도 모른다는 점이다. 실력자에게 정보를 제공하면 그와 친해지고 안전해지고 대가를 받는다. '윤석열 사단'의 보호막 안에 들어가면 그렇게 편안할 수가 없을 것 같다는 유혹이 들 때가 있다. 현실에서도 몇몇 검사들은 적당히 야당 국회의원에게 검찰 관련 정보를 알려주고 친야 성향인 것처럼 행세할 수 있다는 이야기다.

윤석열 사단과 고발사주 수사

나는 채널A 사건 때 검찰총장이 감찰을 중단하라고 하니 감
찰과장 등 감찰부 검사들이 어쩌지 못하고 그대로 멈춰 서는
것을 보았다. 페이스북에 나는 그것을 검찰총장을 정점으로
하는 검사동일체의 원칙이 여전히 강고하다고 표현했다.

　　검찰총장과 손발을 맞추지 않으면 현실적으로 일을 하
기 어렵다는 것을 처절히 깨달았다. 그래서 대검 수사정보정
책관실(수정관실)에서 고발장을 작성해 국민의힘 전신인 미래
통합당에 보내 대검에 고발장을 접수하도록 사주했다는 이른
바 '고발사주 사건'을 대검 감찰부에서 조사할 때, 김오수 검
찰총장과 상황에 대한 정보를 공유하고 총장의 의견대로 진
행했다. 김덕곤 감찰3과장은 매우 세심하고 성실한 사람이어

서 모든 감찰조사 상황을 검찰총장과 내게 보고했다.

김오수 총장은 자신이 특수수사에서 실패한 적이 없다고 하면서 고발사주 사건 결과에 자신 있어 했다. 김 총장은 "사실을 이야기하면 총장으로서 책임을 묻지 않겠다"라고 공언하면서 수정관실 수사관들의 자백을 기대했다. 그러나 별 효과가 없었다. 김 총장의 상황 파악이 나이브했거나 철저한 인식이 부족했던 게 아닌가 싶다.

수정관실 소속 임홍석 검사는 대검 감찰3과에서 진행한 참고인 조사에서 고발장 작성 관여 사실을 부인하는 취지로 진술한 후 울먹이는 말투로 대검 감찰부에서 무엇을 원하느냐고 되묻는 등 조사 상황과 방향을 알아내려고 할 정도로 영리했다. 그는 2016년 1월부터 1년 6개월가량 대검 부패범죄특별수사단에서 파견 근무를 했는데 당시 한동훈이 팀장이었던 수사2팀 소속이었다. 앞으로 특수부를 이끌 주자로 촉망받는다고 했다.

그래서인지 검찰 내부에서 임 검사를 두둔하는 일이 있었다. 나는 임 검사가 라임 사건으로 징계조사 중이니 범죄정보를 취급하는 수정관실에 두는 것이 부적절하다는 의견을 피력했지만 김 총장은 별다른 조치를 하지 않았다. 또한 임 검사에 대한 대검 감찰부 조사 중에도 손준성 검사가 이례적으로 선처를 구하는 탄원서를 제출했다. 손 검사의 후임 수사정보담당관은 대검 감찰위원회에서 나온 의결결과가 무엇인지 감찰3과장에게 알려달라고 했다. 징계 사건에서 이렇게까지 특별한 보호와 관심을 받았던 징계 대상 검사는 없었다.

특별한 보호와 관심

고발사주 사건은 대검 내부에서 총장 주재로 대검 차장, 감찰부장, 기획조정부장, 공공수사부장, 수사정보담당관 등이 전부 또는 일부가 모여 논의하면서 진행되었다. 공직선거법 위반에 해당되는지 여부에 관하여 총장, 차장, 공공수사부장, 감찰부장, 감찰3과장이 모여 회의를 했는데, 공공수사부장은 공공수사부 과장들과 논의한 결과에 따라 공직선거법에 해당한다는 공식 의견을 냈다. 이와 관련해 감찰부 연구관 1인이 다소 다른 뉘앙스를 가지고 임의로 작성하려고 했으나 공직선거법 위반을 다루는 주무부서인 공공수사부의 공식 의견대로 문서를 완성하기로 하면서 감찰 기록에는 공직선거법 위반이 성립한다는 취지의 문서가 편철되었다.

이때 회의에서 나온 이야기 중 하나는 '수정관실 소속 검사들 및 수사관들이 모두 부인하고 있는 상황에서 그중 누군가로부터 자백을 받는 게 관건'이라는 것이었다. 또한 조사 과정에서 확보된 사실을 언론에 적극적으로 알려서 조사의 동력을 확보하는 것이 필요하다는 의견도 있었다. 그리고 보니 수정관실 검사와 수사관이 제보자에 대한 판결문을 검색한 것, 조성은 씨의 스마트폰을 포렌식한 결과 손준성 검사가 고발장 파일과 제보자의 페이스북 글모음 파일을 텔레그램으로 전송한 것, 고발장 내용·형식·문구가 검사의 글로 보인다는 것, 검찰에서 자주 사용하는 한국법조인대관에 기재된 피고발인의 정보를 이용한 것, 《공직선거법 벌칙해설》*에 정리된 판결 요점을 거의 그대로 인용한 것 등 언론에 알려지면 국민들의 관심을 불러 모을 만한 사항이 꽤 확보되어 있었다.

대검 감찰부는 고발장 파일 및 스마트폰 포렌식 자료, 조성은 씨에 대한 진술, 쪽지(검찰 내부 메신저), 수정관실 검사들의 통신 내역, 주고받은 첨부 파일 제목 등을 조사하고 분석했다. 특히 검찰 메신저에는 많은 정보들이 있었는데, 이른바 윤석열 사단을 구성하는 검사들의 면면을 파악할 수 있었고, 수정관실이 수행한 작업도 알 수 있었다.

이러한 검찰 내부 메신저를 통해 윤석열 총장 장모와 함께 기소된 안소현 씨 민사소송에서 변호사가 작성한 서면을 수정관실이 송부받아 검토했을 것으로 보이는 정황도 알아냈다. 또한 수정관실의 김영일 수사정보1담당관이 총선 여

• 대검찰청에서 출판하는 정부간행물이다. 검사들은 대검 공공수사부를 통해 이 책자를 배부받는다.

론조사를 취합·정리한 문서를 작성한 사실 등 상당한 물증도
확보했다.

2020년 4월 2일과 4월 3일 손준성 검사가 검찰총장실
최 모 비서와 차장실 문 모 실무관과 쪽지를 주고받은 기록
도 있었다. 고발장 작성 과정에 총장과 차장이 관여했을 가능
성, 그리고 고발장 전송에 대한 승인을 받기 위해 총장 보고
가 가능한지 확인하는 내용이 담겨 있을 가능성이 있다. 당시
최 모 비서는 공수처 조사에 불응했다. 최 비서는 총장실에서
공공수사부로 부서를 옮겼는데 '이정현 공공수사부장이 공수
처 조사에 응하라고 부당하게 개입했다'라는 식으로 보도되
었다. 최 비서에 대한 공수처 조사를 보수언론도 원하지 않은
것이다.

침묵이 필요할 때

당시 고발사주 사건에 이목이 집중되었고 기자들은 정보에
목말라했다. 나 역시 몇몇 기자들로부터 아주 작은 정보라도
말해달라는 요청이 있었지만 철저히 침묵을 지켰다. "수정관
실 소속 검사가 고발장 전송 당일 판결문을 검색했다"라는
한마디만 해도 단독보도가 성립될 정도로 초유의 관심이 집
중되는 상황이었지만, 나는 그렇게 하지 않았다.

감찰부의 조사가 상당 부분 진행되어 수사로 전환하

는 것이 필요하다고 판단될 무렵, 법무부 장관으로부터 적절한 공보와 함께 수사로 전환할 필요가 있는지 검토하라는 의사가 대검에 전달되었다. 나는 필요하다고 생각했다. 그런데 김오수 총장은 공보를 찬성하지 않았다. 돌이켜보니 김오수 총장은 권순정 대변인에 대한 출석요구 조사에도 소극적이었다. 대검 기자단이 검찰총장실 복도에 난입했을 때에도 공무집행방해 등으로 치고 나가지 않았다. 늘 역풍을 우려했다.

때마침 정진웅 차장에 대한 이의제기서 제출 등 중요 국면마다 나를 반대하던 정희도 검사가 내가 정치인과 교류한다면서 조사의 공정성을 믿을 수 없다는 취지의 글을 이프로스에 올렸다. 이를 받아서 보수언론에서도 대검 감찰부 조사를 반대하는 취지의 보도가 이어졌다. 2021년 9월 13일 최강욱 열린민주당 대표, 황희석 최고위원 등이 윤석열, 한동훈, 손준성 등 7인에 대한 고소장을 제출했고, 이에 맞추어 총장과 차장 모두 서울중앙지검으로 사건을 이첩하자는 견해를 내비치던 때였다. 내가 무슨 결론을 내더라도 논란이 될 상황이었다. 차라리 서울중앙지검에 보내 수사하고 공수처가 최종 수사를 담당하는 것이 낫겠다는 생각이 들었다. 검찰에서 퇴직한 후에도 기억에 남아 있는 장면이다. 나는 총·차장의 의견과 달리 감찰조사를 수사로 전환하고 대검 감찰부에서 계속 수사하겠다고 주장했어야 했을까? 대검 지휘부의 결정은 일부 언론이 오도하는 여론에 영향을 받아 이루어진 잘못된 결정이 아니었을까?

감찰부장은 부서장이긴 하지만 기관장이 아니다. 독자적인 공보와 조사 및 수사를 진행하기 어렵다. 감찰부장은 혼자이고 사실 무력하다. 언론이나 페이스북 등에 돌아가는 상황이나 어려운 사정을 말하면서 스스로 머릿속을 정리하거나 마음가짐을 다잡기도 하는데, 그러면 공무상 비밀 누설이니 하는 올가미가 씌워진다. 나는 기자들의 전화를 받지 않거나 답변할 수 없다는 원칙적인 대응으로 일관했다.

그 당시 나는 가능하면 최대한 조사를 해서 자료를 많이 확보하는 것이 중요하다는 생각에 총장의 의사를 존중하면서 진행했지만, 총장이 미온적이고 소극적이라는 생각을 내내 지울 수 없었다. 감찰3과장은 정말 세부적인 사항까지 총장에게 보고하고 승인을 받으며 일했다. 그런 감찰3과장이 말수가 없어지고 낯빛도 점점 어두워졌다. 본인 스스로 자신의 증세가 공황장애와 비슷하다고 했다. 나는 그가 동학농민운동의 지도자인 김개남 장군의 후손이고 골격도 좋아 보여 내면이 아주 강할 줄 알았는데, 검찰 내부에서 받는 압박이 상당한 것 같았다. 사실 아무리 강골이라도 견뎌낼 수 없을 정도의 압박이었을 것이다. 그의 가족이 받는 스트레스도 매우 커 보였다. 그는 윤석열 대통령 취임 후 부산지검의 중요

경제범죄조사단 검사로 좌천성 인사를 받았다. 정치색도 없고 성실하기 그지없는 좋은 검사인데, 감찰3과장에 부임했다가 1급 부역자로 분류되어 인사상 불이익을 받은 것이다.

돌이켜보니 김오수 총장은 취임 초기에 수사검사가 공판에 직접 관여하는 이른바 '직관'을 제한하자는 의견을 제시했었다. 그런데 윤석열 정부 들어 검사장으로 승진한 '장수급' 특수부 검사들을 중심으로 조직 내부의 비판이 거세지자 사실상 자신의 의견을 철회하는 모습을 보였다. 그때부터 조직 안에서 힘을 잃은 것이 아닌가 한다. 월성원전 고발사주 의혹과 관련해서도 기록 사본을 보내라는 김 총장의 지시를 일선 청에서 대놓고 불응할 정도였다.

김 총장은 검찰 본연의 역할을 중시하면서 장기 미제 해소에 주력했고 상당한 성과를 보였다. 정치적 중립의 중요성을 강조하는 발언을 하기도 했다. 선거 즈음에는 검찰이 중립을 지켜야 한다며 사실상 대장동 수사 진행을 보류하는 지휘를 했다. 이에 대해 이재명 대통령 후보와의 연관성을 추측하는 언론보도가 쏟아지자 2021년 10월 14일 이정수 서울중앙지검장이 나서서 정영학 회계사의 대장동 녹취록에 담긴 '그분'은 이재명 후보를 가리키는 것이 아니라고 밝히기도 했다. 당시 반부패·강력부장과 서울중앙지검장, 수사팀 사이에 여러 이견과 팽팽한 긴장감이 있었을 것으로 짐작한다.

검찰은 왜 진실을 진실 그대로 밝히지 않고 정책적으로, 정치적으로 접근하는지 이해하기 어렵다. 윤 총장 징계 국면, 한 총리 모해위증 교사 감찰사건 등에서 조남관 대검 차장과 호흡을 맞춰 많은 활약을 했던 전무곤 대검 정책기획 과장으로부터 진실은 회색이라는 말을 들었다. 아예 진실은 없다고 믿는 사람도 꽤 있다. 그러나 이 말은 그만큼 그간 진실을 가려왔거나 진실인 양 가장해왔다는 반증이고 인지부조화를 해소하는 자기합리화가 아닐까 싶다.

검찰조직 내에는 정치적인 세력과 집단이 존재한다고 생각한다. 그들은 중요 정보를 수시로 보고받고 공유하고 전략을 짠다. 그리고 언론에 흘려 여론을 주도한다. 명분을 내세우지만, 자신의 이익을 추구하고 죄적을 은폐하려는 실질적 동기가 숨어 있다고 의심한다. 대검 감찰부가 아무런 절차상 문제없이 대변인 공용폰을 임의 제출받아 포렌식을 한 것에 대해 일부 대검 기자단이 일제히 들고 일어난 것에서도 알 수 있다.

오보에 대응하고 사안을 설명하기 위해 검찰총장의 보고와 승인을 받은 내용이나 법무부 장관에게 보고한 대검 감찰부 입장문은 보이콧하면서, 권순정 전 대변인 측의 일방적 주장을 확대 재생산하는 기사를 쓰는 대검 기자단을 이해할 수 없었다. 대검 기자단에는 '윤석열 사단'과 긴밀히 유착한 기자들이 다수 포함되어 있었는데, 자신들을 검사들과 동일시하고 있지 않으면 할 수 없는 행동들이다. 나중에 하게 된 유력한 추정인데, 대검 기자단을 움직인 것은 누군가의 기획 작품일 것이다. 대검 기자단을 움직일 정도라면 현실에서 게임을 잘하는 실력자임이 틀림없다.

실체적 진실에 관심과 열의가 있다면, 수정관실 소속 검사들과 메신저를 주고받은 전임 김유철 정책관 등 현직 검사들에 대해 메신저를 주고받은 경위와 내용을 확인하는 수사를 확대하여 이른바 '윤석열 사단'의 실체와 범행 관여 유무를 조사할 수 있을 것으로 생각된다.

사실인정에 대한 상당한 용기

고발사주 사건을 조사하면서 나는 두 가지 법리를 생각했다. 하나는 공문서 작성의 공범의 인정에 관한 대법원 판례다. 또 하나는 공모관계 등 증거서류에 의한 입증이 쉽지 않은 경우에는 국민 일반의 상식과 경험칙에 의한 사실인정이 필요하다는 점이다.

대법원 재판연구관으로 근무하는 동안 대법원 판결이 형성되는 과정을 지켜보면서, 나는 종전 선례를 그대로 따르는 데 그치지 않고 정의와 공평에 맞는 판결을 선고하는 힘을 얻었다. 내가 2013년 수원지법 민사항소심 재판장으로 근무할 때 KT가 민주동지회 회원 등에 대한 퇴출을 목표로 하는 관리계획을 지역본부와 지사에 하달, 실행한 것으로 보아야 하는지 문제가 된 사례가 있었다. 나는 직권으로 증인신문을 진행하고 국민 일반의 상식과 경험칙에 의하여 그러한 관리계획이 하달, 실행한 것으로 과감히 사실인정을 한 적이 있다. 비단 서증, 인증, 물증 등의 증거만이 사실인정의 근거가 되는 것이 아니라, 국민 일반 상식과 경험칙도 사실인정의 근거가 될 수 있는 것이다. 그러려면 판사로서는 재판에 대한 자신감과 용기가 필요하다. 이러한 재판 경험을 페이스북에 소개한 것은 공수처 검사들과 법원의 판사들이 그렇게 했으면 하는 생각에서였다.

또 하나는 문서범죄에서 작성자들이 자신의 범행을 부인할 경우에 '위조문서 자체가 존재'하고, '실행행위를 분담하여 관여한 정황'들이 나타나 있다면 그들 모두를 공범으로 인정하는 것이 타당하다는 대법원 판례. 공범 관련 법리는 판결문을 제시하면서 감찰부 조사기록에 수사보고 형식으로 남기라고 감찰3과장에 지시했다.

판사가 사안에 따라 서증과 물증이 아닌 눈에 보이지 않는 경험칙과 상식을 근거로 삼아 사실인정을 할 수 있는 단계에 이르려면 상당한 용기가 필요하고, 세상사와 법률관계에 대한 많은 경험과 이해가 있어야 한다.

만일 고발장이 수정관실에서 국회 정당으로 건네진 것
이 맞다면 수정관실이 단독으로 결정했을 가능성은 제로에
가깝다고 단언할 수 있다. 검사는 개인을 위해 고소장을 작성
해 정당에 건네주는 것이 적어도 징계사유에 해당한다는 것
을 누구보다 잘 알고 있는 사람들이다.

공수처는 촛불혁명의 결과

최근 서초동에서 길을 걷다가 손준성 검사를 우연히 두 차례
마주쳤다. 한 번은 혼자였고, 또 한 번은 고발사주 사건의 피
고인으로 재판을 받고 나와서 변호사와 함께 있었다. 내가 대
검에서 처음 만났을 때 그는 귀공자 스타일의 엘리트 검사 이
미지가 강했다. 그런데 지금은 얼굴이 어둡고 많이 상해 있
다. 손 검사의 양심 어느 지점에 분명 찜찜함이 있었을 텐데,
그러한 양심의 반응을 잠재운 당시 대검의 업무환경과 상하
관계가 안타깝다는 생각이 들었다.

범죄정보기획관실 또는 그 명칭이 변경된 수사정보정
책관실은 예로부터 대검 부장과 별도로 총장에 직보하는 위
치와 역할을 담당했다. 수정관실은 대검 부서 중 주로 반부
패·강력부와 업무상 관련이 많으니 반부패·강력부장에게도
보고할 일이 많다. 반부패·강력부장이 수정관실로부터 정보
보고를 받아 총장에게 이를 알려주는 장면을 본 적도 있다.

윤석열 총장은 매일 아침 수사정보정책관으로부터 정보보고 등을 받은 것으로 안다. 총장에 직보하다 보니 수사정보정책관의 일상적인 업무 외의 모든 것이 총장의 사전 지시하에 이뤄졌고, 그 결과물은 총장의 사전 보고와 승인을 받은 후 외부로 건네졌다고 보는 것이 맞다. 이는 검찰의 업무처리 방식을 아는 사람이라면 그야말로 상식에 속하는 사항이다. 하물며 자기 개인 문서가 아니라 총장 부부와 반부패·강력부장을 피해자로 하는 문서라면 절대로 임의로 작성해 제출할 수가 없다.

통상 대변인실이 총장의 입이라면, 수정관실은 총장의 눈과 귀라고 불린다. 손준성 검사 시절의 수정관실은 총장의 머리 역할도 일부 한 것으로 본다. 나 또한 휴일 점심 무렵 총장의 자택이 있는 아크로비스타 구내에서 윤석열 총장이 가운데 서고 권순정 대변인과 손준성 수사정보정책관이 나란히 걸어오던 상황을 마주한 적이 있다. 휴일이었기 때문에 낯설었는데, 매우 상징적인 장면이라고 생각한다. 나는 먼저 인사를 드렸고 윤 총장은 특별한 말 없이 인사를 받았다. 권 대변인이 당시 인근 삼풍아파트에 거주한다는 사정을 고려하더라도 휴일까지 총장, 총장의 눈과 귀, 입이라는 세 사람이 오프라인에서 만날 정도면 업무상으로든 아니든 각별한 사이라고 할 수 있을 것이다.

공수처가 고발사주 사건에 대해 수사 의지가 있었다면, 검사 중에 손준성만을 기소하지 않았을 것이다. 손준성 기소에 따른 공판 수행 과정을 지켜보건대 현재까지 조사된 자료들에 대한 해석 능력과 검찰의 업무에 대한 상식과 경험칙이 크게 부족한 것으로 생각된다. 공수처는 출범 당시 타 기관으로부터 독립되어 있었고, 기관장에게 광범위한 재량이 주어졌으며, 국민적인 기대가 있었다. 그런데 신규 채용하는 공수처 검사의 경력과 면모, 공수처 1호 수사가 무엇인지 등을 보면 공수처의 한계와 방향을 쉽게 알 수 있다.

　　물론 공수처가 겪는 어려움을 누구보다 잘 이해할 수 있다. 수사 인력도 부족하고 수사를 지휘할 경험과 능력이 부족하다는 점을 절감했을 것이다. 판사 출신의 공수처 처장과 차장은 언론으로부터 생애 처음 당해보는 무수한 공격을 받고, 영장 청구 논의 등 공수처 내부의 수사정보가 밖으로 새어 나가는 당혹스러운 상황을 경험했을 것이다. 무엇보다 부하 직원들이 상관의 지시에 제동을 걸고 갖은 방법으로 어깃장을 놓았을 수도 있다.

　　그래도 공수처는 촛불혁명의 결과이고 국민의 염원으로 탄생한 기관이다. 권력의 남용으로부터 스러져간 수많은 목숨과 절규를 기억해야 하는 기관이다. 스스로 감당할 부분이 분명히 있다.

무엇이 '의도된 거짓'인가

2023년 10월 5일 손준성 대구고검 차장검사●의 '고발사주' 의혹 재판에 증인으로 나섰다. 이날 오후 3시 서울중앙지법에 출석하니 오전 증인인 수사정보정책관실 수사관에 대한 증인 신문이 길어져 법정 밖 복도에서 기다려야 했다. 법정 경위로부터 여비 등으로 7만 3300원이 든 봉투를 받고 서명했다.

　내 차례가 되어 법정 증인석에 앉았다. 나는 '고발사주 사건'에 대한 기억을 되살려 다음과 같은 내용을 미리 작성해

● 손준성은 고발사주 사건으로 기소되어 형사재판을 받고 있음에도 불구하고 2023년 9월 검사장급인 대구고검 차장검사로 승진되었다. 그러나 2023년 11월 공수처는 검찰 권한을 남용한 국기문란 행위라며 그에게 징역 5년을 구형했다. 2023년 12월 1일 국회는 헌법 위반, 공직선거법 위반, 공무상비밀누설죄 등의 비위로 손준성에 대한 탄핵소추안을 의결했다.

서 가져갔다.

1. 손준성 보냄으로 표시된 텔레그램에는 제보자로 알려진 특정인의 실명이 기재된 판결문이 첨부되어 있다. 당사자가 아닌 일반인에게는 비실명 처리된 판결문이 제공될 뿐이므로, 실명이 기재된 판결문은 법원과 검찰 등 기관 내부에서 유출되었을 가능성이 높다.

2. 수사정보정책관실 소속 검사들이 고발장에 첨부된 제보자에 대한 판결문 및 공직선거법 위반 판결에 대해 조회, 검색한 기록이 있다. 4월 3일자 고발장에는 성상욱, 이정훈, 임홍석 검사, 4월 8일자 고발장에는 성상욱, 임홍석 검사가 판결을 검색했다. 범죄정보기획관실 출신 모 고검장으로부터 이정훈 검사는 당해 고발장 작성 과정에서 부정적 견해를 가지고 있었다는 말을 들었다. 이에 따라 이정훈 검사는 4월 8일자 고발장 작성에서 배제되었을 가능성이 있다.

3. 뉴스버스, CBS 등 언론보도 내용에 보면, 4월 8일자 고발장은 그것과 거의 동일한 형식과 내용의 고발장이 미래통합당을 통해 제출됐다. 김웅 국회의원 후보는 손준성 검사로부터 자료를 받아 당에 그대로 전달한 것 같다고 2021년 9월 7일자 인터뷰에서 말했다.

4. 페이스북 글 게시자의 실명과 필명인 이오하가 제보자 지

현진이라는 사실은 대검 감찰부와 수사정보정책관실만 알고 있었다. 대검 감찰부는 모 검사 감찰사건에서 제보자를 조사한 적이 있어서 인적 사항과 연락처를 파악하고 있었고, 수사정보정책관실도 알고 있다는 말을 감찰3과장으로부터 들었다.

5. 고발장에는 검사의 공소장에 쓰는 것과 같이 "순차로 공모, 그 무렵 마음먹었다, 행세하면서" 등의 표현이 사용되었다. 고발장의 형식과 내용도 공소장과 흡사하다. 고발장에 인용된 공직선거법 위반 판례의 사례가 수사정보정책관실 책장에 비치된 개정 전《공직선거법 벌칙해설》책자에 기재된 내용과 거의 비슷했다.

6. 실무상 적용빈도가 매우 낮은 공직선거법상 방송·신문 등 부정이용죄로 의율했는바, 전문가인 검사만이 의율할 수 있는 죄명이다.

7. 고발장의 내용에는 개인인 윤석열, 김건희, 한동훈 주장과 입증을 대변하고 있다.

8. 고발장의 접수처가 일반인에게는 생소한 대검 공공수사부장 귀중으로 되어 있다.

손준성 검사에 대해서도 추가 근거를 정리했다. 형사소송법상 감정(鑑定) 증인이 아닌 이상, 증인은 원칙적으로 판단이나 의견이 아닌 사실을 진술해야 한다. 내가 정리한 추가적 근거들은 특수한 경험칙이라는 사실의 영역에 속한다. 나는 법정에서 "내가 알고 있는 특수한 경험칙으로서 진술한다"라는 취지로 말했다.

1. 성상욱, 임홍석 검사는 검찰 내부 통신망인 이프로스에 탑재된 한국법조인대관을 검색했다. 한국법조인대관은 인사철이나 상훈, 수사, 기관장 행사할 때 참고할 뿐 자주 찾는 사이트가 아니다. 고발장에 기재된 최강욱 전 국회의원의 생년월일이 한국법조인대관에 적힌 틀린 날짜 그대로 인용되었다.

2. 검찰공무원이 근무시간 중에 이프로스에서 고소장 양식을 다운로드하는 것은 극히 드문 일이고, 검찰에서 다른 사람의 고소장을 대필하는 것은 징계사유에 해당한다. 따라서 고소장 양식 다운로드는 직무와 관련하여 지시에 의하여 이루어졌을 가능성이 높다.

3. 임홍석 검사는 대검 감찰부 조사를 마친 후 울먹이면서 감찰부에서 원하는 게 뭐냐고 물어보았다고 하는데, 실상은 범행을 전부 부인하면서 감찰부로부터 무슨 정보를 탐지해내려는 기색으로 느껴졌다는 특감팀장의 전언이 있었다.

4. 사문서 위조 공범의 경우 모두 부인하고 방법이 불상이고

실행행위 분담 내역 등이 구체적으로 특정 안 되어도 위조된 문서가 존재하는 등의 사정이 인정되면 유죄 판결한 사례가 있다(대법원 2018. 1. 25. 선고 2016도6757 판결 등).

윤석열 총장의 승인을 받고 고발장이 외부로 나갔을 가능성과 한동훈 검사의 공모 가능성에 대해서도 정리했다.

1. 4월 3일자 고발장의 경우 당사자성 즉, 윤석열, 김건희, 한동훈 개인의 주장을 대변하는 성격이 강하다. 고발장에는 한동훈은 채널A와 관련성이 없다, 김건희는 주가조작 사실이 없다, 윤석열은 문 정권으로부터 탄압받는 존재라는 등의 기재가 있다. 손준성 검사는 검찰의 일도 아니고 자기의 일도 아닌데, 이들을 위해 위험한 일을 할 하등의 이유가 없다. 이 고발장들은 당사자인 윤석열, 한동훈 등의 지시가 있었다고 보는 것이 합리적이다.
2. 4월 3일자 고발장은 그 작성자가 검사 외에도 극우 유튜버와 같은 일반인이 더 포함되어 있을 수 있다. 4월 8일자 고발장은 깔끔하게 검사 혼자서 초안을 작성하는 것이 가능한 글이다. 물론 각 고발장은 수사정보정책관, 수사정보담당관 등의 검토 과정이 있었을 것이고, 그들도 작성자의 범위에 포함된다.

3. 고발장이 김웅에게 전송되기 전 손준성 검사가 검찰총장실 부속실 최 모 비서와 메신저를 주고받았다. 총장실 비서와의 메신저는 손준성 검사가 지금 총장에게 대면보고가 가능한지 묻거나 총장이 지금 손준성 검사를 찾는다는 내용으로 보아도 틀림없다.

손준성 수사정보정책관은 매일 아침 윤 총장에 직보하고 수시로 지시받는 위치였다. 따라서 손준성 검사가 윤석열 총장에게 대면보고하고 윤 총장으로부터 승인받았을 가능성에 대해서도 정리했다.

법정에서 선서를 하고 증인석에 앉았다. 먼저 공수처 검사가 질문했다. 채널A 사건에 대해 내가 국회에서 한 증언과 페이스북에 게시한 글, 각종 신문보도에 대해서 물었다. 채널A 사건과 고발사주 사건의 연관성을 부각하는 것이 주된 입증취지였는지는 모르겠으나 공수처 검사의 신문사항에는 특별한 내용이 없었다. 고작 이런 질문을 하려고 나를 불렀던가?

나는 대검 감찰부에서 입수한 자료를 보았느냐고 공수처 검사에게 되물었다. 바로 그 자료들이 특수한 경험칙에 해당된다. 총장 비서와의 메신저를 보면 대면보고가 있었다는 것을 알 수 있다. 고발장 다운로드는 이례적이었고 그때 수정관실 직원이 로그인 상태였다. 한국법조인대관을 당시 수정관실 검사가 검색한 것도 매우 이례적이었다. 공수처는 이러한 특수한 경험칙에 근거한 사실 이해가 부족한 게 아닌가 하는 생각이 들었다. 그래서 나는 더더욱 이 점을 적극적으로 증언했다.

검찰권 남용에 경종을 울려야

나는 당일 끝나기를 희망했으나 재판은 10월 30일로 속행되었다. 2023년 10월 30일 오후 2시 10분 대검찰청 고발사주 사건으로 다시 증인석에 앉았다.

막상 증인 입장이 되어 증언을 하는 것은 무척 힘든 일이다. 나는 이 긴 터널에서 빠져나와 생업에 돌아가고 싶을 뿐이다. 목감기까지 걸려 몸 상태가 좋지 않았지만 지난 기억을 더듬고 자료를 찾아보면서 증언할 내용을 다시 정리했다.

사실 채널A 감찰방해 사건, 고발사주 사건, 판사사찰 문건 관련 수사방해 사건, 대검 공용폰 포렌식 사건 등은 동일한 맥락에서 이루어진 서로 연결된 사안이다. 고발사주 사건은 손준성 검사 개인의 일탈이 아니라 윤석열 검찰총장 휘하 일부 정치검사, 부패검사의 조직적 행위로서 검찰의 정치적 중립성과 선거의 공정성 등 민주주의의 기본질서를 해치고 검찰권을 남용한 행위에 대해 경종을 울려야 하는 사건이다.

손준성 피고인의 변호인은 내 증언의 신빙성을 탄핵하기 위해 조중동과 문화일보 등 보수언론에서 나를 공격한 기사를 반복적으로 제시했다. 임은정 검사의 페이스북 글 게시 행위와 진혜원 검사의 징계 사건, 신성식 검사장의 한동훈 명예훼손 기소 사건에 대해서도 물었다. 대변인 공용폰 포렌식이나 정진웅 직무배제에 대한 이의제기 등에 대해서는 질문하지 않아서 의아했다. 사건의 실체에 대해서는 어떠한 질문도 하지 않았고, 그저 내 증언의 신빙성을 훼손하려는 보수언론의 기사 수준을 넘지 않았다.

나는 이날 33쪽짜리 〈증인의 보충 진술 및 피해자 진술서〉를 재판부에 제출했다. 그리고 2020년 3월 19일 윤석열 총장이 대검 부장들과의 회식자리에서 했던 몇 가지 발언("만일 육사에 갔더라면 쿠데타를 했을 것", "검찰 역사는 빨갱이 색출의 역사" 등)에 대해 진술했다. 윤 총장의 3월 19일 발언은 고발사주 사건이 일어나게 된 배경과 맥락을 알 수 있는 내용이 극적으로 담겨 있다. 아울러 내가 제출한 진술서에는 고발사주 사건에 관한 실체를 파악할 수 있는 간접사실 내지 정황사실이 다음과 같이 적혀 있다.

— 윤석열 검찰총장 시절 보고체계: 사무국장, 운지과장→
대변인→수사정보정책관→9시 30분 필요시 대검 부장 개별보고, 대검 부장회의 중단됨.

— '검찰혁신과제'를 수정관실에서 준비하는 등 수정관실의 월권적 상황 발생(심재철 반부패부장 이의제기).

— 검찰총장은 전임 수사정보정책관 김유철 검사(원주지청장)와 일반 행정전화로 자주 통화(범죄정보기획관실 출신 모 검사 진술).

— 손 검사는 김유철 검사(전임 수사정보정책관)와 장모 팩트체크 자료 공유.

— 수정관실 IO가 수집한 검사 정보(김 모 검사의 고소장 대필 사건, 법무연수원 강의 중 봉욱 변호사에 대해 삼성 관련하여 공격적으로 질문한 검사 사건, 고경순 안산지청장이 조선일보 기자 출신 모 검사에 대해 특별히 잘해준다는 정보 등)를 검찰총장에 수시 보고.

— 윤 총장 장모 관련한 안소현 사건 변호사(이상중)가 서면파일을 수정관실에 송부.

— 채널A 관련 감찰위원회 규정 등을 구본선 대검 차장검사가 임승철 1과장으로부터 전달받았고, 수정관실은 임승철 과장과 메신저하였고, 문화일보에서 관련 보도(임승철 과장이 감찰부장에게 말한 사실임. 대검 차장은 4. 7. 감찰부장으로부터 감찰위원회 규정 들음).

— 대검 감찰부에서 윤석열 검찰총장을 '판사사찰' 직권남

용으로 범죄 인지 후 수정관실에 대한 압수수색을 할 당시, 수정관실은 조남관 대검 차장이 공문으로 감찰부장 직무이전(직무배제) 조치하고 서울고검 감찰부로 사건을 보내도록 하는 구실로 삼은 압수 당시의 상황정보 제공 등의 역할을 함(한동수 감찰부장의 이의제기서).

— 총장 관심 사안인 주요 사건 재판부 분석 보고서 작성(성상욱 담당관, 이프로스에서 작성 사실 인정) 및 반부패부 등 교부.

— 이 사건 고발사주 사건에서 고발장 작성, 교부(4월 3일자는 임홍석 검사 초안 작성, 복수의 관여자 리뷰, 작성 가능성 높음).

— 4월 2일 저녁 및 4월 3일 아침 총장실 비서, 차장실 비서 등 손 검사와 메신저(통상 총·차장이 찾거나, 총·차장에게 보고 가능하다는 메신저임).

— 대검 감찰부 IO보다 많은 특활비를 지급받았고, 수정관실 IO들은 페이스북 모니터링 캡처까지 해야 하느냐는 불만이 나왔음.

— 대검에서 개최된 4월 국회의원 선거 담당 부장회의에 전례와 달리 검사장도 참석하도록 함.

— 총장은 대검 부장들과 점심자리에서, 〈남산의 부장들〉 영화를 이야기하면서 배용원 공공수사부장에게 선거회의 일

정을 독촉함.

— 국회선진화법 기소 당시 박찬호 공공수사부장은 그간 시기와 적용 법조를 선택하였다고 한동수 감찰부장에게 말함.

— 윤석열 총장은 미래통합당 정갑윤 의원(사람에게 충성하지 않는다는 발언을 이끌어낸 사람)한테 전화를 받고 출마하는 데 지장 없을 것이라고 답했다고 말함.

— 검찰청법 개정 등을 일거에 해결할 수 있고, 한동훈, 김건희 비위를 무마하고, 대권의 입지를 세우는 데 총선의 다수의석 확보가 필요한 상황.

2차 증언을 마치고 나서 손준성 검사를 법정 밖에서 만났다. 그를 보니 연민의 정이 느껴졌다. 나는 심신이 몹시 피곤했지만 서울시청 앞 광장에서 열린 이태원 참사 추모미사에 참석했다.

한편 언론보도를 통해 내가 제출한 진술서와 증언 내용이 알려지자 이노공 법무부 차관은 "2020년 3월 19일 회식자리에 참석한 사실이 아예 없다"며 '(윤석열 검찰총장의) 대권을 이루게 해달라'고 건배사를 했다는 보도 내용을 부인했다. 나는 이 차관이 이날 회식자리에 참석했다고 증언한 적이 없다. 나는 "대검 내 모 부장검사로부터 이노공 성남지청장은 서울중앙지검 차장으로 근무할 때 회식자리에서 폭탄사로 총장의 대권을 바라는 취지의 발언을 하여 검사장 승진에서 탈락했다고 믿고 있다는 말을 듣기도 했다"라고 증언했다.

처음 오보를 한 언론에서 정정 보도를 했는데도 다수의 언론은 이 차관의 입장만 반복하여 보도했다. 내 증언을 덮으려는 시도라는 의심을 지울 수 없다.

나는 2023년 11월 7일 페이스북에 다음과 같이 썼다.

고발사주 증언 관련 제게 위증 운운하는 사람들의 표현은 모두 거칩니다. '허무맹랑', '의도된 거짓'. 법정에서 증인이 이럴 수 있다고 생각하는 것 자체가 제겐 너무나 낯선 모습입니다. 2020년 3월 19일 대검 부장들 외에 다른 참석자가 더 있었다고 제가 법정에서 증언한 바 없고, 다른 자리에서 모 씨가 그런 폭탄사를 했다는 것은 알 만한 사람은 다 아는 사실인데, 다수의 매체들이 일제히 모 씨의 강력대응 언사를 담은 일방적인 보도를 하더군요. 혼자 걷는 길에 외로움을 느낄 뿐입니다.

그래서 더욱 마늘을 심어봅니다. 나에겐 지금부터, 또는 오래도록 기다려온 봄이 있습니다. 그 봄엔 땅속에 아무것도 없을 것 같은 흙더미를 뚫고 연초록 마늘 싹이 올라올 겁니다. 그 뿌리엔 단단한 자식들을 6배나 더 거느리고서요.[19]

대검 기자단의 보이콧과 실력행사

2021년 11월 9일 대검 출입기자 10여 명이 김오수 검찰총장실 앞에 몰려왔다. 감찰부장 면담과 재발방지를 요구하면서 법무연수원 교육 일정이 있던 김 총장을 몸으로 막았다. 그렇게 한 시간 남짓 대치했다.

대검 기자단은 같은 날 밤 9시경 대검 감찰부의 입장문을 보이콧하겠다고 결정하고, 관련 보도를 거부했다. 검찰 역사상 초유의 일이었고 지나친 행동이었다. 어느 기자는 "부끄러운 흑역사"라고 말했고, 조국 전 장관은 페이스북에 "'친검(親檢)'이 아니라 '친윤(親尹)' 기자단이었다"라고 평했다.

당시 대검 감찰부는 2021년 9월 3일 조성은의 공익신고를 받은 이후 대검찰청의 고발사주 사건에 대해 진상조사를 하고 있었다. 2021년 9월 14일 세계일보가 〈작년 3월 대검서 '윤석열 장모의혹' 대응문건 작성〉 기사를 단독으로 보도한 의혹에 대해서도 추가 조사를 하던 중이었다.

윤석열 총장 시절 대검 대변인이었던 권순정 검사는 이 사건과 관련하여 공수처에 입건된 피의자이자 감찰조사 대상자였다. 대검 감찰부는 2021년 10월 29일 권 검사가 사용하다가 대변인 직원이 보관 중이던 공용 휴대전화를 대변인실로부터 임의 제출받아 디지털 포렌식을 진행했다.

대검 기자단이 보도를 거부한 대검 감찰부 입장문은 법무부 장관과 검찰총장의 승인을 모두 거친 것이었다. 나는 그날 밤 페이스북에 입장문을 올렸다. 김오수 총장은 내게 전화를 걸어 "잘하셨다"라고 했다. 대검 감찰부가 낸 입장문●의 핵심 취지는 이렇다.

"공용폰은 대검 대변인실로부터 임의 제출을 받았다. 공용폰 보관자가 참관을 원치 않아 전문수사관 입회하에 포렌식을 실시하고, 그 과정을 녹화하는 등 신뢰성 확보를 위한 조치를 했다. 감찰은 수사와 구분되나, 수사에 준하여 형사소송법 및 대검 내부 규정에 따라 공용폰을 임의 제출받고 포렌

● 　대검 기자단이 속해 있는 언론사 가운데 두 곳에서 대검 감찰부의 입장문을 보도했다. 나머지 언론사들은 약속이나 한 듯 일제히 외면했다.

식한 것이다. 공수처는 압수수색영장을 받아 포렌식 결과 보고서를 가져갔다. 그런데 공용폰은 수회 초기화되어 아무런 정보를 복원할 수 없었다."

무엇을 위한 기자단인가

공수처가 대검을 압수수색한 다음 날인 2021년 11월 6일은 토요일이었다. 그날 나는 제주 올레길을 걷고 있었는데, 기자들로부터 전화와 문자메시지가 쏟아졌다. 기자들은 왜 이렇게 날을 세우는 것일까? 무엇이 불안했던 것일까? 나는 이해하기 어려웠다. 그날부터 KBS, 중앙일보, 헤럴드경제 등은 권순정 전 대변인의 입장을 기반으로 일방적인 보도를 쏟아냈다.

영장없는 압수 과정에서 휴대전화를 사용한 전직 대변인들에게 압수 사실을 알리지 않은 데다 해당 휴대전화에는 언론사 취재 문의 내용이 기록돼 있어 사실상 언론 검열이라는 비판도 제기됩니다.[20]

권순정 전 대변인은 (중략) "대변인이 전속적으로 사용한 업무용 휴대폰을 영장 없이 압수하고, 참여권을 보장하지 않은 채 몰래 포렌식한 감찰부의 조치는 헌법상 영장주의

원칙과 절차적 정당성을 심각하게 훼손한 것은 물론 언론의 자유를 침해한 엄중한 사안"이라고 비판했다.[21]

권순정 전 대변인은 (중략) "대검 감찰부가 '하청감찰' 비판까지 감수하며 '영장 없는 대변인 휴대폰 압수, 몰래 포렌식'한 결과를 공수처에 제공함으로써 관련 고발사건을 입건하도록 '입건사주'한 것은 아닌지 우려스럽다"고도 비판했다.[22]

언론보도는 모두 억측이었다. 대검 감찰부는 진상조사를 한 것일 뿐 아직 수사로 전환하지 않은 상태였다. 당연히 대변인실 공용폰은 강제수사의 일환으로 압수한 것이 아니라 감찰 활동의 일환으로 확보했을 뿐이다. 대검찰청의 고발사주 사건과 윤석열 검찰총장의 장모 대응문건 의혹과 관련하여 대검 대변인의 개입 여부를 확인하기 위한 조치였다.

대검 감찰부 감찰3과장이 김오수 검찰총장에게 사전

● 수사가 아닌 감찰이므로 영장은 필요 없다. 압수가 아닌 임의 제출이다. 현직 대변인의 휴대폰을 압수하거나 임의 제출받은 것도 아니다. 전직 대변인이 사용하다가 수회 초기화되어 보관 중이던 휴대전화 한 대를 임의 제출받았을 뿐이다. 공영방송인 KBS가 명백히 사실과 다른 오보를 낸 것이다. KBS는 2021년 11월 10일 〈대검, '대변인폰 압수' 감찰3과장 사건 서울중앙지검 이첩〉, 11월 11일 〈檢, '대변인 전화 압수' 대검 감찰과장 수사 착수…권순정 "감찰부가 입건 사주"〉 등 권순정 검사의 입장을 일방적으로 대변하는 기사를 집중적으로 보도했다.

보고했고, 진행 경과에 대해서도 보고한 사안이었다. 박범계 법무부 장관 역시 2021년 11월 9일 국회 법제사법위원회(법사위)에서 "사유폰이 아닌 공용폰이고 정보주체의 동의가 필요하지 않다. 보관자로부터 임의 제출에 의한 감찰의 일환으로 한 것이고, 여러 차례 초기화되어 특별한 자료가 없다. 적법한 절차에 의해 진행됐다"라는 입장을 밝혔다. 그런데도 언론들은 마치 공수처가 공용폰으로부터 어떤 증거를 확보했고, 그 절차와 증거능력에 문제가 있는 것처럼 보도했다. 이어 대검 기자단 소속 일부 기자들은 검찰총장실 앞 복도에 집단으로 몰려가 실력행사를 하고, 대검 감찰부 입장문을 보이콧했다.

보도의 양과 내용도 편파적이었다. 공수처 피의자이기도 한 권순정 전 대변인이 일방적으로 주장하는 '하청감찰', '몰래 포렌식', '입건사주' 등 자극적이고 선동적인 용어를 그대로 옮기면서 오히려 감찰부서인 대검 감찰부를 공격하는 보도를 집중적으로 반복했다. 또한 정당하게 직무를 수행한 감찰3과장을 특정 단체가 직권남용으로 형사고발했고, 서울중앙지검에서 수사에 착수했다는 보도가 이어졌다. 감찰3과장은 옆에서 지켜보기 안쓰러울 정도로 심적으로 괴로워했고 업무 의지가 급격히 위축되었다.

사실 언론매체의 이러한 태도는 판사사찰 문건 때와

패턴이 유사하다. 대검 감찰부는 이 행위가 직권남용죄에 해당한다고 판단한 뒤 범죄인지서를 작성하고 수사에 착수했으며 수사정보정책관실에 대한 압수수색영장을 발부받아 집행했다. 그런데 일부 언론들은 내가 심재철 검찰국장과 사전에 짜고 판사사찰 문건을 문제 삼았다고 보도했다. 조남관 대검 차장에게 범죄 인지와 압수수색영장 청구 등을 보고하지 않았다며 대검 감찰부를 공격했다. 피의자인 윤석열 총장 및 수사정보정책관실을 지휘 감독한 조남관 총장 직무대행에게 범죄인지 및 압수수색영장 청구를 사전 보고할 수 없었음에도 불구하고 조 대행은 그러한 언론보도를 등에 업고 2021년 12월 대검 감찰부장에 대해 직무이전 조치를 하고 사건을 서울고검 감찰부로 넘겼다.

나는 2020년 11월 심재철 국장과 어떠한 사전 논의 없이 법무부 감찰담당관실에 판사사찰 문건을 제출했다. 검찰총장을 정점으로 하는 검사동일체가 검찰 역사상 유래 없이 강력하게 작동하던 때였다. 윤석열 총장은 역대 가장 강력한 권한을 행사한 총장이었다. 나는 대검 부장회의에 참석할 수 없었고 총장 대면보고 기회조차 얻지 못할 정도로 철저히 외면당했다. 그러한 상황에서 나는 총장에게 수시로 직보하는 수사정보정책관실과 지휘부를 상대로 감찰을 할 수가 없었다. 마침 법무부 징계절차에서 참고인으로 조사를 받는 기회에 온 존재를 던지는 심정으로 주요 재판부 분석 문건의 위법성과 심각성을 고발했을 뿐이다.

개혁의 후퇴가 목적이라면

내가 감찰 업무를 수행할 때 어떤 언론은 대검 감찰부장을 검찰총장의 '상왕'이라고 칭하면서 감찰권을 제한해야 한다고 주장했다. 언론의 이러한 주장은 검찰권의 자정기능 확대를 위해 감찰권을 독립하고 강화하자는 검찰개혁 과제를 후퇴시키는 것이다. 특히 '윤석열 징계' 소송*의 재판에 부당하게 영향을 미치려는 시도라는 의심을 살 수 있다.

대검 감찰부의 현실에도 전혀 맞지 않는 주장이다. 대검 감찰부는 특정 사안 또는 특정 검사에 대해서는 총장 반대, 감찰부 감사 지시 불응, 대상자의 자료 제출 불응, 검찰

---

* 이 징계소송 1심 판결 중 감찰방해 사실은 공소장에 내용만 그대로 옮겨도 형법상 직권남용 권리행사방해죄라는 범죄가 성립될 정도다. 윤석열 총장 등이 나중에 형사처벌을 피하기 어려운 정도의 치명적인 기록일 것이다. 따라서 징계를 유지해야 마땅한 위치에 있는 법무부 장관이 '패소할 결심'을 가지고 있다는 주장처럼, 윤 총장 측으로서는 결사적으로 항소심에서 뒤집어야 할 동기가 충분하다고 판단된다. 서울고등법원(심준보, 김종호, 이승한 판사)은 2023년 12월 19일 징계사유에 대한 판단 없이 징계절차의 위법을 이유로 1심 판결을 취소하고 징계처분을 취소하는 판결을 선고했다. 하지만 징계와 형벌은 별개 절차이고, 1심 판결에서 인정한 징계사유에 대한 아무런 판단이 없으니, 형사처벌 가능성은 여전히 남아 있는 것이다.

내부 반발, 언론의 공격 등을 받느라 사실상 감찰을 진행하지 못했다. 감찰은 상당히 미약하고 제대로 기능하지 못하고 있다. 제 식구 감싸기, 이중 잣대, 정치적 중립 위반, 인권침해적 수사와 부당 기소 논란이 여전하다. 현직 검사장은 뇌물이나 성범죄와 같이 사회적 비난이 크고 증거가 명백히 있는 유형의 범죄나 비위가 아닌 이상 감찰과 수사로부터 사실상 자유롭다. 본인들도 그것을 아는 것처럼 마음 놓고 행동한다. 막강한 권력기관일수록 내부 감찰이 더욱 강력해야 하는데, 검찰에서는 그렇지 못한 것이 현실이다. 언론은 검찰 내부에서 벌어지는 감찰의 현실을 가리고, 필요에 따라 왜곡해 보도한다.

　　나는 대검 공용폰을 둘러싼 대검 기자단의 이해할 수 없는 일련의 보도와 실력행사를 보면서 이런 의문을 가졌다. 일부 기자들은 왜 당사자처럼 직접 나서서 감찰과 수사의 영역까지 간섭하고 실력행사까지 마다하지 않는 것일까? 현재의 힘 있는 정치권과 연결되어 더 좋은 자리로 이동하거나 정치인으로 변신하고자 하는 것이 아니라면, 어떻게 그 이유를 설명할 수 있을까. 실제로 대통령실로 옮겨 간 C 기자도 있고, 다른 유력 방송사 팀장으로 옮겨 간 J 기자도 있다. 이번 사건을 겪으면서 "대검 기자단이 검찰주의자와 무엇이 다른지 모르겠다. 마치 한 몸처럼 느껴진다"라는 어느 언론 관계자의 지적에 전적으로 동의하게 되었다.

헌법이 다른 기본권에 비해서 언론·출판의 자유에 대해 우월한 지위를 부여하는 이유는 사회 구성원의 자유로운 사상·의견 표현이 민주사회의 기초이기 때문이다. 그런데 상당수 언론은 사회의 공기(公器)로서 기대되는 역할, 즉 진실을 추구하고 그것을 국민에게 알리는 언론 본연의 역할에 그다지 관심이 없는 것처럼 행동한다.

우리나라 상당수 언론은 그저 사익을 추구하고 정치화된 것처럼 보인다. 특히 일제강점기 때부터 힘을 키워온 보수 매체는 검찰을 포함한 각종 인적 네트워크를 통해 수집한 정보를 가공해서 연일 정치적인 프레임 짜기와 선전선동에 여념이 없는 것처럼 느껴질 때가 많다. 막강한 권한을 가진 검찰과 언론이 서로 유착해서 고급 정보를 공유하며 불순한 방향으로 여론을 형성하는 것은 민주주의를 위협하는 일이다. 이 속에서 국민은 불행해진다.

펜은 총칼이 아니나 사람을 능히 죽일 수 있다고 한다. 현재의 언론은 나라 발전과 민주주의 발전을 위한 건전한 비판 기능을 제대로 수행하지 못하고 있다. 새로 지향해야 할 평화와 통합의 가치가 아니라 낡은 이데올로기인 갈등과 대립을 조장한다.

내가 대검을 나온 지도 어느덧 1년 6개월이 지났다. 언론은 왜 존재하고 누구를 위해 존재하는지 되묻게 된다. 윤석열 총장, 한동훈·권순정 검사에 대한 감찰·수사가 있을 때 언론을 움직이도록 한 기획자가 누구인가. 플레이어로 활동한 검사는 누구인가. 어느 검사들이 관련 정보를 수집하고 가공해서 대응전략을 세우고 실행했는가. 혹시 자신에 대한 감찰과 수사를 지연시키고 방해하기 위한 행위들은 아니었던가.

노래를 부르며 퇴임하다

2022년 7월 10일 대검에 사의를 표했다. 감찰부장의 임기가 2년이므로 원래는 2021년 10월 17일이 만료였다. 그때 나는 산티아고 순례길을 가려고 했다. 그런데 2021년 9월 3일 조성은 씨가 고발사주 건을 제보하면서 연임해야 하는 상황에 직면했다. 내가 연임하기를 원하는 검찰공무원들도 꽤 있었다.

2022년 3월 9일 대통령 선거가 있었고, 2022년 4월 17일 김오수 검찰총장이 사의를 표명했다. 나는 대통령 취임식 전날인 5월 8일 국회에서 열린 한동훈 법무부 장관 후보자 청문회에서 윤석열 총장이 감찰을 방해했고, 그것은 공모에 의한 공직선거법 위반이 본질이라고 증언했다.

5월 23일 이원석 대검 차장검사가 검찰총장 직무대리

로 왔다. 김덕곤, 민영현, 김정국 등 대검 감찰부 부장검사급 과장들이 모두 좌천성 인사로 전보되고, 정희도, 배문기 등 '윤석열 사단' 검사들이 대검 감찰부를 채웠다.

이곳에서 내가 할 수 있는 일이 더는 없었다. 나는 기관장이 아니므로 총장 직무대행이 나를 배제(검찰에서는 '패싱'이라고 부른다)하고 감찰과장과 일을 처리하면 그만이었다. 그만둬야 할 이유를 생각하자니 많았다. '일도 안 하면서 월급 받으면 안 된다', '나를 싫어하는 사람들도 국민이다', '이곳에서 내가 병이 나는 것을 나를 사랑하는 사람들이 원치 않을 것이다.'

그날 페이스북에 올린 글이다. 사직 의사를 표했지만 수리가 안 되면 더 잘된 일이라고 생각하고 잔여 임기를 채우겠다는 다짐도 했다. 나는 일단 사의를 표하는 것으로 내 도리를 다한다는 생각이었다.

〈대검찰청 감찰부장직을 사직하고자 합니다〉

1. 그리스도인들은 하루에도 수십 번 〈주님의 기도〉를 드립니다. 저도 임명된 뒤 〈검사선서〉를 사무실 책상에 두고 다시 읽곤 하였습니다. 3년여가 안 되는 짧은 업무기간 동안 부족했던 점들이 많았습니다. 죄송하고 감사했습니다.

얼마 전부터 "죽은 이들의 장사는 죽은 이들이 지내도록 내

버려두고"라는 말씀이 제 안에서 자꾸 울려옵니다. 저로 인해 혹여라도 어둠에 빠졌던 분들이 있었다면 깊이 사과드립니다.

2. 판사, 변호사 생활을 한 사람으로서 검찰조직의 장단점을 직접 보고 느낄 수 있었습니다. 착하고 어진 마음으로 책임을 다하고 능력을 발휘하는 직원분들을 기억합니다.

부족한 저는 여기에서 멈추지만, 그간의 경험에 비추어 결국 검찰 스스로 빛과 생명을 향해 나아갈 것이라는 희망을 갖게 되었습니다. 훗날 검찰 밖에서 많은 분들이 경력 검사로 들어오게 될 것입니다.

'참된 정의'는 억울한 사람을 만들지 않고, 상대적으로 취약한 처지에 있는 가난하고 힘없는 사람들과 교감하고 함께하는 것이라고 믿습니다.

특히 인신(人身) 관련 권한과 정보를 다루는 사정기관의 전·현직 고위공무원에 대하여는, 공사를 구분하고 권세와 재물을 염두에 두지 않도록 하는 업무환경을 지속적으로 만들어가야 할 것입니다.

3. 임기제 공직자의 임기가 보장되어야 한다는 생각에는 변함이 없습니다. 권력기관일수록 감찰(監察)의 독립성(獨立性)이 더 보장되어야 한다는 생각에도 변함이 없습니다.

다만 국록을 받는 공직자로서 제대로 일을 할 수 없는 상황을 맞이하면서, 새 술을 새 부대에 담겠다는 강력한 의지에 잠시 뒤로 물러서볼 뿐입니다.

귀한 시간 내어 기도해주시고 응원해주신 많은 분들께 다시 한 번 감사하다는 말씀을 드립니다.

역사는 꾸준히 발전할 것이고, 시간이 흐르면 검찰은 지금보다 더 좋은 조직으로, '모든 국민 앞에 겸손(謙遜)하고 투명(透明)하며 정직(正直)한 조직'이 되리라 믿습니다.[23]

나는 이전에도 김오수 총장에게 사직서를 제출한 적이 있다. 2022년 4월 초였다. 김 총장은 반려하면서 같이 나가자고 했다. 그때 인사권과 관련한 책임 있는 관계자에게 문의해보니, '정부가 바뀌고 다른 기관장도 동요할 것이다. 더구나 감찰부장의 경우 언론에 보도될 게 분명하니 검찰 정기인사 무렵 자연스럽게 사직하는 것이 낫다'라는 의견을 주었다.

검찰의 몇몇 고위 관계자들도 '지금 나가면 대검 감찰부가 현 정권에 반대하는 검사들을 징계하고 탄압하는 곳이 될 것'이라고 염려했다. 쉽게 물러나면 안 되는 자리였다. 주변의 의견을 받아들여 사직 의사를 거두었다. 일부 신문에서는 퇴직명령 청구나 공소장 유출 관련 수사 등을 거론하면서 인사권자가 나를 몰아낼 것이라고 보도했으나, 나는 헛소리라고 생각해 신경 쓰지 않았다. 그들이 나에게 퇴직명령을 청구할 사유가 법적으로 성립되지 않을 뿐만 아니라° 공소장 유출과 관련해서도 나의 혐의를 인정할 만한 아무런 근거가 없었기 때문이다.

그러다가 5월 9일 국회에서 더불어민주당 중심으로 검찰청법 개정이 진행되었다. 윤석열 대통령이 취임하면 대통령의 법률거부권 행사가 예상된다는 이유였다. 원안은 검찰의 직접수사를 전부 폐지하자는 것이었지만, 박병석 국회의장의 중간 개입으로 일부만 폐지하는 것으로 축소되었다. 검찰 내부에서도 박병석 국회의장이 우군이 될 것을 예상했고, 그 지점에 많은 공을 들였다.

김오수 총장 역시 문재인 대통령이 임명한 사람이지만, 검찰의 조직과 권한을 축소하는 것에는 반대했다. 그럼에도 이근수 공판송무부장 등 강경파들은 그를 미온적이라고 비판했다. 김오수 총장은 검찰청법 개정을 위한 계획과 방안을 논의하는 대검 간부회의 자리에서 옛날처럼 검찰이 국회

° 검찰청법 제28조의4(감찰담당 대검찰청 검사의 퇴직) ① 신규 임용의 방법으로 임용된 감찰담당 대검찰청 검사는 연임하지 아니할 때에는 그 임기가 끝나면 당연히 퇴직한다. ② 법무부 장관은 신규 임용의 방법으로 임용된 감찰담당 대검찰청 검사가 직무수행 능력이 현저히 떨어지는 등 검사로서 정상적인 직무수행이 어렵다고 인정하는 경우에는 제39조에 따른 적격심사를 거쳐 대통령에게 그 검사에 대한 퇴직명령을 제청할 수 있다.

의원을 압박하는 행위는 하지 말자고 이야기했다. 김 총장은 그 정도의 양식은 있는 사람으로 기억한다.

　　김오수 총장은 자기와 같이 나가자면서 나를 붙잡더니 정작 아내가 병원에 다닌다고 하면서 변변한 퇴임식도 하지 못한 채 바삐 대검을 떠났다. 나의 아내는 윤 총장과 나의 갈등관계가 계속 언론에 보도되는 상황 등에서 죽음의 고비를 넘나들 정도로 큰 스트레스를 받았는데, 그러면 나는 벌써 퇴직했어야 했다. 김 총장은 2022년 5월 6일 퇴임했고, 나는 이원석 차장검사를 포함해 대검에 새로 부임한 검사들 속에서 두 달가량 더 근무하다가 퇴직했다.

　　나는 검찰청법 개정에 찬성하는 입장이어서 김 총장과 의견이 달랐다. 전체 경력 검사들 중에서 직접수사를 폐지한 검찰청법 개정에 찬성하는 사람은 통틀어 아마 열 명도 안 될 것이다. 대검 내에서 나와 이정현 공공수사부장은 끝까지 검찰청법 개정에 찬성하는 입장을 견지했다. 대검 감찰부 소속 검사들이 개정에 반대하는 입장문을 이프로스에 올린다고 할 때 나는 감찰부 전체의 입장문으로는 올리지 말라고 했다. 검찰 내부(대검 부장과 지방 부장검사)로부터 나에게 검찰청법 개정에 반대하는 글을 페이스북에 올리라는 복수의 전화를 받았다. 김오수 총장을 비롯해 비교적 합리적이라고 평가받는 검사들까지 모두 수사권과 기소권의 분리 등 검찰권을 견제와 균형의 원리하에 놓는 것에 대해 일제히 반대했다. 검찰 스스로 권한을 내려놓는다거나 자발적으로 개혁하겠다는 말에 속지 말고 앞으로도 기대해서는 안 될 것이다.

김오수 총장이 사직한 뒤 사법연수원 24기 동기인 박성진 대검 차장이 10여 일 남짓 검찰총장 직무대행을 하다가 2022년 5월 18일 의원면직 처리되었다. 한동훈 법무부 장관은 5월 18일 검찰 인사를 단행했는데, 전례와 달리 내가 추천한 검사들은 단 한 사람도 감찰부에 오지 않았다.

대검 감찰부에 새로 부임한 과장, 연구관들과는 두 달가량을 함께 근무했다. 표면적으로는 점심도 같이 먹고 잘 지냈다. 신임 대검 부장들 가운데 한 명을 빼고 모두 내 방에 부임 인사를 오지 않았다. 신임 과장, 연구관들도 마찬가지였다. 총장 직무대행도 알고 있는 상부의 지시에 따른 일일 것이다. 15층에서 대검 행사를 하고 7층으로 내려올 때 대검 부장들은 나와 다른 엘리베이터를 이용했다. 내가 사의를 표명한 후 대검 7층 복도에서 우연히 마주친 어느 대검 부장은 "어? 아직 안 나가셨네요?" 하면서 나를 조롱했다. 대검 지휘부와 과장들 사이에서 나는 '왕따'였다. 공조직이라고 보기 어려울 정도로 민망하고 가학적이었다. 나는 이와 관련해 2022년 9월 2일 페이스북에 다음과 같은 글을 올렸다.

대법원 판례에 따르면, '집단따돌림'이란 학교 또는 학급 등 집단에서 복수의 학생들이 한 명 또는 소수의 학생들을 대상으로 의도와 적극성을 가지고, 지속적이면서도 반복적으로 관계에서 소외시키거나 괴롭히는 현상을 의미한다.

용어에 대한 개념 정의로부터 성립 요건을 추론할 수 있다. 의도와 적극성, 지속적이고 반복적일 것, 관계에서 소외시키거나 괴롭힐 것 등이다. 집단따돌림으로 인해 학교에 안 가려 하거나 학업 성적이 떨어질 수 있다. 가정에 근심과 불화가 생긴다. 공포, 우울, 불안하게 되고 공황장애를 앓고 자살에 이를 수 있다.

비단 학교에 그치지 않는다. 집단따돌림이 있는 곳은 병든 조직이고 결코 지속가능한 좋은 성과를 낼 수 없다. 병이 오래되고 깊은 조직일수록 집단따돌림은 더욱 치밀하고 교묘하며, 대상자의 특성에 맞추어 다양한 방식으로 직접적인 데미지를 입힌다. 반면 맷집과 '존버(무조건 버티기)'를 기대하는 분위기 속에서 대상자는 말 못 하는 속병이 깊어진다.

살피건대, 집단따돌림을 기획하고 주도하는 자들이 승승장구하면서 기회와 이익을 독차지하는 조직은 희망이 없다. 존중과 평등, 다양성과 같은 신념과 가치가 사라지고 규범 파괴, 약육강식과 각자도생이 구성원들의 행동기준이 된다. 사적 이익이 아닌 공적 가치를 추구해야 할 국가기관 중에

아직 그러한 곳이 있다면 문명국가의 수치이고 반드시 교정이 필요하다.[24]

사표 수리가 안 되면 그것도 잘된 일이니 임기를 마치면 된다고 생각했는데, 7월 18일 법무부로부터 수리통보를 받았다. 대검 사무국 직원이 오더니 사직서를 자필로 써야 하고 '일신상의 사정으로'라는 말을 추가해달라고 주문했다. 타이핑한 출력물로 사직서를 제출했는데 자필로 다시 쓰는 것은 묘한 굴욕감이 들었다. '일신상의 사정'이라는 말은 쓰지 않겠다고 말하고 쓰지 않았다.

2022년 7월 19일 사표가 수리된 것을 확인하는 취지에서 "오늘자 의원면직 수리 발령을 받았다고 전해 들었다"라고 한동훈에게 문자를 보냈더니 "늘 평안하시기 바랍니다"라고 답신이 왔다. 나는 이날 이프로스에 글을 올렸다.

〈대검 감찰부장직을 사직하면서〉
안녕하십니까?
법무부 검찰국에 사의를 표한 지 2주 만에 의원면직이 수리되었다는 연락을 받았고, 잠시 후 감찰부 전 직원이 마련한 조촐한 퇴임식을 가질 예정입니다.
생각해보니, 대검 감찰부장(검사) 외에도, 오래전 서울지검

남부지청 검사직무대리(사법연수생), 군검찰관(육군 대위)으로 검찰업무를 담당했던 것 같습니다.

특별한 시기에 외부 공모의 대검 감찰부장으로 근무하면서 검찰조직의 여러 모습을 볼 수 있었습니다. 착하고 어진 마음으로 책임을 다하고 능력을 발휘하는 직원분들을 기억합니다. 혹여 저로 인해 어둠에 빠졌던 분들이 있었다면 깊이 사과드립니다. 모두 소중한 인연으로 간직하겠습니다.

남겨진 과제처럼, 대검 훈령, 예규의 제·개정 절차와 요건을 규율하는 일반 규정의 제정, 검찰 규정과 기록, 행정 정보에 대한 공개 범위의 확대, 각종 위원회와 협의체 인적 구성의 다양성 강화, 검찰 수사 및 재판절차에서 대립당사자 구조(adversarial structure)의 지양 및 객관의무(客觀義務)의 강조, 현대 사회의 형벌권 행사에서 당벌성(當罰性)과 보충성(補充性)의 원칙 등 몇 가지 생각들이 떠오릅니다.

잠시 역(逆)방향으로 가는 때가 있더라도, 결국 헌법에 천명된 민주주의 원리와 시대적 요청에 따라 좋은 열매를 맺으리라 믿습니다.

다른 사람을 존중하고 소통하면 심신이 건강해진다고 합니다. 얼굴에 다 드러납니다. 반면 이분법적 사고를 가지고 긴장하면 모든 것이 경직된다고 합니다.

부족한 저는 여기서 멈추지만, "모든 국민 앞에 겸손(謙遜)

하고 투명(透明)하며 정직(正直)한 검찰공무원"을 위해 늘 기도하겠습니다. 감사합니다.

― 2022년 7월 19일 대검찰청 감찰부장 검사 한동수 드림

도대체 내가 무슨 잘못을 했는지 모르겠지만, 나를 공격하고 미워하느라 괴로웠을 일부 검사들과 직원들을 생각하고, 그 어두움에 빠져 괴로웠을 시간들에 사과의 뜻을 표했다. 일부 언론은 내가 사과했다는 부분만을 강조했다. 사실 사람들이 나에게 대통령을 '혐오'하라고 말해도 나는 그를 위해 기도할 것이다. 그런 맥락에서 말한 것을 아전인수 격으로 해석한 것이다.

'남겨진 과제'를 언급한 것은 채널A 사건에서 감찰방해가 성립되지 않는 것처럼 하기 위해 사건 발생 후 사후적으로 '대검찰청 감찰본부 설치 및 운영 규정'을 함부로 바꾸지 말라는 경고였다. 수사기록과 특수활동비 정보, 국회가 요청하는 자료, 검찰에 비판적인 언론이 요구하는 자료 등을 비공개함으로써 특권을 유지하는 상황을 혁신하라는 주문이었다. 대검 감찰위원회, 수사심의위원회 등 각종 위원회를 공정하게 구성해 요식절차로 만들지 말라는 뜻이었다. 언론에 보도되는 중요 사건에서 대립 당사자로 싸우지 말고, 공익의 대표자로서 피의자와 피고인에게 유리한 자료도 제출해달라는 요

청이었다. 결국은 수사와 기소의 분리로 가야 한다는 뜻이다.

일부 야심 있고 똑똑한 검사들이 수사권, 기소권을 사유화하여 보수언론을 배경으로 집권한 것이니 필시 역사의 수레바퀴를 거꾸로 돌리는 역행의 시간이 올 것이다. 검찰의 특권과 이익을 더욱 강화하려 할 것이다. 그럼에도 민주주의와 시대적 요청은 거스를 수 없으니 검찰개혁의 방향으로 다시 나아갈 것이라는 선언이다.

7월 19일 대검 감찰위원회가 열리던 15층 회의실에서 나는 퇴임사를 갈음하여 가곡 〈그네〉를 부르고 나왔다. 퇴임식은 대검 지휘부가 아닌 감찰부 직원들이 조촐하게 준비해 준 자리였다. 앞줄에는 한동훈 법무부 장관으로부터 새로 인사발령 받은 과장급 검사들이 앉아 있었다. 그들은 나를 미워했지만 나는 그렇게 노래를 부르며 대검을 나왔다.

2부

—

검찰의 도그마

—검찰개혁의 과제

감찰의 독립 – 저항과 압박 그리고 회유

"감찰대상자들의 저항이 만만치 않을 텐데 어떻게 대응하실 겁니까?"

대검 감찰부장에 지원하고 법무부에서 면접을 보던 날, 면접심사위원이었던 이성윤 당시 법무부 검찰국장은 내게 이런 질문을 했다. 나는 "감찰조사에 불응하면 죄질이 더욱 좋지 않다. 감찰부 팀원들과 함께 원칙대로 조사하겠다"라고 답변했다.

감찰 일을 하다 보니 실제로 만만치가 않았다. 감찰조사의 대상이 된 검사들은 부인하기 일쑤였고 비협조적이며 갖은 방법으로 저항했다. 검사들이 피의자신문의 모델로 삼고 있는 이른바 현대의 심리적 피의자신문기법은 '회유·압박·기만'이므로, 검사로 임명된 후 특히 자백을 받아야 하는 특수수사를 오래 해본 고경력 검사일수록 그 정도가 심했다. 특수수사로 검사장의 지위에 오른 어느 검사는 자신이 평검사 시절에 컨디션이 좋지 않은 날 피의자를 불러 시원하게 조사를 했다고 말했다. 철저히 을이 되는 피의자를 앞에 두고 검사가 마음껏 스트레스를 푼다는 말처럼 들렸다. 또 다른 특수부 부장검사는 피의자신문을 하다 보면 대기업 CEO를 비롯해 높은 지위에 있는 사람들이 자기 앞에서 무너지는 모습을 보면서 솔직히 자기도 모르게 오만하게 된다는 고백을 내게 한 적도 있다. 이처럼 검사가 자신의 삶에서 긴장하고 집중된 상태로 상당히 많은 시간을 보내게 되는 피의자신문은 검사의 직무용 인격(working personality)을 형성할 뿐만 아니라 검사들이 피조사자가 되었을 때 자신의 비위혐의에 대응하고 그것에서 벗어나는 방법을 알려준다.

윤석열 검찰총장은 어떠했을까. 처음에 나는 윤 총장에 대해 긍정적인 생각을 갖고 있었다. 당시 윤 총장도 판사출신인 나에게 최대한 예의를 차리려고 노력했을 것이다. 그러나 기본적으로 판사와 특수부 검사는 달랐다. 공정이 생명이고 사심이 없어야 하는 고위공무원으로 20여 년을 살아가면서 학연이나 지연은 가까이하면 안 되는 금기라는 게 나의 신조였고, 내 몸에 배어 있었다. 채널A 사건 때 윤 총장이 한 일련의 감찰방해 행위는 국회와 법원에서 내가 증언한 바 있고, 행정법원 판결문에도 적혀 있으며, 앞으로 때가 되면 수사 등을 통해 총체적 진실이 밝혀질 것이다.

"감찰은 셉니다"

감찰부장으로 일하면서 겪었던 몇 가지 일화들이 떠오른다. 감찰권은 인사권*과 함께 검찰총장의 두 가지 권한 중 하나다. 여기에 이른바 검찰총장의 통치자금으로 불리는 특수활동비도 아주 큰 역할을 한다. 윤석열 총장도 그렇게 말한 적이 있다. 2019년 11월경 윤 총장, 대검 부장들과 서울 서초구 반포동 서래마을에서 점심을 함께 하고 돌아올 때였다. 그는 나에게 자기 차를 타라고 했다. 대검으로 복귀하는 10여 분의 짧은 시간 동안 두 가지를 말했다.

"임관혁 세월호 참사 특별수사단장이 대전 보문고 출신인데 아는가요."

"감찰은 셉니다. 대검에서 수사를 할 수 있는 부서입니다. 서울중앙지검 직무대리 발령을 받아 수제번호, 형제번호를 붙여 수사로 전환할 수 있습니다."

임관혁 검사는 2019년 11월 안산지청장 시절에 세월호 참사 특별수사단장을 맡아 서울중앙지검에 마련된 사무실로 출근한 적이 있다. 안산지청은 본청이 아닌 지청인데도 성남지청과 더불어 대검 감찰부에서 직접 사무감사를 갈 정도로 규모가 크고 업무가 바쁜 곳이다. 나는 차장검사에게 지청장 업무를 맡기면서까지 지청장이 직접 특별수사단장을 맡는게 이해가 되지 않았다. 우병우 라인이었던 임 검사를 검사장으로 승진시키기 위한 윤 총장의 조치라는 해석도 있었다. 당시 임 단장은 "이번 수사가 마지막이 될 수 있도록 백서를 쓰

● 검찰청법 제34조 제1항은 "검사의 임명과 보직은 법무부 장관의 제청으로 대통령이 한다. 이 경우 법무부 장관은 검찰총장의 의견을 들어 검사의 보직을 제청한다"라고 규정되어 있다. 종래 법무부 검찰국장은 인사안을 가지고 대검 검찰총장을 방문해서 총장의 의견을 듣는 과정을 거쳐왔다. 검사장 인사는 청와대에서 하고, 나머지 검사 인사는 주로 이 인사안에서 논의된다. 경우에 따라 법무부 검찰국에서 작성한 인사안에 대해 검찰총장이 적극적으로 의견을 피력하여 여러 차례 조정 과정을 거치기도 한다고 들었다. 대검 정책기획과는 법무부 검찰국 못지않은 인사정보를 따로 가지고 있으면서 검찰총장에게 논리를 제공한다. 그 밖에도 법무부 검찰인사위원회에 검찰총장의 의사를 반영하는 대검 차장 등 검사 3인이 포함되어 있다. 법무부 검찰국장은 검찰 인사와 예산의 핵심 보직인데 지금까지 검사가 담당하고 있다. 검찰총장의 의사가 반영되는 구조인 것이다. 많은 사람들이 기억하겠지만, 노무현 대통령 시절 '검사와의 대화'에서 검찰은 인사와 예산의 독립을 주장했다. 검찰은 정치적 중립을 준수하는 기관일 뿐 인사와 예산의 독립을 가져야 하는 기관이 아니다. 인사와 예산의 독립은 검찰총장을 수장으로 하는 검사동일체를 더욱 공고히 하고 검찰조직을 이익집단화하며 무소불위, 통제 불능으로 만들 수 있다. 권력의 분산과 통제라는 민주주의 원리에 반하는 매우 위험한 시도라고 본다. 오히려 검찰은 현재에도 사실상 인사권과 예산권을 과도하게 향유하고 있으므로 특수활동비 등 불필요한 예산 폐지와 삭감, 검찰총장의 의견을 듣도록 하는 검찰청법 조항의 폐지, 검사 직급의 하향 등의 주장이 제기되고 있는 실정이다.

212

는 심정으로 모든 의혹을 철저히 조사하겠다"며 "빠르면 이번 주라도 (세월호 유가족과) 사회적 참사 특별조사위원회 관계자를 만날 생각"이라고 밝혔다. 그러나 임 검사의 공언과 달리 2021년 1월 19일 의혹 대부분을 무혐의로 처리하면서 나머지를 세월호 특검으로 넘긴다고 발표했다.

사법연수원 26기인 임관혁 검사는 2022년 6월 검사장 승진의 막차를 탔다. 2010년 한명숙 전 총리 사건에서도 활약했는데, 한만호 씨가 정치자금 제공자로 지목된 2차 사건에서 서울중앙지검 특수1부 부부장으로서 수사에 착수하자마자 즉각 한 총리 아파트의 이면도로에 현장조사를 나갈 정도였다. 이 사건은 표적수사로 의심을 받았으며 1심에서 무죄가 선고되었다.

"감찰은 셉니다"라는 말을 들었을 때 나는 이런 생각이 들었다. 윤 총장은 수사로 전환할 수도 있는 감찰을 자신의 권한으로 직접 행사하고 싶은 것일까? 그는 대검 중수부 과장으로 근무한 적이 있고 감찰부가 대검 중수부처럼 수사권을 가지고 있다는 점을 잘 알고 있었다. 심지어 본인이 국정원 댓글 사건에서 소속 지검장 승인을 받지 않은 점, 배우자 보유 재산 등록을 불성실하게 신고한 점 등으로 2013년 감찰조사를 받고 정직처분을 받은 적도 있다.

2020년 3월경으로 기억한다. 이날 중식당 싱카이 역삼

점에서 윤 총장과 나를 포함해 대검 부장들이 함께 저녁만찬을 한 적이 있다. 그날 윤 총장은 "정직을 받은 검사들의 모임이 '정검회(停檢會)'인데, 나도 일원이다. 임은정은 정직을 받았지만 일원은 아니다"라고 말한 적이 있다.

회유와 기만

한동훈 검사는 어땠을까. 한동훈은 처남 인사청탁, 수사정보 언론유출 의혹 등과 관련한 반응에서 보인 것처럼 대검 감찰부에 강압적 방식으로 대응하지는 않았다. 대신 검찰 내·외부의 잘 아는 사람과 언론 등을 활용하는 방법을 사용한다. 나에게 명함을 건네며 다가온 것처럼 직접적인 압박보다는 기획하고 회유하는 쪽을 선택한다.

　　채널A 사건 발생 직후 한동훈 검사는 윤석열 검찰총장을 통해 채널A 녹음 파일에 담긴 음성이 자신의 것이 아니라고 했다. 이를 본인에게 직접 확인해보자는 생각으로, 그가 근무하는 부산고검 사무실로 직접 전화를 걸었던 적이 있다. 내가 전화를 했다고 하니 허정수 감찰3과장은 당사자가 압박을 느낄 테니 그러면 안 된다며 손사래를 쳤다. 나는 콜백해달라는 메모를 부산고검 차장실 실무관에게 남겼는데 결국 한동훈 검사로부터 연락이 오지 않았다. 그 후 그는 법무부 장관 후보자로 지명되었고 나는 국회 인사청문회에 증인으로 출석했다. 그날 청문회장 옆 화장실에서 그를 만났다. 나는 그에게 축하한다고 말을 건네며 먼저 악수를 청했다. 그도 손을 내밀어 악수에 응했다.

한동훈은 유복한 집안에서 태어나 성장하여 검사장 장인을 만나고 검찰 내에서 줄곧 귀족검사로 살아왔다. 나는 그의 심성이 본래 여린 사람이라는 느낌이 든다. 다만 그는 구체적인 개별적 인간들의 생명과 신체, 자유에 관한 문제를 다루는 수사와 법무행정을 마치 게임하듯이 전략을 세워 오로지 포획하고 척결해야 하는 대상으로 접근하는 것 같다. 헌법이 규정하는 인간의 존엄성과 평등에 관한 관념이 부족한 것 같아 매우 위험해 보인다. 압구정동에서 유복하게 자랐고 평소에도 명품을 즐겨 입는 것에서 보이듯이 사회적 약자나 소수자들의 어렵고 약한 처지를 이해하지 못하고 내려다보는 것에 익숙한 것이 아닌가 하는 생각도 든다.

한동훈과 연수원 동기이자 같은 조였던 이원석 검사는 어떠한가. 내가 대검 감찰부장으로 첫 출근한 날, "진혜원 검사가 병가를 자주 낸다"라고 언급했던 인물이다. 그와는 불쾌한 기억이 있는데, 윤석열 대통령 취임식 날이었다. 초대장을 받고 오전 취임식에 참석했던 검사장들이 대검으로 와서 점심을 먹었다. 그날 식사장소인 대검 3층 간부식당 옆 화장실에서 소변기 앞에 다가선 나를 밀치며 내 소변기를 차지한 사람이 그였다. 내 옆으로 빈 소변기가 두 개 더 있었는데도 나를 보고 내 앞에 끼어든 무례한 행동이었다. 인사를 건네니 별말이 없었고 몸이 경직되어 있었다.

그날 오찬에 참석한 검사장들 가운데는 23, 24, 25기가 꽤 있었다. 24기인 나는 김오수 총장, 박성진 대검 차장, 윤대진 검사장 등과 같은 테이블에 앉았다. 그런데 식사를 마친 후 27기 이원석 검사가 23기 김오수 총장 옆에 붙어서 맨 앞에서 이동하는 것을 보았다. 화장실에서 나를 대했던 무례함도 그렇고, 선배 기수들이 있는데도 맨 앞에서 이동하는 모습을 보니 차기 검찰총장은 이원석으로 이미 내정되었을 수 있겠다는 생각이 들었다.

윤석열 검찰총장 시절에도 그는 기획조정부장으로서 특별승진이나 인사 관련 회의에서 사전에 의견을 조율해온 것처럼 검찰총장이 원하는 결론을 잘 이끌어냈다. 대검 차장으로 승진해 사실상 검찰총장 직무대리를 할 때는 기획조정부장 때와 달리 말의 톤이 낮아지고 말의 속도가 느려졌으며 회의에도 약간 늦게 나타났다. 통상 의식적으로 권위를 세우는 방법이다.

2022년 6월 14일 경향신문 기자가 나에게 연락을 했다. 대검이 이성윤 고검장에 대해 징계를 청구했다는 보도가 나왔는데 사실 확인을 하고 싶다는 내용이었다. 나는 늘 그래

왔듯이 "감찰 사실은 확인해줄 수 없다"라고 답했는데, 출근하자마자 이원석이 나에게 전화를 해서 경향신문에 알려주었냐며 다그쳤다. 나는 "그 기자를 잘 모를 뿐만 아니라 그런 사실도 없다"라고 답했다. 그 감찰 정보를 아는 사람은 감찰과장과 징계를 청구한 이원석일 것이다.

임은정 검사는 2020년 8월 자신의 페이스북에 "20년간 검찰에 근무하면서 '저 사람, 검사장 달겠구나' 하는 확신을 한 검사는 딱 세 명 있었다"며 "부산지검과 법무부에서 같이 근무했던 문찬석, 한동훈, 이원석"이라고 지목했다. 임 검사는 "그 선배들을 보며 '치세의 능수능란한 검사, 난세의 간교한 검사'가 될 거란 생각이 들 만큼 주어진 과제를 수행해나가는 능력과 처신술이 빼어남이 있었다"며 "승승장구하며 요직에서 이런저런 일들을 수행하는 선배들이 스스로는 물론 나라와 검찰에 위태위태하다 싶어 멀리서 지켜보던 제가 오히려 더 조마조마했다"라고 되짚었다.

압박과 부담

지금은 김앤장 변호사로 있는 안태근 검사의 일도 생각난다. 안태근은 서지현 검사가 장례식장에서 자신을 성추행한 가해자로 지목한 사람이다. 안태근은 검찰국장 지위를 이용하여 서지현 검사에 대해 인사보복을 했다는 이유로 기소되어 재

판을 받았다. 이 사건으로 대검 감찰위원회●에서 징계 심의
가 있었고 그 결과가 나왔다. 내가 대검에 근무하는 동안 검
찰총장은 감찰위원회에서 의결한 결과와 다르게 징계청구를
한 적이 한 번도 없었다. 그런데 구본선 차장이 안태근의 변
호인으로부터 전화를 받았다며 감찰위원회 의결결과보다 그
정도를 낮추어 징계를 청구하는 것이 타당하지 않느냐고 하
면서 감찰부에서 그러한 취지의 문건을 작성해 검찰총장에게

●   대검 감찰위원회는 검사 및 사무관 이상 검찰공무원에 대한 비위 사건에
서 징계를 할 것인지, 징계를 한다면 어떠한 징계를 할 것인지[파면(검사
는 해당 없음), 해임, 면직, 정직, 감봉, 견책 등]를 정하는 매우 중요한 위
원회다. 검찰총장은 거의 예외 없이 대검 감찰위원회의 의견대로 법무부
장관에게 징계청구를 한다. 대검 감찰위원회는 위원장 1인 및 부위원장 1
인을 포함한 5인 이상 9인 이하의 위원으로 구성되는데 검찰총장이 전원
위촉한다. 위원회는 보통 두 달에 한 번 열리는데, 나는 감찰부장으로 근
무하는 동안 아주 경미한 안건을 심의한 한 번을 제외하고 모든 위원회에
참석했다. 대검 감찰부는 징계대상 사건을 조사하고 〈감찰위원회 회의자
료〉라는 제목의 감찰조사 결과 보고서를 위원회에 제출한다. 보고서는 사
전에 검찰총장에게 보고하며 검찰총장의 의견을 대검 감찰부 의견으로
기재한다. 나는 대검 감찰부장으로서 감찰조사 결과 보고서 작성에 상당
한 노력을 기울였다. 징계 여부 및 수위에 관하여 검찰총장의 의견과 다
른 때가 꽤 있었는데, 나는 대검 감찰위원회 운영 규정에 따라 대검 감찰
부장의 자격으로 내 의견과 그 근거를 보고서에 자세히 기재해놓았다. 감
찰조사 결과 보고서는 사실 개인의 사생활이나 명예, 직무상 비밀 등은
없고 검찰의 구조적 문제와 비위 등이 담겨 있는 매우 중요한 공익적 자
료이자 역사적 기록이다. 때가 되면 마땅히 법원의 재판자료와 수사자료
등으로 제공되어 국민 앞에 공개되어야 할 성질의 공문서다. 이 보고서는
하드카피는 물론 파일 형태로 대검 감찰부 컴퓨터와 캐비닛에 전부 보존
되어 있다.

보고하면 어떻겠냐고 말했다. 어처구니가 없었다. 또 대검 부장 두 명이 내 방을 찾아와 안태근 검사의 행위에 비해 징계처분이 가혹하지 않느냐는 취지로 변호했다. 외부자인 나에게도 이런 청탁이나 제안이 들어올 정도라면 검찰국장이었던 안태근 검사를 둘러싼 세력들이 검찰 내부에 상당히 많이 있겠다는 생각이 들 정도였다.

다음으로 최경규 검사다. 그는 관용차를 사적으로 이용하고, 직원들에 대한 갑질행위가 문제되어 감찰을 받았다. 진위는 확인할 수 없으나 그가 윤 총장과의 관계로 인해 검사장으로 승진했다는 말이 검찰 내부에서 돌았다. 대검 감찰부는 김오수 총장에게 보고한 후 차량 운행 일지, 하이패스 카드 사용 내역 등 구체적인 자료를 확보하고 조사를 진행했다. 그런데 조사 과정에서 최 검사는 대검 감찰부 검사는 물론 김 총장에게까지 사건 관련하여 여러 차례 연락을 취했다. 이 과정에서 대검 감찰과장 등은 조사를 계속하고 비위를 인정하는 데 상당한 압박과 부담을 느끼는 것 같았다.

관용차의 사적 이용 문제●만 해결해도 감찰부장으로

● 2019년 12월 검사장급 이상 고위간부의 관용차량이 폐지되면서 검사장도 명예퇴직수당을 받을 수 있게 되었다. 명예퇴직수당을 받으면서 관용차량을 사실상 종전과 같이 운용한다면 문제라고 생각한다.

서 정말 큰일을 하는 것이라는 어느 검찰공무원의 간절한 호소가 지금도 내 귀에 울린다. 최경규 검사는 회유와 기만보다는 압박으로 자신에 대한 비위조사에 대응하는 유형이라고 볼 수 있을 것이다.

감찰부 독립의 조건

감찰부의 독립을 보장받으며 제대로 업무를 하기 위해 내가 원했던 것은 두 가지였다. 하나는 검찰청법상 법률로서 감찰부장의 업무상 독립을 보장받는 것이다. 다른 하나는 임은정 검사와 같이 내부의 관계망에 얽히지 않고 내·외부의 압박에 굽히지 않는 독립된 검사다. 나는 절차에 따라 이 두 가지 요청을 피력하고 전달했다. 2020년 6월 감찰부의 독립성을 보장하는 규정을 신설하자는 검찰청법 일부 개정안이 발의되었으나, 국회 법사위에서 채택되지 않았다.˙ 임은정 검사는 2020년 9월 대검 감찰부에 감찰정책연구관으로 인사 발령을 받아 한명숙 전 총리 모해위증 교사 의혹에 대한 감찰사건에서 맡은 바 제 역할을 다했다.

대검 감찰부는 검찰총장과 검찰조직으로부터 독립된 기구와 인력으로 새로 탄생해야 한다. 2000년 검찰의 기소권과 공소유지권을 감독하고 검찰 제반업무를 감찰하기 위한 검찰감찰청을 독립기관으로 설치한 영국의 사례를 참고해볼

만하다. 우리나라 역시 종래 대검 감찰부가 검찰조직 내에서 검사들의 비위를 축소하고 감싸는 역할에 그치는 부작용을 해소하고, 신속성과 엄정함이라는 감찰 고유의 특성과 강점을 통해 조직 내부의 기강을 유지하는 기능을 제대로 발휘할 수 있도록 제자리를 찾는 것이 필요하다.

영국의 검찰감찰청의 경우 웹사이트에 감찰조사 보고서를 게시하고 있다. 이처럼 감찰정보를 적절히 공개하여 투명성을 확보하는 것은 국민의 알권리를 충족하고 고질적인 병폐인 검언유착을 해소하는 데 바람직한 대안이 될 수 있다. 영국의 사례 등을 참조하되 우리나라의 실정에 맞는 제도 설계가 절실하다. 이와 관련하여 2021년 대검 감찰부에서 외부

● 2020년 6월 26일 민주당 의원 31명이 발의한 검찰청법 제28조의2 제6항에 '감찰담당 대검찰청 검사는 그 권한에 속하는 직무를 우선하여 수행하고, 직무수행에 있어서 독립성과 자율성이 보장된다'를 신설하자는 의안(의안번호 1101)은 2020년 11월 11일 국회 법제사법위원회에서 '현행 검찰청법 제7조 및 제12조에 따른 검찰총장 또는 소속 상급자의 지휘·감독권의 범위 문제와 관련하여 추가적인 검토가 필요한 것으로 보아 삭제하고 현행과 동일하게 함'이라는 이유로 채택되지 않았다. 대검 감찰부의 현실과 미래를 잘 모르는 매우 아쉬운 결정이었다. 이후 나는 검찰총장과의 관계에서 긴장과 타협의 줄다리기를 해야 했다. 법률이 아닌 대검찰청 감찰본부 설치 및 운영 규정이라는 훈령 제4조 제1항의 '감찰본부장은 다음 각 호의 감찰사건(고검검사급 이상 검사의 비위조사 등)에 관하여 감찰개시 사실과 그 결과만을 검찰총장에게 보고한다'라는 규정을 근거로 삼고, 검찰총장과 감찰과장 등 감찰부 검사들을 설득해나가야 했다.

용역과제로 〈대검 감찰부의 비교법적 연구와 제도 설계〉를 제출했으나 채택되지 않은 적이 있다. 검찰조직은 여전히 감찰의 독립성에 대해 소극적이다.

특수수사 – 사냥인가 게임인가

특수수사를 지휘하는 검찰 리더들은 수사를 '전쟁, 사냥 또는 게임'으로 보는 것 같다. 2013년 당시 윤석열 국정원 댓글 사건 수사팀장(여주지청장)은 국정원 직원 체포영장 집행 등과 관련해 '표범이 사슴을 사냥하듯' 신속한 수사가 필요했다고 말했다. 사냥식 수사를 경험한 피의자는 여우몰이, 토끼몰이를 당하는 기분이라고 했다. 게임은 전략적이고 목표 지향적이다. 특수수사를 게임에 대비해보면, 군사가 대치한 상태에서 장수(지휘하는 검사)가 적군의 종심을 가르고 적장(피의자)을 베거나 포획하는 장면을 연상하면 될 것이다. 한동훈 검사는 내가 감찰부장으로 부임하던 첫날 점심자리에서 '죄가 될 만한 것은 어떻게든 찾으면 나오게 마련이므로 성과를 내지 못하면 무능한 검사라고 생각한다'는 말을 했다.

　판사는 자신이 영장을 발부했더라도 증명이 없거나 죄가 안 되면 무죄판결을 선고한다. 수사를 하다가 안 되면 수사를 그만둘 줄도 아는 것이 순리인데, 그와 배치되는 말이어서 기억에 오래 남았다.

　사람의 목숨과 인생이 왔다 갔다 하는 수사를 비인도적인 전쟁이나 동물을 상대로 하는 사냥에 비견하는 것은 맞지 않다. 반드시 이겨야 하는 게임으로 보는 것도 옳지 않다. 게임은 '승리'를 목표로 하는 오락인데, 수사를 게임으로 본다는 것은 '영장'과 '기소'라는 목표를 위해 과도한 인권침해와 부당한 수사수단을 용인할 수 있는 것이기 때문이다. 수사를 게임으로 볼 경우에는 수사의 과정과 결과가 수사대상자의 삶에 미치는 영향에 대한 깊은 공감과 섬세한 배려가 작동할 여지가 별로 없다. 사건을 단순히 한 건 두 건 처리해야 하는 업무로만 보지 말고, 피의자와 피해자의 인생까지 함께 걸려 있다는 생각을 가지고 거듭 경청, 숙고하는 자세로 임해야 하는 것이다.

　기소권을 쥐고 언론플레이까지 능수능란하게 하는 사람이 수사를 게임으로 생각한다면, 상대편은 변명도 제대로 못 하고 죽어나갈 수 있다. 한동훈은 반부패·강력부장으로 조국 수사를 지휘했고, 반부패·강력부장을 떠난 뒤에도 조국 재판을 수행하는 특별공판팀으로부터 보고를 받았다. 조국은 형법교수이고, 민정수석과 법무부 장관을 역임한 사람이다. 수사와 재판에 대응하는 능력이 상당할 터인데도, 82학번 법대 친구들과의 사석에서 수사와 재판 과정에서 당한 극심한 고통을 호소했다고 들었다.

　　수사는 본질적으로 수사의 필요를 위해 인권을 침해하는 행위다. 임의수사라 하더라도 검찰에서 부르면 얼마나 조마조마한가. 특수수사를 전쟁이나 사냥, 게임으로 바라보는 검사들이 수사에 실패했을 때 본래 있던 죄를 못 밝혀냈다며 스스로를 무능한 검사로 생각할 경우 어떻게 될까. 그 수사에 투입된 검사들은 반드시 승리하고, 포획하고, 점수를 따서 이겨야만 하는 것이다.

조작수사와 무리한 기소

검찰 내부에서 착수할 만한 사건인지를 잘 판단하는 것을 야구에서 타자가 볼과 스트라이크를 잘 골라내는 능력인 '선구안'이라고 부르는데, 논란이 있을 수 있는 그 비유에 의하더라도 정보와 자료가 부족한 수사 초기에 완벽한 선구안은 있을 수 없다. 조국 수사에서 사모펀드와 관련하여 범죄인 것으로 몰아붙였으나 무죄가 난 것을 보면 알 수 있다.

　　특히 표적수사, 하명수사, 정치적 수사일 경우 이미 정해진 목표에 따라 어떻게든 수사를 이어나가고 결론을 내리는 위험이 도사린다. '신정아 학력위조 사건' 수사팀의 일원이었던 모 검사로부터 '사실 무죄날 줄 알고 있었는데, 중단하면 수사팀이 다치기 때문에 기소했다'는 말을 듣고 놀란 적이 있다. 멈춰야 할 때 멈추지 못하고 단지 수사의 목적과 수사팀의 보호를 위해 인권침해적인 과잉수사를 하며 심지어는 무죄 가능성이 상당함을 알면서도 무리한 기소로 나아갈 위험까지 있는 것이다. 검찰에는 이른바 불멸의 사법 패밀리인 '신성가족'도 있고, '브레이크 없는 벤츠'라고 불리는 검사도 있다.

조작수사, 무리한 기소의 실태와 아픔은 1993년 짐 셰리든(Jim Sheridan) 감독의 영화 〈아버지의 이름으로(In The Name Of The Father)〉에 절절히 표현되어 있다. 이 영화는 1974년 영국에서 일어난 런던 길포드 식당 폭탄테러 사건과 관련한 실화를 바탕으로 한다. 영국 경찰이 아일랜드인 제리 콜론을 고문했다. 결정적으로 '아버지를 총으로 쏴 죽이겠다'고 협박하여 허위자백을 받고 사건을 날조하여 누명을 씌운 사건이다. 1977년 IRA 단원들이 자신들이 폭탄테러를 했다고 진실을 고백했는데도, 영국 검찰은 그들을 기소하지 않았다. 그러다가 한 탐정이 1989년 경찰 심문조서를 발견하면서 영국 경찰이 애초에 누명을 씌워서 보복을 하려 했고 법정에서의 위증으로 유죄판결을 받았다는 사건의 진실이 뒤늦게 밝혀졌다.

우리나라에서도 1959년 조봉암 사건, 1974년 인혁당 재건위 사건, 1972년 춘천 강간살인조작 사건, 1979년 삼척 간첩단조작 사건, 1991년 강기훈 유서대필조작 사건 등이 있었고, 2013년 국정원 간첩조작 사건이 있었다. 내가 대검 감찰부에 근무할 때 2010년 한명숙 전 총리 사건에서 위증교사가 있었는지를 조사한 적이 있다. 한명숙 전 총리 사건과 국정원 간첩조작 사건은 모두 비교적 최근인 이명박 정부 때 일어난 일이다.

지금 우리나라 검찰은 과거 자행된 조작 사건과 완전히 단절되었다고 할 수 있을까. 표적수사, 하명수사, 인권침해적 강압수사, 높은 무죄율 등으로 비판을 받던 대검 중수부는 지금은 없어졌지만, 서울중앙지검 특수부 등으로 그 인력과 수사기법이 그대로 계승되었다. 그리고 대검 중수부 검사들은 이제 대통령, 법무부 장관 등으로 중앙권력을 잡았다.

그런 의미에서 대검 중수부는 해체되지 않았고, 오히려 더 커졌다. 2013년 12월 기준으로 한국법조인대관을 검색하면 대검 중수부 재직 경험이 있는 검사로는 대검 중수부장 안대희(전 대법관), 박영수(국정농단 수사 특검), 이인규(노무현 대통령 수사 지휘), 김홍일(현 방송통신위원장), 대검 중수2과장 윤석열(현 대통령), 검찰연구관 한동훈(전 법무부 장관), 이원석(현 검찰총장), 이복현(현 금융감독원장), 이정섭(현 대전고검 검사직무대리)• 등이 나온다.

　홍일표 의원(당시 한나라당)은 2009년 10월 19일 대검 국정감사에서 "대검 중수부가 2008년 44명을 기소했지만 1심에서 12명이 무죄를 받아 무죄율이 27.2퍼센트에 달한다. 중수부의 무죄율이 같은 해 일반 형사사건 무죄율(1.5퍼센트)보다 18배나 높다"며 "무리한 수사나 미진한 수사가 많았다는 방증"이라고 주장했다.

　대검 중수부와 특수부는 인물과 수사기법이 동일하거나 유사하다. 뇌물, 직권남용, 업무상배임 등과 같은 유형의 사건과 정치인이나 고위공무원 등이 연루된 사건에서 자백을 잘 받아내는 것, 언론을 잘 활용하는 것, 영장과 기소와 같은 성과를 잘 내는 것 등이 대표적인 특성이다. 어느 특수부 검사는 나에게 이렇게 말했다. "한동훈의 수사 스타일은 피의사실을 박박 긁어서 중요 범죄는 무죄가 나더라도 사소한 범죄로 기어코 유죄를 받아낸다는 점에서 중수부 시절보다 더욱 잔인해졌다."

• 이정섭은 2023년 11월 수원지검 차장검사 재직 중 비위 의혹으로 대전고검 검사직무대리로 전보되었다. 2023년 12월 1일 청탁금지법 위반, 개인정보보호법 위반, 주민등록법 위반 등 비위로 탄핵소추되었다.

대검 중수부가 부패척결에 기여한 측면이 있더라도 조사 과정에서 피의자의 극단적 선택이 발생하고 다른 일반 형사사건보다 무죄율이 높다는 것은 인권침해적 수사를 했을 뿐만 아니라 표적수사, 하명수사, 정치수사를 했다는 움직일 수 없는 증거다. 대검 중수부는 대검 11층에 있었는데, 그 사무실을 현재 대검 감찰3과가 사용하고 있다. 나는 대검 11층에 있는 감찰3과 수사관실에서 당시 수사관이 한국통신에서 발간한 두꺼운 전화번호부 책으로 어느 대기업 회장의 머리를 내려쳤다는 증언을 듣기도 했다. 노무현 대통령도 대검 11층에 있는 대검 중수부 조사실에서 조사를 받았다. 그 뒤 벌어진 극단적 선택을 나는 여전히 잊지 못한다.

윤석열 사단의 핵심

이명박 정부 시절 청와대 민정수석실에 파견된 22명의 검사들이 검찰 내·외부에서 많은 영향력을 가지고 있다는 사실에 주목할 필요가 있다. 검찰 내부 게시판 이프로스에서 검사들이 자주 이용하는 한국법조인대관을 검색해보면, 한동훈, 김유철(현 남부지검장), 권순정(현 법무부 기조실장), 이근수(전 제주지검장), 변필건(현 수원고검 차장검사), 이창수(현 전주지검장), 김남우(현 국가정보원 기획조정실장) 등이 이명박 정부 시절 청와대 민정수석실 행정관으로 근무했다.

일례로 윤석열 총장은 대검 3층에서 열린 대검 부장들과의 오찬자리에서 자신이 대검에서 근무할 때 이정섭 검사 등과 함께 C&그룹 수사를 했는데, 그것은 청와대의 하명에 따른 수사라고 말하기도 했다. 이명박 정부 시절 청와대가 민정수석실을 통해 검찰총장 직속의 대검 중수부에 수사의뢰를 한 것이다. 청와대 근무 경력이 있는 어느 검사는, 이명박 정부 민정수석실에 파견된 검사들에 대하여 비교적 어린 나이부터 언론에 대응하는 기법과 검찰 수사를 기획, 조율하는 훈련을 잘 받았을 것이라고 내게 말해준 적이 있다. 한동훈과 연수원 동기인 어느 판사는 한동훈의 언론 활용 기법이 그때 청와대에서 배운 것이라고 말해주었다. "수사의 동력을 확보하기 위해 언론을 잘 이용하라"는 말은 내가 근무할 때에도 대검에서 유효하게 통용된 특수수사 기법이었다. 언론 대응을 잘하는 것이 검사에게 요구되는 능력은 아닐 텐데, 어쩌다 이렇게 되었을까.

　나는 검찰 특수부 내지 '윤석열 사단'의 핵심은 대검 중수부와 이명박 정부 파견 검사로 구성되어 있다고 생각한다. 특수수사를 같이한 적이 없거나 특정 사안에서 특정인을 위한 확실한 결정을 통해 자기를 던져 위험을 감수한 경험이 없는 검사라도 바늘구멍이지만 윤 사단에 들어가는 방법이 아예 없는 것 같지는 않다. 대검 간부로 근무했던 어느 전직 검사는 윤석열로부터 '내 측근이 돼라'는 제안을 받은 적이 있다고 했다. 그는 "윤석열의 측근은 윤석열의 아크로비스타 집에 초대받는 사람들"이라고 말했다.

검찰에 윤 사단이 몇 명쯤 있느냐고 묻는 사람들이 많다. 적게는 70명, 많게는 120명으로 본다는 검찰 내부자의 말을 들은 적이 있다. 문제는 이들이 하나같이 검찰과 법무부에서 중요 보직을 맡고 있고, 검찰 내부 여론을 주도하고 있다는 것이다. 윤 총장 징계국면에서 전국의 검사들이 이프로스에 반대 입장문을 발표했다. 윤 사단을 중심으로 당시 단톡방을 개설해서 일반 검사들의 찬성 의견을 받아내는 등 활발하게 활동했다.

수사를 전쟁, 사냥, 게임으로 바라보면, 피의자는 존엄한 인간이라기보다는 하나의 수사대상과 타깃으로 물화(物化)된다. 끔찍한 일이다. 강제수사권과 기소권을 동일한 주체가 보유하고 있는 상황에서 특수수사의 오랜 기법인 언론보도가 가세하게 되면, 노무현 대통령 수사 때의 "논두렁 시계", 한명숙 전 총리 사건 때의 "의자 위의 돈뭉치"와 같이 피의자에 대한 압박이 극대화된다. 이때 피의자는 막강한 공권력과 언론권력 앞에 한없이 무력한 존재일 뿐이다. 여기에 피의자가 최후로 기댈 수 있는 법원마저 '검찰과 언론에 의한 재판지배' 상황으로 변질되면 피의자는 억울한 사정을 하소

연할 데가 없어진다. 위법수사, 과잉수사라는 피의자의 주장에도 불구하고, 압수수색영장이 자동판매기처럼 발부되고 구속영장이 쉽게 발부된다는 비판이 제기되는 것이다.

위법수사 여부는 차치하고라도 해마다 특수수사 과정에서 피의자, 참고인의 자살이 끊이지 않는다. 청와대 민정수석실에 파견 근무할 정도로 매우 유능하고 책임감 있는 검찰수사관까지 윤석열 총장 때 대검에서 관심을 갖던 울산 선거 관련 조사 및 수사대상이 되자 극단적 선택을 했다. 조국 전 법무부 장관 수사에 반대하며 서초역에서 100만 명이 넘는 시민들이 '조국수호', '검찰개혁', '언론개혁'을 외쳤던 것을 기억한다. 법무부 장관과 그 가족까지 저렇게 탈탈 터는데 힘없는 민초들은 하물며 어떨까 하는 두려운 생각이 깔려 있었을 것이다.

객관의 의무를 지는 검사

검찰청법 제4조(검사의 직무) 제3항은 이렇게 규정하고 있다. "검사는 그 직무를 수행할 때 국민 전체에 대한 봉사자로서 헌법과 법률에 따라 국민의 인권을 보호하고 적법절차를 준수하며, 정치적 중립을 지켜야 하고 주어진 권한을 남용하여서는 아니 된다."

그러나 검찰은 문재인 정부에 들어와서 질적으로 변

했다. 과거에는 정권의 충실한 '용검(用劍)' 역할에 만족했다. 그런데 김대중, 노무현, 문재인 정부가 들어서면서 청와대, 국정원, 경찰이 국내 정치와 수사에 일절 관여하지 않게 되자 검찰권이 마치 '절대 반지'라도 되는 양 검찰청법 제4조 제3항은 아랑곳하지 않고 스스로 자신들의 이익과 권한 확대를 위한 수사를 기획하고 수행했다고 생각한다. 대검을 '검찰당 서초지부'라고 부르는 말이 생겼을 정도다.

또한 검사에게는 객관의무가 있다. 객관의무를 지는 검사는 피의자 혹은 피고인들에게 이익이 되는 사실도 조사·제출하고, 이들의 이익을 위해서도 행위를 해야 한다. 판사 때는 잘 몰랐던 공정한 재판의 핵심 조건이다. 검사의 직권 재심청구도 객관의무에서 나온다. 그러나 유감스럽지만 수사권과 기소권을 모두 가지고 있는 현재의 수사구조와 상황에서 검사에게 객관의무를 기대하기는 극히 어렵다.

검사는 수사하는 동안 공소유지를 생각하면서 증거조사의 범위와 대상을 정하고 기록을 만든다. 더욱이 기소해야 한다는 방향과 목적이 이미 정해진 사건이라면, 피고인의 알리바이 등 무죄의 의심이 들 만한 참고인이나 자료 등에 대해서는 조사를 회피하거나 기록에 편철하지 않을 위험이 있다. 기소한 후에도 수사가 실패했다는 책임을 지지 않기 위해 어떻게든 유죄를 받아내려고 한다. 따라서 검사에게 수사권를 부여하지 않고 공소제기 및 공소유지만을 담당하게 하면 수사와 공판에 좀 더 객관적인 구조가 갖춰질 수 있다. 언론에 보도되는 중요 사건의 경우 수사검사가 공판에 직접 관여하는 일이 많다. 대검의 지휘와 승인을 받고 기소된 사건에서는 어느 공판관여 검사라도 무죄로 의심할 수 있는 자료를 제출하기는 어렵다.

수사비례의 원칙

윤석열 정부에서 검찰 수사권이 더욱 정치화되고 남용되는 상황을 보면서 지금 당장 규율하고 적용할 수 있는 법령의 규정을 찾아보았다. 검사가 준수해야 할 규정으로서 이를 위반할 때 즉각 징계책임을 묻고 직권남용, 직무유기죄로 형사고발할 수 있는 매우 실효적인 규범이 있다. 바로 수사비례의 원칙이다. 법무부령인 '인권보호수사규칙' 제6조 역시 '수사비례의 원칙'을 규정하고 있다. "검사는 그 목적을 달성하기 위해 필요한 범위를 벗어나 수사해서는 안 된다." 이것을 "절제된 수사"라고 표현한다. 몇몇 검사장이 퇴임사에서 '절제된 수사', '잔인하지 않은 수사'를 언급하자 이프로스에서 이른바 특수부 검사들이 길길이 나서 반박의 글을 올렸던 적이 있다. 그러나 비례의 원칙은 모든 국가기관의 공적 활동에 적용되는 헌법상 원칙(헌법 제37조 제2항)이며, 법무부의 외청으로 중앙행정기관인 검찰청 소속 행정부 공무원인 검사도 당연히 따라야 할 의무가 있다.

헌법재판소와 대법원 모두 비례의 원칙 또는 과잉금지의 원칙을 강조해오고 있다. "행정목적을 달성하기 위한 수단은 목적달성에 유효·적절하고, 가능한 한 최소침해를 가져오는 것이어야 하며, 아울러 그 수단의 도입에 따른 침해가 의도하는 공익을 능가하여서는 안 된다"는 것이다.

대법원 판결과 검사 징계처분 사례 등에서 비례의 원칙을 위반한 잘못된 수사방식은 대표적으로 과도한 반복소환, 장기간 수사, 별건 수사, 표적수사, 하명수사, 정치적 수사, 참고인에 대한 부당한 진술 유도 및 사적 편의제공 등이다. 한명숙 전 총리 사건에서는 피조사자에 대하여 별건을 인지하지 않겠다는 약속과 복역 조건이 좋은 교도소로의 이감 조치, 사적인 전화통화와 초밥과 떡볶이 등 음식물 제공 등이 문제되었다.

검사가 수사비례의 원칙을 위반하면, 검사징계법 제2조 제2호에 따라 징계대상이 되며 민사상 불법행위로 인한 손해배상책임(국가배상책임 포함)과 함께 형사상 직권남용 권리행사방해죄와 직무유기죄 등으로 처벌할 수 있다.

법원의 재판은 장기간에 걸쳐 몇 년이 소요된다는 점에서 공소유지를 담당하는 검찰 스스로 할 수 있는 조치를 생각해보았다. 1심과 2심 재판 과정에서 무리한 기소임이 명백히 밝혀진 경우에는 대법원까지 가지 않고 법과 절차에 따라 공소장 변경, 공소취소, 상소포기 등을 통해 검찰 스스로 능동적으로 잘못을 바로잡을 필요가 있다. 절차와 규정에 따라 합리적인 방식으로 공소유지 여부 등을 결정해서 가능한 신속하게 피고인을 형사절차에서 해방시켜주는 것이 필요하다. 윤석열 총장도 국민의힘 대선 후보 시절인 2021년 11월 25일 대학생들에게 이렇게 말하지 않았던가. "여러분이 만약 기소를 당해 법정에서 상당히 법률적으로 숙련된 검사를 만나 몇 년 동안 재판을 받고 결국 대법원에 가서 무죄를 받았다고 하더라도 여러분의 인생이 절단 난다. 판사가 마지막에 무죄를 선고해서 여러분이 자유로워지는 게 아니다. 여러분은 법을 모르고 살아왔는데 형사법에 엄청나게 숙련된 검사와 법정에서 마주쳐야 된다는 것 자체가 하나의 재앙이다. 검찰의 기소라는 게 굉장히 무서운 것이다. 그래서 함부로 기소하지 않고, 기소해야 될 사안을 봐주지 않는 것이 정말 중요하다."

이렇게 기소와 불기소의 위력이 크기 때문에 기소권과 불기소권을 잘못 행사하는 것은 아주 심각한 직권남용이나 직무유기죄가 될 터인데, 아직까지 처벌받은 검사가 없다. 그렇다면 검사의 검찰권 행사가 지금까지 모두 정당했다는 말인데, 과연 그럴까? 그렇지 않다. 따라서 윤석열 대선 후보의 이 발언은 검찰권에 대한 성찰이라기보다는 과시와 강조다. 또한 자신이 검사장, 총장으로 재직하던 시절에 검찰권 행사를 문제없이 잘했고 앞으로도 잘할 것이라는 거짓진술에 해당한다고 본다.

검사동일체 – 검찰을 위한 낡은 이데올로기

법원과 변호사 경험을 한 외부자이기 때문에 새로 볼 수 있었던 것들이 있다. 그중 하나가 이른바 '검사동일체 원칙'이다. 검찰동일체 원칙은 쉽게 말해 '검찰총장 아래 위계와 서열에 따라 한 몸처럼 움직여야 한다'는 것이다. 검사동일체는 현실에서는 구현되지 않는 허구의 '준사법기관론'과 마찬가지로 검찰의 힘과 이익을 위한 이데올로기로 작용하고 있다.

조직을 우선하고 상명하복을 강조하는 풍토는 수직적이고 폐쇄적이며 배타적인 검찰조직 문화를 만들었다. 특수·공안·기획 검사 중심의 조직 운영, 여성 및 형사·공판부 검사에 대한 상대적 차별, 인사시스템의 불비(不備), 현금으로 지급되는 고액의 특수활동비, 기록과 규정의 비공개, 과도한 의

전 등 문민통제가 이뤄진 경찰이나 군대에서는 더 이상 찾아볼 수 없는 전근대적이고 비민주적인 양상을 가지고 있다.

이러한 조직 문화 속에서 국민 앞에 군림하는 오만과 거짓, 부패가 자라났다. 일반 국민은 물론 평검사들조차 잘 모르는 고위급의 독직과 비위가 기록과 구두로 회자되고 있다. 이제라도 나라의 주인인 국민들이 기록 공개와 내부자 증언 등을 통해 검찰의 속사정을 알아야 하고, 검찰도 특수활동비 등 자신을 공개하고 특권을 내려놓음으로써 국민의 검찰로 거듭나야 한다.

대검 감찰부장 퇴임사에서 밝힌 바와 같이, 지금 검찰은 역방향으로 가는 모습을 보이고 있지만 그와 동시에 역설적으로 "겸손하고 투명하며 정직한 검찰"로 나아가는 외길로 접어들었다. 용기를 낸 내부 고발자들과 맡은 바 직무에 충실한 많은 검찰공무원들이 제 역할을 할 것이다. 검사동일체가 흔적기관처럼 퇴화되어 검찰공무원의 의식 속에서 지워지길 바란다.

없어진 용어의 부활

검사동일체란 말은 2004년 검찰청법 개정으로 이미 없어진 용어다. 그런데도 여전히 검사의 의식구조와 사건처리 방식을 규율하고 있다. 2020년 4월 채널A 검언유착 사건에서 검찰총장의 한동훈 부산고검 차장검사에 대한 감찰중단 지시가 내려지니 대검 감찰과장 등이 그대로 멈춰서는 것을 보았다. 그 당시 감찰을 더 진행하지 못하게 된 나는 페이스북 등에 검사동일체가 강고하다고 표현했다.

대검찰청에서 2017년에 발행한 《신임검사매뉴얼》에는 검사의 직무 관련 대인관계 항목에서, '선배검사와 동료검사와의 관계'를 가장 먼저 설명하고 있다. "검찰의 조직역량을 극대화하기 위해 구성원인 검사들의 돈독한 동료애가 절대적임. 선후배 간에 형제자매처럼 대하면서 함께 동고동락하는 자세를 가져야 함."

이 매뉴얼대로 근무한 검사들은 단독제 관청으로서 개개 검사의 독립성을 잃고, 끈끈한 가족애로 뭉쳐진 전근대적인 조직원으로 변모한다. 그 가운데서도 특별수사팀에 한번 발탁되어 성과를 내게 되면 계속 중요 수사에 차출되면서 특별한 승진 기회가 주어진다. 이른바 검찰 주류세력으로 '○○검사', '○○사단'이 형성된다. 이들은 조직을 떠나더라도 검찰동우회에 소속되어 국회의원 등 고위공직자로 가거나 변호사로 개업하여 각종 전관특혜를 누리면서 많은 이익을 얻는다. 검찰청법 개정이나 기관장 임명, 기업과 정치인에 대한 특수수사 등 현안이 생길 때마다 현직과 전관은 정당이든 정부기관이든 기업이든 어디에 있더라도 긴밀히 연락하며 고급 정보와 기회를 주고받는 하나의 특권세력이 되는 것이다. 그리하여 국민들 머릿속에 검찰은 조직 우선주의, 무오류주의, 정치검사, 전관특혜를 주된 특징으로 하는 부정적인 조직으로 자리 잡았다.

통치수단으로 이용되는 검사동일체 이데올로기

검사동일체는 일제가 식민지 조선에 강요하던 것을 해방 후 이승만 정권과 '권위주의 정부'가 그대로 계승한 것이다. 검사동일체 개념을 창안한 원조 나라인 독일, 프랑스는 물론 일본 본토와 달리 우리나라에서는 "총장(총독 직속 검사국의 검사장)을 정점으로 한 상명하복"이 유독 강조되었다. 그 실제 이유는 수장(우두머리) 1인을 통해 검찰조직을 효율적으로 장악하여 검찰권을 식민지배, 정적제거, 용공조작 등의 통치수단으로 이용하기 위한 것이었다.

　　이명박 정부 시절, 대검 특별수사부의 후신인 대검 중수부가 총장의 직할부대로 위세를 떨치며, 고 노무현 대통령 서거 후에도 2010년 C&그룹 임병석 회장 사건 등 청와대 하명수사를 했다는 것은 공공연한 사실이다.[25]

　　앞서 말한 바와 같이 대검 중수부는 표적수사, 정치수사, 인권침해 수사 논란 끝에 2013년 직제상으로는 폐지되었지만, 당시 대검 중수부 과장과 검찰연구관 등으로 근무한 검사들은 현재 대통령, 법무부 장관을 비롯한 정부와 검찰 요직에 진출해 있다.

　　우려스러운 것은 피조사자의 죽음과 점점 높아지는 무죄율을 개의치 않는 무리한 수사와 기소가 끊이지 않고 있다는 점이다. 윤석열은 총장 시절에 이렇게 말했다. "(피조사자의 죽음 앞에) 수사는 원래 그런 것이다." "(기소 사안이 아닌데도 다른 의도를 가지고) 야! 무죄 신경 쓰지 말고 기소해." 얼마나 끔찍하고 위험한 생각과 태도인가. 민간인을 상대로 전쟁범죄를 일으킨 전체주의국가 지휘관들도 전쟁은 그런 것이라고 합리화했을 것이다. 그는 자신이 무엇을 말하고 있는지 알고나 있을까. 특히 특수부 검사들은 무죄가 나더라도 기소해야 자신이 인정받는 평가시스템에 놓여 있다는 것을 인식하게 된다. 이런 환경에서 무죄판결 후 이뤄지는 무죄사건평정이 제대로 작동할 리가 없다. 조직의 수장으로서 공정과 인권을 조금이라도 생각한다면 차마 해서는 안 될 지시가 아닐까.

　　사실 검사동일체는 특별한 내용이 없는 원칙에 불과하다. 검사동일체의 내용은 검찰청법에 규정된 "검찰사무에 관한 지휘·감독", "검사 직무의 위임·이전 및 승계" 등에서 유추될 뿐이다. 검찰청법은 검사에 대해 일반 행정부 공무원보다 복종의무를 완화하고 있다. "소속 상급자의 지휘·감독에 따른다"라고만 규정하고, 법률로써 직무의 위임, 이전, 승계를 규정하고 있다. 그 이유는 개개 검사가 형사소송법 및 검찰청법상 단독제 관청임을 전제하고 있기 때문이다. 그러므로 이 규정들은 검사동일체이기 때문에 가능한 내용이라기보다는 검사의 단독제 관청으로서의 성격에 따라 특별히 법률로 마련된 것으로 이해하는 것이 타당하다.

검사동일체 vs. 단독제 관청으로서의 검사

한 걸음 더 나아가 행정부 공무원으로서 상급자의 직무상 명령에 따르는 것과 단독제 관청으로서 검사의 내부적 독립성 보장과의 상호충돌을 어떻게 조화롭게 해석, 운용할 것인지가 문제된다. 단독제 관청 간의 하이어라키(hierarchy, 위계)를 설정하여 최상위 단독제 관청인 검찰총장의 지시에 순차적으로 복종해야 한다는 식으로 풀이하는 견해가 있다. 그러나 이는 기본적으로 법률실증주의적 사고로 개개 검사가 가지는 단독제 관청으로서의 성격을 형해화(形骸化)하는 것이어서 동의하기 어렵다. 평검사들과의 논의 결과로는, 전결 사건의 주임검사 및 부장검사 이하 수사팀 등 직접 조사하여 사건을 잘 아는 수사단위 또는 기소단위의 직무상 독립은 존중하는 것이 좋다는 의견이 많다. 양심이 가리키는 길을 따르고 정의에 대한 존경심을 가지는 검사를 전제로 한 견해인데, '수사권 분리'와 '경력 검사에 외부 인사 임명', '위법 부당한 업무처리에 대한 책임의 확실성' 등이 함께 추진되어야 할 것이다. 그에 따라 전결 확대 등으로 층층의 결재라인을 축소하는 것이 필요하고, 대검 총·차장, 고·지검장, 차장의 사건 관여는 가급적 자제 또는 배제하는 것이 바람직하다.

실무상 논란이 되는 지점은 다음과 같다. 첫째, 검찰총장이 대검찰청 소속 검사가 아닌 각급 검찰청, 지청의 검사에게 사건에 관해 직접 지시하는 것이 허용되는가. 이는 언론에 보도되는 특수·공안 등 중요 사건에서 극히 예외적으로 일어나는데, 검찰총장과 고·지검장의 의견이 다르거나 검찰총장과 개개 검사와의 관계가 아주 긴밀할 때 발생할 수 있는 상황이다.

여기에서 검찰청법상 규정의 문언과 취지, 체계에 관한 법해석을 둘러싸고 총장의 직접 지시가 허용된다는 견해와 허용되지 않는다는 견해가 엇갈린다. 어느 견해가 타당한지 아직 대법원 판결은 없지만, 검찰 내부에서 검찰총장이 결재권자가 아니면서도 특정 의도와 방향을 가지고 지휘계통을 무시하는 '직거래'에 해당하므로 문제가 많다는 의견이 있는 것으로 알고 있다. 어떤 기관장이나 부서장이 총장이 아니라 언론보도나 하급자로부터 총장의 지시 사실을 알게 된다면, 그 기관장과 부서장의 리더십이 큰 타격을 입게 되는 것은 불문가지다. 그런 경우 하급자의 총장 직보를 통한 이른바 '상급자 패싱'이 수반될 가능성이 많아진다.

둘째, 총장이 아닌 검사(검사장 포함)가 다른 청 소속 검사에 대해 아무런 권한이 없음에도 불구하고 사건보고를 받고 지시하는 일이 없을까. 심지어 자기 사건 또는 자기와 이해관계에 있는 사건에 관여하거나 보고받고 결재하는 일이 없다고 장담할 수 있을까. 특별수사팀, 파견, 직관 등 소속 청을 떠나 근무하는 인사명령이 일상화되고, 실질적인 사건 관여자가 결재라인에 표시가 되지 않는 근무환경과 관련된다.

총장이 자신과 의견이 다르다는 이유로 지휘계통을 건너뛰고 직접 실무자에게 지시하는 것, 소속 청을 떠나 권한이 없는데도 사건에 관여하는 것, 자기 사건에 자기가 보고받고 결재하는 것 모두 있어서는 안 되는 일이다. "설마 그럴 리가 없다", "검사가 그럴 리가 없다", "진영논리다", "음모론이다" 하면서 경악할 만한 진실의 전언을 외면할 일이 아니다.

셋째, 소속 검사의 사건을 빼앗아 자기와 의견이 같은 다른 검사에게 처리하게 하는 직무이전이 정당한가. 직무승계의 경우도 소속 검사로부터 사건을 빼앗는 점은 동일한데, 실무상 상급자가 그 사건을 자기가 처리하는 예는 발생하지 않으므로 논외로 한다.*

실질적으로 직무이전에 해당하는데도 해당 검사의 이의제기 등이 없으면 보통은 명시적인 직무이전이 발령되지 않고 사건의 재배당 형식을 취하여 조용히 넘어간다. 그리하여 외부에 알려진 직무이전 사례는 검찰 역사상 손에 꼽을 정도로 극히 드물다. 인혁당 사건에서 기소를 거부했던 수사검사(이용훈, 김병리, 장원찬) 교체, 과거사 재심 사건에서 무죄구형을 하려던 임은정 공판검사 교체, 윤석열 총장 직권남용 사건을 수사 지휘하던 한동수 대검 감찰부장 교체, 한명숙 총리 모해위증 사건을 기소하려던 임은정 수사검사 교체 정도다.

인혁당 사건과 임은정 공판검사 교체 사건에 대해서는 법원에서 이미 위법·부당한 직무이전 명령이라는 법적 평가가 내려졌다. 살피건대, 단순히 총장 등이 소속 검사에게 직무이전 명령을 내렸다는 것만으로 정당화되는 것은 아니라 할 것이다. 왜냐하면, 직무이전 명령은 단독제 관청으로서 형사소송법에 규정된 검사의 수사권과 공소제기권 등의 고유권한 자체를 빼앗는 것이므로, 엄격한 요건과 절차에 따라 예외적으로 행사되어야 할 것이기 때문이다.

따라서 직무이전의 필요성과 상당성을 결여하여 직권남용죄를 구성하는지, 이의제기권 행사에 따른 절차를 준수

● 관련하여 복수의 관여자가 있을 때 중간 결재자인 일부 검사를 결재란에서 삭제하고 상급자가 결재하는 경우에, 그것을 자신에 대한 직무승계로 볼 것인지 아니면 하급자 간의 직무이전 또는 해당 검사에 대한 권한 위임의 철회로 볼 것인지는 구체적인 사안에 따라 살펴보아야 할 것이다.

했는지, 직무이전을 규정한 입법 취지에 부합하고 양심과 정의에 따른 직무이전 명령인지 등을 면밀히 따져보아야 할 것이다. 앞으로 정식 사건화되어 법원에서 판단 기준이 나올 것으로 기대한다.

신화화한 검사동일체

검사동일체는 특별한 기능과 효과가 없다. 검사동일체의 기능으로는 흔히 일본 《형사소송법》 책에 기재된 바와 동일하게 검사의 적정한 검찰권 행사를 위한 내부 통제, 전국적으로 통일적인 사건처리 등이 말하여진다. 그러나 이러한 순기능들은 행정기관 중 검찰에만 고유한 것이 아니고, 검사동일체라는 별도의 조직원리가 있어야 달성되는 것도 아니다.

또한 검사동일체 원칙에 따라 검사에 대해서는 제척(일정 사유가 있으면 당연히 직무에서 배제되는 것), 기피(신청에 의하여 직무에서 배제되도록 하는 것)가 인정되지 않는다는 해석이 있다. 법형식상 똑같은 검사이므로 제척과 기피가 무의미하다는 것이 논거다. 그러나 제척, 기피는 구체적인 사건에서 불공평한 사건처리를 할 염려가 있는 검사를 배제해 공정한 사건처리를 보장하기 위한 제도이며 검사동일체와는 논리필연적인 상관관계가 없다. 세계에서 유래 없이 막강한 권한과 재량을 가진 검사에 대해서는 오히려 판사보다 제척, 기피를 인정할 현실적 필요성이 더 크다.

　　이처럼 하나하나 따져보면 검사동일체 원칙은 사실 법적으로 내용이 없다. 검사동일체를 신화화해서 검찰조직만이 가지는 특수한 조직원리로 내세울 필요가 전혀 없는 것이다. 제도적인 운용의 관점에서는 검사동일체의 원칙을 지탱하는 과도한 특수활동비, 검찰총장이나 검사장 등의 자의적인 사건배당, 인사와 결재제도를 통한 부당한 사건 관여 등을 정상화하는 대응책이 절실하다. 그에 따라 검사동일체가 흔적기관처럼 퇴화되어 검찰공무원의 의식 속에서 지워지길 바란다.

특수활동비-검찰에는 오만원짜리 현금이 많다

"북악산은 열리고 캐비닛은 닫히고……."

2020년 11월 14일 토요일 오후에 이 글을 페이스북에 올리고 한강변을 걷던 중이었다. 어느 언론사 기자로부터 그 뜻을 묻는 연락이 왔는데 그때는 질문에 답을 하지 못했다.

"닫히는 캐비닛"은 특수활동비(특활비)에 대한 핵심 자료가 들어 있는 검찰총장 비서관의 캐비닛을 말한다. 그 캐비닛 안의 자료를 본 적은 없지만, 검찰총장 비서관이 검찰에 배정된 특활비 총액의 절반가량을 별도로 작성·관리해온 '매월 특수활동비 집행 내역', '영수증' 등 공용서류와 국고에서 인출해둔 오만원권 현금다발 등이 들어 있을 것이다.

국회 법사위 여야 의원들이 2020년 11월 9일 대검을 방문해 특활비 지출 내역서에 대한 점검과 검증을 하려 했지만 투명성과 적법성 관점에서 정작 논란의 소지가 많았던 수시집행(배분) 자료는 아무도 못 보고 빈손으로 돌아갔다. 그 무렵 청와대는 북악산 등산로 북측면을 개방했다. 대검은 검찰총장의 특활비 수시집행 내역 공개를 거부했다. 우리 사회가 개방, 나눔, 민주화의 길로 나아가는데 오히려 검찰은 폐쇄적이고 반민주적인 대응을 보인 것이다.

검찰총장이 캐비닛을 닫으라고 하면 그만인 현실, 국회·법무부·감찰부·감사원 모두 그 안의 자료를 볼 수 없는 현실에 대한 답답한 심정을 "닫히는 캐비닛"이라는 대조와 상징으로 표현한 것이다. 나아가 관련 자료를 훼손하고 편집했을지도 모른다는 의심까지 들었다.

오만원짜리 현금 특수활동비

검찰에 들어와 처음 눈에 띈 것은 돈이 많이 돈다는 것과 인사에 민감하다는 것이었다. 대검 간부들이 대검 식당에서 오찬을 할 때 고기와 탕, 생선 등 메인메뉴 외에도 애피타이저, 디저트 등 나오는 음식들이 웬만한 호텔급이라는 점이 놀라웠다. 돌이켜보니 윤 총장 시절에 식단이 풍부했고 조남관 총장 직무대행과 김오수 총장의 식단은 그것에 미치지 못했으니 모든 검찰총장들이 동일한 수준의 상차림을 했을 것이라고는 생각되지 않는다.

검찰에는 오만원짜리 현금이 많이 돈다. 특수활동비
다. 기획재정부가 규정한 정부 예산집행지침에 따르면 특수
활동비는 '기밀유지가 요구되는 정보 및 사건 수사, 기타 이
에 준하는 국정수행활동에 직접 소요되는 경비'를 말한다. 국
가정보원을 포함하여 검찰청, 법무부, 경찰청, 국방부 등이
쓰는 예산이다.

특활비를 쓰면 '집행내용확인서'라는 지출 증빙 자료
를 남기게 되어 있다. 검찰총장이 특활비를 현금으로 지급하
면 이를 받은 쪽에서 반드시 현금수령증을 작성하는데, 검찰
내부에서는 이를 '영수증'이라고 한다. '집행내용확인서'에는
특활비 집행 건별로 금액, 수령일자, 집행내용, 수령인의 성
명을 기록하도록 되어 있지만, 이 '영수증'에는 검찰총장 비
서관이 이미 날짜, 금액을 적은 것에 수령인의 이름을 적고
서명하는 것이 전부다. 집행내용이 무엇인지는 기록하지 않
는 것이다.

나의 경우 윤석열 총장 때는 매달 정기적으로 지급되
는 것 외에 따로 특활비를 받은 적이 없다. 김오수 총장과 박
성진 총장 직무대행 때는 정기집행분 외에 특정 사건이나 상
황과 관련해 수시집행분을 지급받은 적이 한두 차례씩 있다.

윤석열 총장 때는 총장으로부터 직접 받지 않았다. 총

장 비서관이 갈색 대봉투에 현금을 담아 감찰부장실로 가져오면, 그 즉시 영수증에 내 이름을 적고 서명을 해서 건네주었다. 김오수 총장 때는 총장실에서 총장으로부터 흰색 편지봉투에 담긴 현금을 직접 받았는데, 부속실 서기관이 부속실이나 총장실 옆 대기실에서 기다리다가 바로 영수증에 내 서명을 받아 갔다. 그러면 나는 그 돈을 감찰1·2·3과장과 검찰수사·서기관 등에게 일정 비율로 나눠 주고 그들로부터 다시 영수증을 받아 대검 감찰부 부속실 계장이 관리하도록 했다.

감찰부장 부속실에는 전임 감찰부장의 특활비 수령 내역을 기록한 장부와 영수증 원본도 보관되어 있었다. 감찰1·2·3과장 등 과장급 검사들이 다시 연구관 등에게 나눠 줄 때의 내용은 알지 못하는데, 별도의 영수증을 작성해서 보관하지는 않는 것 같았다. 특활비의 최종 지출자는 자유롭게 현금을 쓰면 되고, 그 지출 내역을 기록하거나 증빙서류를 첨부하는 등 보고의무가 없다.

검찰총장은 검찰이 사용하는 모든 특활비를 배분하는 권한을 갖고 있으며 총장실 몫은 따로 관리한다. 신한은행 국고에서 현금을 인출하는 방식은 외부에 알려져 있지 않다. 총장실 비서관이 대검 사무국 운영지원과에 일일이 현금 인출을 요청하여 교부받는 것이 아니라, 총장실 비서관이 따로 카드를 가지고 필요시 직접 인출한다는 말을 들었다.

기관장이 검찰총장으로부터 받은 특활비를 다시 부하 직원들에게 나눠 줄 경우에는 대검에서와 같이 영수증을 작성해 관리한다. 윤석열 총장 시절의 검찰 특활비 교부와 증빙에 대해서는 복두규 사무국장, 윤재순 운영지원과장, 강의구 총장실 부속실 서기관이 잘 알고 있을 것이다. 이들 모두 관련 서류의 임의 폐기는 범죄라는 것을 잘 알고 있을 것이므로 관련 서류는 검찰총장실 캐비닛 등에 모두 보관되어 있을 것이다.

대검에서 검사장 회의, 공안부장 회의, 감찰부장 회의 등이 열릴 때, 또 검찰총장이 일선 부서를 방문할 때 격려금 명목의 특활비가 지급된다. 2011년 당시 김준규 검찰총장이 '전국 검사장 워크숍'에서 수백만 원씩 든 '돈봉투'를 돌렸는데, 그 돈이 바로 특활비였다. 2017년에도 이른바 '돈봉투 만찬' 사건이 불거졌다. 당시 이영렬 서울중앙지검장과 안태근 법무부 검찰국장이 저녁식사 자리에서 이원석(현 검찰총장) 등 부하 검사들에게 돈봉투를 돌렸는데 그 역시 특활비였다.

대검 감찰부장이 검찰총장을 대리해서 일선 청에 사무감사를 나가면 각 청 구내식당에서 회식을 하는데 이때 검찰총장 격려금이라는 취지를 밝히고 식대를 지급한다. 사무감사를 주관하는 부서인 감찰2과장이 일선 사무감사를 갈 때도 검찰총장의 특활비 일부를 받아 나간다.

지방 검사장이 인사차 들르면 검찰총장으로부터 수백만 원 단위의 봉투를 받는 것으로 알고 있다. 그때 영수증이 바로 작성되는지는 알지 못한다. 윤대진 사법연수원 부원장은 사법연수생이 몇 명 안 되는데도 상당한 특활비를 받았다고 들었다. 한동훈도 사법연수원 부원장 시절에 윤대진과 같은 액수의 특활비를 그대로 받았는지 궁금하다. 좋은 성과를 냈다는 이유로 특활비를 받은 모 검사장이 그중 일부만 수사팀 검사들에게 나눠주고 나머지는 자기가 챙겼다는 사실이 알려지면서 검사들 사이에서 내내 비난을 받는 것도 보았다.

특활비는 "오리발"

나는 총장이 주재하는 대검 회식자리에서 나의 신용카드 사용 내역을 알고 있는 듯한 대화를 들은 적이 있어 개인이 쓴 신용카드 내역도 스크린될 수 있다는 점을 염두에 두고 생활했기 때문에 특활비는 물론 업무추진비 카드 지출도 일절 사적으로 사용한 적이 없다. 근무시간 준수는 물론 연가 처리를 정확히 했으며 PC도 사적으로 사용한 적이 없다. 그래서 감찰부장을 그만둘 때도 PC를 포맷하지 않았고 인사, 감찰 관련 등 공문서 일체를 감찰부 캐비닛에 그대로 두고 나왔다.

임은정 검사가 대검 감찰부에서 감찰정책연구관으로

근무할 때 검찰 내부에서 특활비를 "오리발"이라고 부른다는 말을 듣고 놀랐던 적이 있다. 임의 용도로 쓰면서도 공적으로 사용했다고 오리발을 내민다는 의미일 것이다. 검사들은 특활비를 본래의 용도를 생각하지 않고 과외의 월급처럼 소비하는 게 아닌가 하는 생각이 들었다.

검찰총장의 특활비를 감사할 방법은 현재 없다. 대검 감찰부도 이 부분을 감사할 수 있는 근거 규정이 없다. 문무일 총장 때 만들어진 예산감사 관련 규정에도 검찰총장의 특활비는 대검 감찰부의 감사대상에서 제외되어 있다.

2020년 당시 추미애 법무부 장관이 특정 검사들에게 특활비가 수시집행된다는 의혹과 관련해 특활비 집행 내역을 조사하라고 지시했으나 총장 부속실 캐비닛은 끝내 열리지 않았다. 법무부 검찰국은 국정원이 특활비를 박근혜 대통령에게 제공한 것이 국고손실죄로 처벌받은 바와 같이 윤석열 총장의 특활비 임의 사용은 형사적으로 문제가 된다는 시각까지 가지고 있었다. 윤 총장이 일선 청을 격려 방문할 때 이른바 '윤석열 사단' 검사들에게 고액의 금일봉을 지급하지 않았느냐는 의혹이 불거진 적도 있다. 사실 오랫동안 검찰에 근무해온 고위 관계자가 검찰총장에 대해 하는 말은 근거 없는 의혹이라기보다는 특활비 집행 영수증 등 자료를 통해 확인되지 않았을 뿐 사실에 가깝다고 보는 것이 더 맞을 것이다.

2020년 11월 9일 오후 2시부터 오후 5시까지 국회는 대검을 방문해 특활비 집행 내역을 열람하려고 했으나 대검은 수시집행분을 아예 제공하지 않았다. 대신 15층 국정감사 대기실로 활용되는 방에 관련 자료를 갖다 놓고 열람하도록 했다. 국회의원들이 대기실로 들어갈 때 스마트폰 휴대를 금지했고, 대검에서 일방적으로 제공한 자료만 열람할 수 있었으니 사실상 별다른 소득 없이 빈손으로 돌아갔다.

2020년 11월 13일 법무부 장관의 공문 지시에 회신해야 하는 상황이 되자, 검찰총장은 나를 빼고 전윤경 감찰2과장과 직접 특활비 자료에 대한 조사방식 등을 논의했다. 감찰2과장이 보조인력 없이 총장실 비서관이 제공하는 특활비 집행 내역 서류를 확인하고 그 결과를 법무부에 공문으로 보고하는 방법이었다. 부서장인 나는 그 조사의 대상서류와 시간, 방법 등에 동의할 수 없었다. 나는 그 공문에 부서장으로서 직접 결재하지 않았고 전결에도 동의하지 않았다. 그 공문에는 감찰2과장이 최종결재자로 되어 있고 내 이름이 빠져 있다. 비서관이 어떠한 방식으로 특활비 서류를 열람하도록 했는지 알 수 없고, 감찰2과장이 살펴본 시간도 많아야 몇 시간 정도일 것이므로 충실하게 조사가 이루어졌다고 보지 않는다. 그나마 총장실 특활비 서류를 본 최초의 사례일 것이다.

앞에서도 밝혔듯이 윤석열 총장 때는 특정 정보, 사건

수사와 관련해 대검 감찰부에 특활비를 내려 보낸 적이 없다. 매달 정기적으로 내려오는 특활비를 받았을 뿐인데 법무부에서 배정되는 특활비 예산이 줄었다는 이유로 감찰부에 배정된 특활비를 줄였다. 종전 감찰본부장 때와 비교하니 3분의 1 수준으로 낮아졌다.

특활비와 관련해 특별히 기억나는 것은 2020년 1월 인사발령으로 부임해 온 대검 각 부장과 과장 등이 윤 총장과 관계가 원만하지 않자 대검 연구관들에게 지급해오던 특활비를 없애고 대신 그 돈을 윤 총장과 연수원 동기이며 사이가 좋은 각 고검장에게 매달 500만 원씩 내려 보낸 사실이다. 대검 모 부장은 그 부당함과 치사함을 소리 높여 비판했다. 법원에서 근무했던 경험에 비춰보면, 판사들은 체면 때문에라도 대놓고 하지 못할 일인데, 윤 총장은 이렇게 직접적이고 노골적으로 권한을 행사하는구나 싶어 놀랍고 씁쓸했다.

김오수 총장은 소액이지만 특활비를 직접 건네주었다. 고발사주 사건 때는 수시집행분에 해당하는 소정의 특활비를 직접 건네주기도 했다. 당시 나는 이러한 특활비 봉투를 받을 때마다 사건을 조사하는 검사에게 주는 위력과 메시지를 느꼈다.

판사사찰 문건 수사 당시에는 심재철 법무부 검찰국장이 감찰부에 특활비를 내려 보내겠다고 제안해서 내가 거절하기도 했다. 심 국장은 강력 특수수사를 많이 해왔으니 검사들이 일하는 방식대로 제안했을 것이다. 그러나 나는 수사의 공정성에 해가 된다고 판단해서 이를 거절했다. 판사사찰 문건에 대한 직권남용 사건을 수사할 때 허정수 감찰3과장이 압수수색을 나간 수사관들의 식비가 없다고 해서 내가 개인 돈을 은행에서 찾아 건넨 기억이 있다.

특활비는 없어져야 한다

사실 검찰이 사용하는 특활비 등은 매해 수백억 원에 달하는 상당한 액수다. 그런데 본래 목적과 용도대로 집행되지 않고 검찰총장의 전권에 맡겨져 있으며 감시통제가 전혀 없는 사각지대라고 해도 과언이 아니다. 특활비에서 주된 목적으로 내세우는 정보수집 활동은 사실 대검 감찰부 정보팀이 일상적으로 하는 일인데, 감찰부 정보팀 수사관에게 배분되는 액수는 특수부, 공안과, 대검 수사정보정책관실에 지급되는 액수에 비해 현저히 적다.

반면 언론의 관심을 받는 주요 사건의 수사팀에게는 상당한 액수의 특활비가 내려가는 것으로 안다. 특정 사건에 검사와 수사관이 과도하게 집중되면 다른 부서의 검사들에게 사건 부담과 사건 적체가 늘어난다. 서울남부지검에서는 특활비가 남아돌아 소고기 회식을 자주 한다는 소리가 들렸다.

판사들은 월급 외에 정부공용카드가 지급될 뿐 특활비가 지급되는 사례는 없다. 내가 2010년 대전지방법원 홍성지원장으로 부임되어 내려갈 때 대법원장으로부터 특정업무추진비로 100만 원을 받았는데, 법무사들과의 간담회, 도서실개설 및 도서 구입 등으로 유용하게 쓴 기억이 난다. 언론에서 보도되는 사건을 재판한다고 해서 돈을 받거나 이른바 '깡치 사건'(사실관계가 지나치게 복잡하고 어려운 사건)을 처리한다고 해서 돈을 받는 것은 상상할 수 없다. 법관의 독립에는 외부로부터의 독립 외에도 내부로부터의 독립도 포함된다. 대법원장이나 법원장으로부터 직무와 관련해 돈을 받는 것은 재판의 독립을 해치는 일이다.

검찰총장의 특활비는 검사들의 수사에 영향을 미치고, 총장 개인의 '인맥관리비'로 쓰이고, '통치자금'으로 쓰인다.[26] 일선 검사들에게 특활비를 지급하면 수사의 속도와 방향에 대한 메시지를 전달하는 효과가 있다. 특활비의 본래 취지와 달리 공정한 수사를 해치게 된다. 나 역시 고발사주 사건과 관련하여 수시집행된 특수활동비를 받고 나니 신속하게 성과를 내야겠다는 생각이 들 정도였다.

특활비는 종국적으로 없어져야 한다. 지금이라도 대폭 줄이고 업무추진비 항목으로 바뀌어야 한다. 특별한 사정이 없는 한 현금이 아닌 카드로 지출되는 것이 타당하다. 집행

내역이 기록되고 보존되어야 하며 대검 감찰부, 감사원, 국회 등의 감사대상이 되어야 한다. 전·현직 검사들이 이 부분에 관해 일제히 침묵하고 있는 것은 자신들도 특수활동비를 용도에 맞지 않게 사용했기 때문이 아닐까 생각된다.

메시지를 전달하는 위험한 돈

검찰총장의 자유판단으로 집행되고, 또한 전액 오만원권 현금다발로 전달되는 특수활동비는 다음과 같은 두 가지 지점에서 문제를 야기한다.

첫째, 업무와 관련 없이 지급된다면, 돈을 받은 사람을 자기 사람으로 만든다. 현재 또는 미래에 자기를 위해 일할 수 있도록 만든다. 이 경우는 사안에 따라서 범죄와 비위 가능성까지 문제될 수 있을 것이다. 둘째, 업무와 관련해 지급된다면, 굳이 말하지 않더라도 담당하고 있는 사건수사의 속도와 범위, 방향과 결론에 관한 분명한 메시지가 전달된다.

이러한 특활비는 검사 직무의 청렴성과 수사의 공정성을 해칠 위험이 크다. 특히 지휘계통에 따라 기관장을 통해 지급되는 것이 아니라 검찰총장이 검사 개인에게 직접 지급할 경우 전달되는 의미가 확연히 달라지고 또한 여러 가지 위험이 더욱 커진다.

특활비의 목적과 용도는 '기밀유지가 요구되는 정보

및 사건 수사, 기타 이에 준하는 국정수행활동에 직접 소요되는 경비'로 정해져 있다. 이러한 용도를 위반하면 비위는 물론 범죄가 될 수 있다. 특활비 예산집행의 적법성과 타당성을 제대로 판단하려면, 현재 검찰에서 공개한 특활비 지급 시기와 금액 외에도 특활비를 받은 영수인이 누구인지, 그 영수인이 '검찰총장 본인'인지 또는 '제3자'인지 필수적으로 살펴봐야 한다. 이에 따라 영수증(집행내용확인서)에 적힌 이름을 확인하는 것이 우선이다.

법원의 압수수색영장을 받아 총장실 비서관의 캐비닛 자료를 확보할 때가 올 것인가. 그리하여 특활비를 받은 사람의 정보와 구체적인 사용처가 백일하에 드러날 때가 올 것인가. 누구누구가 명절 때 수천만 원을 받았고, 어디어디에 수천만 원을 맡겨두고 술을 마셨다는 소문을 잠재울 날이 올 것인가.

검언유착 – 한배를 탄 새로운 수사기법

동아일보는 2021년 6월 9일 다음과 같은 기사를 냈다.

> 김오수 검찰총장이 7일 주재한 대검 부장회의에서 참석자들
> 은 박범계 법무부 장관이 추진 중인 '검찰 조직개편안'에 대
> 해 한목소리로 반대 의견을 냈다고 한다. 참석한 부장(검사
> 장) 7명은 "해당 개편안은 검찰청법에 어긋나고, 시행될 경
> 우 검찰의 범죄 대응 역량이 떨어질 수 있다"고 의견을 모았
> 다. 한동수 감찰부장 등 친정부 성향으로 알려진 검사장들
> 도 예외가 아니었다고 한다.[27]

비공개회의 내용을 언론에 유출하는 것은 삼가야 하

고, 이에 대한 언론기사는 매우 신중해야 한다. 회의 참석자들이 언론에 보도될 것을 의식하게 되면 자유로운 의견 개진과 충실한 논의를 저해할 우려가 있기 때문이다. 또한 오보가 있더라도 회의 참석자는 자칫 공무상 비밀 누설이나 공보준칙 위반 등의 소지가 있기 때문에 대응하기 어렵다.

검찰이 제대로 서려면 무엇보다 언론과 적정한 거리두기가 필요하다. 이 점은 대부분의 검찰 구성원들 사이에 형성된 인식이다. 보안이 필요한 대검 지시사항을 실무 책임자가 언론보도를 통해 먼저 알게 되거나, 유관 기관별·부서별 논의가 아닌 윗선의 특정 메시지가 담긴 언론보도를 통해 수사에 영향을 받는 것은 결코 바람직하지 않다. 특수수사의 과거 기법처럼 언론을 활용하여 여론전을 시도하는 사례 역시 마찬가지다.

일부 언론은 특정 목적을 위해 법무부와 대검 간, 검찰 구성원들 간의 분열과 갈등을 의도적으로 조장하고, 검찰의 수사와 인사까지 공공연하게 간섭하고 지휘하는 수준에 이른 것 같다. 대상자의 지위 고하를 막론하고, 수사상황 및 감찰정보 누설, 피의사실 공표 등을 포함한 각종 검언유착 의혹 사건에 대해 철저한 수사를 통한 실체적 진실이 밝혀져야 하는 이유다.

언론플레이를 수사기법으로 활용

대검에서 총장 주재 회의를 하면 총장의 보도자료, 메시지가 먼저 준비된 다음 그것을 확인하는 회의일 때가 많았다. 회의가 끝나면 대변인은 대검 기자단 간사에게 곧바로 카톡으로 보내준다. 그러면 그 내용이 각 언론에 보도된다.

나는 검찰 관련 뉴스가 덜 나오는 세상이 편안한 세상이라는 생각을 갖고 있다. 그런데 현실은 그렇지 않다. 조남관 대검 차장은 검찰 뉴스가 많은 것은 검찰이 중요하고 그만큼 국민들의 관심이 높기 때문이라고 말하기도 했다.

우리나라 언론에는 정치기사가 과반 이상을 차지한다. 검찰이 정치적인 수사를 하기 때문에 검찰 뉴스가 많이 나오는 것이 아닐까 한다. 또한 자기가 한 수사·지휘, 자신의 언행이 신문에 대문짝만 하게 실리면 우쭐해질 수밖에 없다. 칭찬과 비난에 초연하다면 그것은 도인의 경지다.

윤석열 총장 시절에는 대검 내에 기자들 차량이 빼곡했다. 윤 총장이 출근할 때마다 지하 주차장 입구에 카메라 기자가 대기하고 있다가 사진을 찍었고, 윤 총장 일행이 점심을 먹기 위해 옆 건물로 가는 통로를 지날 때마다 망원렌즈로 사진을 찍었다. 윤 총장은 어느 월요일에 날도 좋으니 산책을 하러 가자고 즉석 제안을 한 적이 있는데, 어떻게 알았는지 국가디지털포렌식센터(NDFC) 앞으로 기자들이 몰려와 윤 총장을 찍었다. 그날 윤 총장이 오른손 집게손가락을 가리키고 그 뒤에 이원석 기획조정부장이 따라가는 사진이 신문에 크게 보도되었다.

　　김오수 총장 시절에는 언론과의 관계가 확연히 줄었다. 그렇지만 앞에서 언급한 동아일보 보도처럼 대검 부장회의 내용이 유출되었고, 종전의 행태와 같은 오보 역시 없어지지 않았다. 김 총장도 대검 기자단과 잘 지내려고 했고, 기자단을 검찰 홍보수단으로 이용하려고 한 것에는 변함이 없었다고 생각한다.

　　대검은 일선 청의 수사, 공판, 집행업무를 최정점에서 지휘하는 기관인데, 실제 대검에서 하는 업무의 절반은 언론 대응과 여론 관리라 해도 과언이 아니다. 대변인은 정례적으로 기자들을 만나고, 적당한 정보를 제공한다. 과거에는 검사가 알아내기 힘든 정보를 기자를 통해 수집하도록 하는 등 검사와 기자가 수사를 함께하던 시절도 있었다는 이야기를 듣기도 했다. 또한 채널A 사건과 관련해 과거와 달리 검사가 수용자를 마음대로 소환조사하는 것이 어려운 상황이 되자 중간 매개체로 채널A 이동재 기자를 이용하게 되었다는 견해를 들은 적도 있다.

　　기자들에게 제공하는 정보는 수사정보, 감찰정보, 행정정보를 망라하는데, 그것을 거리낌 없이 제공하는 것은 평검사나 일반 직원이 아니다. 언론플레이를 수사기법으로 활용하는 데 경험이 많고 언론 대응 기술이 있는 고위 관계자들일 가능성이 높다. 대부분의 검찰 관계자는 "확인해줄 수 없다"며 대변인이나 공보관을 통해 문의하라고 답한다. 언론과의 채널을 독점하는 그룹에 속하지 않은 다른 누군가가 언론에 정보를 알려서 보도가 나가면 그는 공무상 비밀 누설이라는 공격을 받는다. 신성식 검사장은 채널A 사건 때 KBS에 잘못된 내용을 알려주었다는 이유로 기소되어 재판을 받고 있다.

"대검에서 다 새어 나간다"

나는 수사정보가 언론에 유출된 사건을 하나만 확실하게 잡아도 감찰부장으로서 성공한 것이라는 말을 여러 차례 들었다. 그만큼 문제가 많고 수사정보 유출, 검언유착이 없어져야 한다는 검찰 내부의 공감대가 크다는 표징이었다. 박범계 법무부 장관 또한 수원지검에서 직권남용으로 기소된 이성윤 고검장에 대한 공소장이 피고인에게 송달되기 전에 중앙일보 등에 보도된 것과 관련하여 공소장을 유출한 사람을 찾고자 지휘권을 발동했다. 조남관 검찰총장 직무대행이 감찰부장을 사실상 배제한 채 사건을 직접 컨트롤하면서 공소장 유출에 대한 감찰조사가 제대로 이루어지지 못했다. 조남관 직무대행은 감찰1과장, 감찰3과장과 기획조정부 소속 정보통신과장을 통해 보고받고 조사하도록 했다.* 그러나 공소장 유출 주체가 될 수 있는 수원지검에 무고함을 소명할 수 있는 기회를 넘치도록 부여했다.

김오수 총장 이후 내가 이 부분을 주관하여 조사하면서 과거에 조사된 PC 포렌식 결과, 감찰부장에 대한 몇몇 제보 내용 등을 참고하여 볼 때, 공소장 유출본이 복수 존재할 수 있다는 합리적 추론에 이르렀다. 이에 당시 지목되던 수원지검 수사팀에 대한 진상확인 조사에서 더 나아가 수원지검 공보라인과 중앙일보 기자에 대한 추가적인 수사가 필요하다는 중간 결론에 이르렀다.

그러나 수원지검 수사팀의 반발이 매우 심했다. 수원지검 수사팀은 이프로스 게시, 언론보도, 대검에 보내는 공문 등 다양한 방식으로 자신들의 입장을 강하게 주장했다. 대검 지휘부도 동요했다. 결국 대상자들 및 해당 기자에 대한 통화내역, 메신저 조회, 압수수색 등 강제처분으로 나아가지는 못했다. 김오수 총장과 대검 감찰부는 공수처 수사를 통해 실체

---

* 미디어오늘은 〈이성윤 공소장 檢전산망→중앙일보 유출보다 중요한 건?〉(2021. 5. 15.)에서 다음과 같이 보도했다. "대검찰청은 15일 미디어오늘에 보낸 SNS메신저를 통해 '조남관 검찰총장 직무대행은 금일 오전, 언론에 보도된 공소장 유출 사안에 대해 대검찰청 감찰1과, 감찰3과, 정보통신과가 협업하여 진상을 규명하도록 지시하였다'고 밝혔다."

가 밝혀지기를 기대하면서 조사를 잠정 중단하기로 했다.

　　다만 이 사건을 조사한 나의 결론은 누군가 검찰 내부에서, 직원보다는 고위직 검사가 의도적으로 모 일간지 기자에게 공소장 사본을 파일로 유출했고, 기자는 그것을 이용하여 공소제기된 피고인에 대한 유죄심증을 강화하는 취지의 기사를 작성했다는 점이다.

　　조선일보 기자는 내가 공소장을 워드파일로 편집한 검사가 누구인지 알고서도 법무부 보고를 누락하도록 지시했다는 터무니없는 소설을 썼다. 조사 초기 대검 감찰부장을 사실상 건너뛰고 감찰과장 등을 통해 공소장 유출사건을 직접 지휘한 조남관 총장 직무대행 시절에 좀 더 강도 높게 철저히 조사하지 않은 점이 공소장 유출자를 밝혀내는 등 사안의 진실을 발견하는 데 지장을 초래했을 것이다. 복수의 공소장 유출본이 존재할 수 있으므로 공보라인에서 유출되었을 가능성 등 다각도로 진실을 발견하려는 노력이 필요했다.

　　조선일보가 지목한 검사는 이성윤 서울중앙지검장과 함께 차장검사로 근무한 최성필 과수부장이다. 그런데 나는 당시 성명 특정 없이 결재가 올라온 보고서에 최성필 검사의 이름을 특정하여 보고서에 추가 기재하라고 지시한 바 있다. 나는 당시 최성필 검사를 알지도 못했을 뿐만 아니라 그를 봐줄 하등의 이유가 없었다. 내가 감찰3과장에게 보낸 검찰메신저인 쪽지●와 보고서 수정본에 명확한 자료가 있다. 보고를 누락했다는 것은 사실이 아닌 잘못된 보도다.

조선일보 기사에 따르면 허위공문서 작성, 직권남용 등의 범죄를 감찰부장인 내가 저질렀다는 것이다. 명백한 오보에 대해 나는 고소장을 작성하여 조선일보 관할 경찰서에 야간 접수했다. 다음 날 김오수 총장과 박성진 차장에게 고소 사실을 말했더니 조선일보 기자는 문제가 많다면서 "잘했다"고 했다. "조선일보는 앞으로 감찰부장을 좀 덜 건드리겠다"라고까지 말했다. 출판물 등에 의한 명예훼손죄로 조선일보 기자 등을 형사고소한 고소사실의 요지는 다음과 같다.

피의자들은 2021. 12. 9. 〈[단독] 유출됐다는 이성윤 공소장, 李측근 PC서 나와⋯ 한동수가 덮었다〉라는 제목 아래 "대검 감찰부가 지난 5월 이성윤 고검장의 핵심 측근인 A검사장이 검찰 내부망에 접속해 해당 공소장을 복사한 뒤 'MS 워드 문서 파일'로 편집해 보관한 것을 확인하고도 정식 감찰로 전환하지 않은 것으로 8일 전해졌다. 특히 대검 감찰부는 한동수 감찰부장 지시로 그 내용을 두 차례 법무

●   검찰메신저는 서버에 저장되는 '쪽지'와 서버에 저장되지 않는 '일반대화'가 있다. 보안이 유지될 필요가 있거나 편한 사이에서는 일반대화를 많이 이용하고, 공식성이 필요할 때는 쪽지를 이용한다.

부 보고에서 누락한 것으로 알려졌다. (중략) A 검사장 PC 에서 '공소장 워드파일'이 발견됐다는 내용 등은 한동수 감찰부장 지시로 빠진 것으로 알려졌다. 이후 유출자 조사는 흐지부지됐다고 한다. 이에 대해 본지는 대검 한동수 감찰부장(중략)에게 해명을 요청했으나, 이들은 답하지 않았다"는 등의 기사를 작성, 보도하였습니다(조선일보 2021. 12. 9. 기사).

그러나 사실 A 검사장의 PC에서 공소장 워드파일이 포렌식을 통하여 복구, 발견된 바 없고, 그렇기 때문에 한동수 대검 감찰부장이 법무부 장관 및 검찰총장에 대한 보고에서 A 검사장의 PC에서 공소장 워드파일이 발견되었다는 것을 누락하도록 지시하는 것이 처음부터 성립될 수 없었습니다. 오히려 한동수 감찰부장은 감찰3과에서 작성해 온 중간보고서의 초안에 A 검사장의 성명과 A 검사장 PC 및 휴대폰 포렌식 결과를 추가하도록 감찰3과장에게 지시함으로써, 동 보고서에 A 검사장이 대상자에 포함되도록 하였습니다.

또한 위 기사가 보도되기 전에 피의자들을 포함한 조선일보 관계자로부터 일절 연락을 받은 바 없습니다. 위 보도 내용은 법무부 훈령인 '감찰사실 공표에 관한 지침'에 따라 검찰총장의 결정 등이 필요하므로, 감찰부장이 임의로 확인해줄 수도 있는 사항이 아니어서 피해자로부터 답변을 기대하기 어렵다는 것은 대검 기자단 소속 피의자 이정구 등은 이미 잘 알고 있었던 사항입니다. 가사 피의자 이정구 등이 형식적으로 전화나 문자메시지를 보냈다고 가정하더라도 이는 피해자로부터 답변이 없었다는 내용의 기사 한 줄을 추가하고 또 나중에 민형사 소송에서 사실 확인을 위한 노력을 하였다는 구실로 삼기 위한 것일 뿐입니다.

나는 감찰부장 시절에 감찰과장들에게 보안 유지를 신신당부했는데도 특정 사안에 대해 기자가 알고 물어오는 경우가 있었다. 모 부장검사의 강제추행 사실을 공소제기한 것(중앙일보), 진혜원 검사에 대해 감찰조사 중이라는 것(문화일보) 등이다. 이것은 결재라인에서 흘러 나갔을 가능성이 높다. 이에 대해 김관정 대검 형사부장은 '일선 청에서 정보보고를 하면 대검에서 다 새어 나간다'며 불평하기도 했다.

내가 이른바 윤 총장에 대한 징계 국면에서 점심 때 대검 부장들과 식사를 하러 나갔다는 것을 스토킹처럼 보도한 기사도 있었는데, 이것은 대검 지하 1층 CCTV나 출입기록을 통해서만 알 수 있는 정보다. 함께 점심을 한 부장 중 한 사람을 일부러 빼면서 마치 이른바 '반윤' 검사들만의 회동인 것처럼 기사가 났다. 이러한 일련의 상황들을 볼 때, 언론과 한배를 타고 있는 사람이 누구인지 아주 잘 드러나고 있다고 본다. 그가 서초동에 있을 때는 서초동의 일들이, 여의도에 있을 때는 여의도의 일들이, 용산에 있을 때는 용산의 일들이, 과천에 있을 때는 과천의 일들이 언론에 유출되고 있으니 말이다.

검찰과 친일 – 강자에게 약하고 약자에게 잔인한

검찰은 서대문형무소에서부터 변화를 시작해야 한다. 우리 검찰의 모형*이라 할 수 있는 일제시대 검사가 서대문형무소에 출장을 나와 독립운동가를 지하 조사실에서 고문 취조한 현장이기 때문이다. 형무소에서 고문을 당하고 투쟁하고 숨겨간 독립지사들의 기억이 부단히 상기되고 있는 살아 있는 역사관이다. "고문당하는 거, 그게 무서우면 독립운동 못 하지"라는 이병희 지사의 생전 말씀이 퍼뜩 힘과 용기를 불어

---

* 우리나라 검사제도의 기원을 프랑스혁명 이후 1801년 나폴레옹 독재가 이루어진 반동의 시기에 일시 존재했던 수사권과 기소권 등을 모두 갖는 검찰관인 정부위원(Commissaire du gouvernement)에서 찾는 주장이 있다. 그러나 이 주장은 일제 식민지 검사제도를 이어받은 우리나라 검찰의 역사와 검사의 현실에 맞지 않다.

넣는 곳이다. 이병희 지사는 〈광야〉의 시인 이육사의 유해와 시를 조선에 모셔온 분이기도 해서 내 마음을 더 크게 울렸다. 검찰은 그 뿌리를 알고 그간 지은 죄를 반성하고 성찰해야 한다.

내가 국민학교를 다닐 때는 교실 복도 액자에 이순신의 시가 걸려 있었다. 어린 나이지만 나는 무엇에 이끌리듯 그 시를 외웠고, 애가 끊어지는 그 심정을 헤아려보려 했다.

한산섬 달 밝은 밤에 수루에 홀로 앉아
큰 칼 옆에 차고 깊은 시름하는 차에
어디서 일성호가는 남의 애를 끊나니

대전지방법원 홍성지원장으로 근무하던 시절에는 매일 새벽에 일어나 국궁장에서 활 쏘는 시간을 보냈다. 이순신 장군의《난중일기》완역본을 구해 틈틈이 읽었는데, 가장 반복적으로 등장하는 장군의 일과 중 하나가 활쏘기 연습이다. 사대에 올라 활시위를 팽팽히 당기며 몸이 펴지는 느낌이 좋았다. 내가 쏜 화살이 포물선을 그리며 날아가 145미터 떨어진 과녁을 맞힐 때 '딱' 하며 울리는 소리가 좋았다.

검찰에 들어와보니 일부 검사에게서 흥청대는 술판, 조선 백성의 목을 베어 선조에게 왜군인 것처럼 허위보고를 하는 등 방탕하고 거짓된 원균의 모습이 보이는 듯했다.

인왕산을 자주 찾았다. 인왕산 둘레길에 접어들기 전 사직단 옆으로 국궁장을 지나간다. 가슴이 답답하여 활시위를 당기던 시절이 그리워지곤 했다. 무무대(인왕산 중턱에 있는 전망대 이름)에 오르면 가슴을 활짝 열고 깊게 심호흡을 하면서 서울의 불빛을 바라봤다. 이순신 장군이 대장선에 올라 해전을 지휘하던 모습을 상상해보기도 했다.

'사쿠라'가 만개한 검찰

내가 가려는 길은 좌우 어떤 쪽으로도 치우침 없이 규칙과 규정에 어긋나는 공직자에 대한 감찰일 뿐인데, 걸음걸음마다 제어당하는 상황이 너무도 힘들었다. 더 깊이 이해하고 함께 가기 위해 우리나라 검사의 뿌리를 공부했는데, 그 당시 읽은 〈검사의 수사지휘, 용어에 대한 연혁적 비교 연구〉(손영조, 2017)라는 논문이 큰 도움이 되었다.

이 논문은 '수사지휘'라는 용어가 1954년 개정된 일본 형사소송법 이전의 일제의 잔재라고 논증하면서 이미 1930년대 일본 검벌(檢閥)의 모습처럼 하나의 정치권력으로 집단화되어버린 우리나라 검찰에 스스로 개혁할 것을 요구하거나 기대하는 것은 순진한 발상이거나 공허한 메아리일 뿐이라고 주장한다.

우리 검찰은 조직과 직급에 대한 명칭에서도 일제에 뿌리를 두고 있음을 알 수 있었다. 조직상으로 우리나라 검찰청의 원류는 '조선총독부 직속 검사국'이다. 검찰총장, 각급 검찰청의 기관장을 칭하는 검사장은 일본의 '검사총장', '검사장', '검사정'에 각각 대응되는 명칭이다.

　　우리나라 검사들과 일본 검사들의 교류관계는 매우 친밀하다. 한일 검사들 간 친선 축구대회가 대검의 지원 아래 정기적으로 양국을 오가며 개최되고 있다. 감찰부장실 계장이 일본 '사쿠라(벚꽃)' 사진이 있는 새해 일본 달력을 내게 주기도 했다. 무슨 달력이냐고 물었더니 주한 일본대사관 소속 일등서기관 오키무라 토시유키(奧村壽行) 검사의 명함을 건네준다. 오키무라 검사가 대검을 방문하여 일본 법무협력관 자격으로 총장을 만나고, 각 부장실 등에 달력을 나누어주었다는 것이다. 매년 그래 왔으니 받아도 된다고 했다. 대검에 근무하는 3년여 동안 다른 나라 대사에게서 달력을 받은 기억은 없다. 나는 받지 않겠다고 하면서 부속실 계장에게 달력을 돌려주었다.

　　그때는 강제징용 조선인 노동자에 대한 손해배상 사건이 대법원에 계속 중이었다. 일본대사관 직원이 대한민국 최고 수사기관인 대검찰청에 드나들며 달력 선물까지 하는 것은 전혀 바람직하지 않다고 여겼다. 일본 검사는 대사관 소속 일등서기관의 자격이니 자국에 유리한 정보를 수집, 보고하는 역할을 하기 마련이다. 대검 국제협력관 등이 필요한 업무를 하면 충분한 일이다.

2020년에는 일본군 성노예제 문제해결을 위한 정의기억연대에 대한 수사가 한창이었다. 위안부 생존자 쉼터 '평화의 우리집' 손영미 소장이 서울서부지검(형사 4부)의 압수수색 후 심리적으로 힘든 상황을 호소하다가 극단적인 선택을 했다. 정의기억연대 이사장을 맡았던 윤미향 국회의원은 2년 5개월 후 8개 죄목으로 기소되었다. 노정연 서울서부지검장이 직접 공소장에 서명할 정도로 사회적으로 관심이 큰 사건이었다.

그 후 2022년 오키무라 검사는 대검 공청회에 지정토론자로 초대받아 검찰개혁의 핵심 의제인 '검찰의 직접수사권 축소 입법'에 반대하는 취지의 발언을 했다. 일본은 영장청구권을 경찰도 가지고 있고, 검찰은 경찰에 대한 수사지휘권이 없으며 중대범죄만 수사하는 등 법제와 관습이 다른데 그러한 일본의 일개 검사가 왜 한국의 검찰청법 개정 논의에 토론자로 초대받아 왈가불가하고 나서는지 이해할 수 없었다. 한일 검찰은 해방 후에도 고위급을 중심으로 이처럼 유대관계를 지속하면서 중요 현안에서 긴밀히 교류하고 협력하는 모습을 보이고 있다.

검사동일체는 일제가 식민지 조선에 강요하던 것을 해방 후 이승만 정권과 '권위주의 정부'가 그대로 계승한 것이다. 특히 대검 중수부에 근무하면서 권력과 선배의 말에 절대 복종하고 검찰조직에 충성하며 검찰을 나간 선배들을 전관특혜로 '잘 모시는' 검사동일체를 더욱 체질화하는 것 같다. 대검 중수부의 수사기법을 계승한 검사들은 스스로의 정체성을 '사무라이'와 같은 '칼잡이'라고 인식하는 듯하다. 밤이 되면 그러한 속내를 숨기지 않고 과시하듯 드러낸다. 사무라이의 특성은 '사쿠라'처럼 강렬한 미학으로 묘사되기도 하지만, 사실은 '강자에게 약하고 약자에게 잔인하다'고 알려져 있다.

현행 형사소송법에 피의자 '출석요구'로 규정되어 있음에도 일제강점기 조선형사령에 근거한 수사용어인 피의자 '소환'을 비롯해 검찰에서 한 진술을 법정에서 그대로 유지하기 위한 '증인 단도리', 특수부 체질에 적합함을 뜻하는 '특수무끼', 사건의 얼개를 뜻하는 '와꾸', 수사 실패 등 일이 끝났을 때 쓰는 '시마이', 초보자를 말하는 '시로또' 등 일본식 수사용어가 버젓이 검찰업무에 사용되는 것이 현실이다.

나도 일본에 몇 번 간 적이 있고, 그 문화의 발전적이고 긍정적인 부분을 충분히 존중한다. 나가사키 카스텔라의 맛과 추억은 대만 카스텔라 이전에 우리에게 특별한 맛을 선사해줬다는 점에서 그 문화도 존중한다. 그러나 문화적 교류를 위해 필요 이상의 굴욕적인 침해를 용납할 필요는 없다고 생각한다. 특별히 잊지 말아야 할 것은 아직 성노예 문제에 대해 가해자 측의 충분한 답변을 받지 못했고, 현재 행해지고 있는 해양 폐기물 투기 문제는 국민의 생존권에 직결되는 매우 중요한 문제라는 사실이다.

검찰과 무속 - 사적 욕망의 늪

고위직 검사일수록 무속과 친하다. 무속과 관련된 몇 가지 이야기를 적어본다.

　　먼저 대검찰청에 있는 해치상이다. 지금은 국가디지털포렌식센터(NDFC) 건물 옆에 조성된 작은 공원 한편에 해치상 조형물이 놓여 있다. 원래는 1999년 5월 1일 법의 날을 맞아 대검 청사 1층 로비에 설치되어 있었다. 따라서 1층을 통해 출근하는 검찰총장을 비롯한 대검 직원들은 자주 이 해치상을 볼 수 있었다. 법률신문은 〈[법조계 예술품] 대검찰청, 조승환 作 '해치상'〉이라는 제목의 기사에서 해치상을 이렇게 묘사했다.

해치의 정수리에 난 외뿔은 겉으로 보기에도 두껍고 단단해 죄 지은 사람을 단죄하기에 충분해 보인다. 특히 높이 50센티미터, 무게 60킬로그램의 청동으로 만들어져 보는 이로 하여금 경건해지는 느낌을 자아낸다.[28]

검찰공무원들은 정의의 상징인 해치상을 보면서 때로 어느 날은 마음을 서늘하게 벼리고 가다듬는 순간도 있었을 것이다. 그런데 법률신문 기사에 따르면, 1999년 발생한 옷로비 사건에 검찰총장이 연루되어 구속되자 "해치의 외뿔이 대검 간부들의 집무실을 들이받아 검찰이 수난을 겪는다"라는 검찰 내 여론이 일면서 건물 밖 외진 지금의 자리로 슬쩍 옮겨졌다고 한다. 마치 군대에서 빈총이라도 맞으면 불길하다고 생각하는 것처럼, 해치의 뿔이 가리키면 해(害)가 되므로, 해치의 뿔이 대법원 쪽으로 향하게 해치상 방향을 잡았다는 것이다. 대검 감찰부의 한 검찰 서기관은 이러한 사연을 들려주면서 검찰 내부에는 그렇게 해치상을 옮기고 해치의 뿔을 대법원 중앙 쪽으로 향하게 하여 양승태 대법원장이 사법농단 사건으로 구속되었다고 믿는 사람이 적지 않다고 말했다.

법무부 장관, 검찰총장의 화(禍)를 조형물 탓으로 돌리는 이러한 미신적이고 미봉적인 사고는 경계할 필요가 있다.

조직 기강의 숙정을 위해서도 또한 제작한 분과 기증한 분의 뜻과 충정을 존중하는 의미에서도 법과 정의의 화신인 해치상을 원래 있던 대검찰청 로비로 다시 들여놓으면 좋을 것 같다는 생각이 들었다. 무엇보다 이 조형물은 역사적 고증에 충실하고 해치의 기상까지 전해지는 아름다운 작품이다. 이 해치상은 대검 사무국장을 지낸 이종일 동국대 국문과 교수와 손성 법학과 교수가 1991년 미국 컬럼비아대학에 전시된 각국의 법을 상징하는 조형물을 둘러본 뒤, 이를 동국대 예술대학장이었던 조각가 조승환 교수에게 의뢰해 제작·기증한 것이다.

　나 혼자서 해치상의 위치가 어디가 좋을까, 청사 내부보다는 청사 외부 대검 입구에 설치하는 것이 더 좋지 않을까 하는 생각을 해보기도 했다. 윤석열 검찰총장에게 건의를 해보고 싶었지만 그가 무속에 관심이 많다고 알려져 있어 말도 못 꺼냈다. 그러던 중 NDFC 증축 부지로 해치상이 있는 공원이 물망에 올랐다. 마침 새로 부임한 김오수 검찰총장에게 해치상을 옮기면 어떠냐고 제안해보았다. 그런데 김 총장은 공원을 그대로 두기 원했고 해치상 이전에도 고개를 저었다.

　다음은 연못에 관한 이야기다. 어느 검찰총장은 풍수지리상 대검찰청 자리에 물(水)이 없으니 대검 청사 부지에 연못을 파라고 지시했다고 한다. 실무자들이 부랴부랴 대검 근처에 웅덩이가 있다는 것을 찾아내면서 지시는 철회되었다. 대검의 모 부장으로부터 그 이야기를 들었을 때는 '검찰총장이 그런 어이없는 일도 지시했었구나' 하면서 무심코 넘어갔다.

그런데 실제로 그러한 웅덩이를 발견했다. 나는 무언가 생각을 정리할 일이 있으면 대검 청사 사이의 숲길을 걷곤 했는데, 대검 청사와 바로 연결된 서초경찰서 뒤편 몽마르뜨공원 기슭에 웅덩이가 있었다. 악취가 나는 데다 깊이를 알 수 없게 어둡고 칙칙해서 음산한 기운마저 느껴졌다.

어느 날 점심 후 산책을 하다가 그 웅덩이 뒤 대나무숲에서 여러 장의 부적을 보았다. 네모난 흰 종이에 검은색 붓글씨체로 용(龍) 자 형상이 적혀 있었다. 그때는 경찰서에서 조사를 받거나 형사 문제가 있는 사람이 미신적인 의도로 군데군데 뿌려놓은 걸로 생각했다. 그런데 윤 대통령이 용산으로 집무실을 이전할 때 용산 담벼락에 뿌려졌다는 용(龍) 자 부적과 크기와 색상, 글자체가 동일하다는 것을 알았다. 단순한 우연일까? 묘한 일치다.

관상, 점, 풍수에 대한 이야기도 있다. 대부분 인사와 관련이 있다. 지금은 퇴직한 모 검사는 강릉지청장으로 근무할 때 모 스님으로부터 관상을 봤다. '검사장으로 승진할 것이니 기다려보라'는 말을 들었고, 실제로 검사장 승진을 했다. 이 정도는 어쩌다 덕담이 들어맞은 것이라고 볼 수 있다. 그렇지만 그 검사는 자신이 실제로 검사장 승진을 했으니 관상의 정확성을 믿는 눈치였다.

다른 모 검사는 검사장 승진을 앞두고 아내가 점집을 찾아갔는데 결과를 잘 맞히더라고 내게 말했다. 또 다른 모 검사는 풍수를 잘 보는 스님이 대검 부장실에 찾아와 책상과 집기의 방향과 배치를 봐주었다. 검찰 내부 소식통인 모 검사는 윤석열 총장이 몇 월에 사직할 것인데, 강릉에서 윤석열 총장과 가까이 지내는 유명한 심 도사가 날을 정해주었다고 내게 말했다.

대구지검의 어떤 검사들은 일과 후 팔공산에 오르는데, 불상까지 오르는 동안 말을 하지 않고 올라야 소원이 이뤄지고 효험이 있다는 말을 믿는다고 했다. 이들 뿐이랴. 지검장, 지청장들 중에는 기가 좋은 산을 찾는 이도 적지 않다. 모두 자신들이 좋은 인사를 받기 위한 것이다. 요행이 한몫하는 풍토의 산물일 수 있다. 위계질서가 철저한 검찰조직에서 검사 누구나 검사장 승진을 갈망하는 구조와 문화의 소산일 수 있다.

사적 욕망의 실현과 무속인

사실 검찰은 역사상 어느 정부의 검찰이었던 적이 없다. 국민들이 몰랐을 뿐 그저 '검찰의 검찰'이었다. 검찰은 이승만 정부에서는 경찰에, 박정희·전두환 정부에서는 안기부와 군대에 눌려 지냈다. 노태우 정부 이후 검찰의 권력이 늘어나고, 김대중·노무현 정부를 거치며 안기부·군대가 민주화되고 검찰이 수사권과 기소권 등을 독점하는 기관으로 부상한 것이다.

검찰은 정권의 향배를 예의 주시하고 그 정권에 발을 맞추다가 새로운 정권이 창출되겠다는 판단이 서면 구정권을 공격하는 수사 패턴을 반복하고 있다는 생각이 든다. 선거 사건 관련 부서장인 공공수사부장이 "검사들은 머리가 좋다"라는 말을 자주 했는데, 이것을 선거와 관련하여 생각해보면 판세를 잘 읽고 줄을 잘 선다는 통속적 해석에 이른다.

영화 〈더 킹〉을 보면, 검찰이 차기 정권에 줄서기를 하려고 캐비닛에 있는 사건을 꺼내어 수사를 하거나, 몇 번이 당선될 것인가를 역술인에게 묻고 자신이 줄을 선 후보가 당선되도록 굿을 하는 모습 등이 우스꽝스럽게 묘사된다. 이것은 정치적 중립 의무 위반이며 검사장 승진 등 자신의 사적인 욕망을 실현하려는 행위로서 공직자가 절대 해서는 안 되는 일이다.

사법시험, 행정고시, 언론고시 등에 합격한 사람은 비교적 머리가 좋고 뛰어나다고 말할 수 있겠다. 특별히 암기력이 뛰어난 사람들이라고 보면 될 것이다. 하지만 "검사들이 머리가 좋다"는 말에 딱히 동의하기 어렵다. 사법고시는 합격자 수가 매우 많기 때문에 오래 공부하면 합격하는 경우가 많았다. 그래서 우리가 알고 있듯이 5, 6수나 8, 9수까지 나오는 것이다.

그런데 3년 가까이 검찰에서 일하는 동안 내부에서 이런 표현을 꽤나 자주 들었다. 법원에서 근무할 때는 전혀 듣지 못했던 말일뿐더러 오히려 스스로 머리가 나쁘다고 말하는 판사들도 만나봤기 때문에 내게는 매우 뜬금없이 들렸다.

인간과 공동체에 대한 성실한 관심이나 사람의 됨됨이보다 두뇌의 좋고 나쁨이 사건에 영향을 크게 미친다고 생각하지 않는다. 오히려 검사들은 사안을 바라볼 때 상당히 단선적이고 목표 지향적이며 자기 확신이 강한 편이어서 나는 통찰력이나 이해력 부분에서 검사들이 부족하다는 느낌을 많이 받아왔다. 머리(지능)를 판단할 필요는 없지만, 꼭 판단해야 한다면 기억력이나 순발력뿐 아니라 기획력, 판단력, 통찰력, 사회적 소통능력 등을 모두 고려해야 할 것이다. 그렇지 않다면 지금 우리 사회에서 늘어나고 있는 혐오와 폭력적인 양상들에 대해 올바로 대처해나갈 수 없을 것이다.

검사들이 자신들을 '법률가'라고 거창하게 높여 부르는 것도 뜬금없기는 마찬가지다. 비슷한 예로 틈만 나면 '사법시스템', '준사법기관', '사법방해' 등을 운운하면서 행정기관인 검찰이 마치 법원인 양 제 위치를 망각하는 것도 매우 불순해 보였다.

국민들은 '최순실'이라는 개인이 박근혜 대통령의 연설문을 검토하고 작성했다는 사실을 알았을 때 얼마나 경악했는지 모른다. 한 나라의 최고 의사결정권자가 국민의 생명, 신체, 재산, 그리고 국가의 미래와 관련된 중차대한 결정을 과학적이고 합리적인 자료와 근거 없이, 관계 부서와의 충분한 논의 없이, 특정 개인의 무속적 판단과 직감에 의존한다면 어떤 일이 벌어질까. 지금도 과연 그러한 일이 없다고 장담할 수 있을까. 만일 북한 핵시설 선제타격 여부나 일본과의 군사협정 체결 문제, 장관과 검사장의 지명 등을 선출되거나 임명되지도 않은 무속인이 결정한다면 참으로 끔찍한 일이다.

나는 천주교 신자이지만 개신교, 불교, 무교(巫教), 이슬람교, 유교 등 다른 종교들에 매우 개방적인 편이다. 그러나 일부 고위직 검사들이 이익과 권력, 즐거움을 추구하는 삿된 무속인들의 말에 이끌리고 있다면, 그것은 결코 바람직하지 않으며 또 있어서도 안 되는 일이다.

검사들은 자신들이 담벼락 위를 걷는 것과 같이 아슬아슬하고 위험한 일을 하는 사람들이라고 말하곤 한다. 사건 관계자가 힘 있는 사람이거나 이해관계가 치열할 때 더욱 그렇게 느낄 것이다. 실제로 나는 언론에 보도되는 이른바 잘 나가는 몇몇 검사들의 사적 욕망에 이끌린 여러 행위를 직간접적으로 알고 있다. 그 검사들은 나중에라도 그 행위가 드러나지 않을까 매우 불안할 것이다. 또한 사건을 공정하게 처리하지 않았을 때 스스로 정당화하는 최면을 걸더라도 죄책감을 완전히 해소하기는 어려울 것이다. 그리하여 혹시나 두려움과 죄책감을 이기기 위해 무속인의 위로를 찾는다면 참으로 헛되고 교만한 일일 것이다.

검찰과 국회 – 무능인가 뻔뻔함인가

국회는 검찰을 당하지 못한다. 우선 국회의원의 수(300명)보다 검사의 수(약 2300명)가 많다. 검찰은 자신들의 정보를 국회에 잘 내놓지 않는다. 최근 특수활동비 집행 자료를 제대로 제공하지 않는 것을 보면 알 수 있다.

나는 특수활동비가 대부분 본래 목적과 용도로 사용되지 않는다고 보는 입장이다. 검찰에 지급되는 특수활동비는 종국적으로 없어지는 것이 맞다. 현금이 아닌 카드로 집행되어야 하고, 업무추진비로 전환되어도 충분하다고 본다. 그런데도 정보를 제공하지 않으니, 국회에 의한 예산통제가 제대로 이루어지지 못하는 실정이다. 더구나 검사들은 근무시간 중에 검찰의 이익과 특권을 유지하기 위하여 논리를 개발하고 전략을 짜는 듯하다. 검사들은 일이 되는 쪽으로 끊임없이 아주 성실하게 앞만 보고 나아간다. 여기에 보수적인 정당과 언론들이 검찰 편에 서서 움직이면서 여론을 이끈다.

국회는 검찰을 당하지 못한다

나는 국정감사에 두 번, 인사청문회에 한 번 증인으로 참석했는데, 그 경험에서 국회는 검찰을 당하지 못한다는 결론에 이르렀다. 그래서 삼권의 다른 한 축인 사법부와 주권의 원천인 민의에 주목하기로 했다.

2022년 검찰청법 개정 과정에서 논리와 여론 모두에서 검찰이 우위를 점하면서 직접수사 전부를 폐지하고자 하는 개혁 입법은 좌절되었다. 그 원인을 국회의 개혁의지 부족에서 찾는 견해가 있으나 나는 검찰의 자료 비공개에 그 주된 원인이 있다고 생각한다.

예를 들어 특수활동비 예산심사를 하려면 필요한 자료와 정보가 필요한데 법무부와 검찰이 충분한 자료와 정보를 제공하지 않는다. 특활비 운영 지침 등 관련 규정조차 제대로 제공하지 않으니 운영 실태가 잘못되었는지조차 파악할 수 없게 되는 것이다. 미국에서 허위 자백과 인권침해를 방지하기 위한 가장 효과적인 방법으로 모든 피의자신문을 의무적으로 전자 녹화하는 입법이 이루어졌는데, 어느 국회의원이 우리나라에서도 이를 시행할 필요가 있다며 질문했지만 대검은 예산과 시설이 부족하다고 답변했다. 내가 일선 청에 사무감사를 다녀보면 영상녹화실은 충분히 마련되어 있는데 이용 실적이 저조한 편이다. 영상녹화 파일을 저장할 서버 용량도 이미 갖추어져 있다. 대검이 주장하는 예산과 시설 문제는 핵심이 아니다.

국회의 국정감사는 국정운영 전반에 관하여 그 실태를 보다 정확히 파악하고 입법 활동과 예산심사를 위해 필요한 자료와 정보를 획득하며 나아가 국정에 대한 감시·비판을 통하여 잘못된 부분을 적발·시정함으로써 헌법이 국회에 부여한 대표적 기능인 입법기능과 예산심사, 그리고 국정통제 기능을 효율적으로 수행할 수 있도록 하는 데 그 제도적 의의가 있다. 대검 또한 한 해 행사 중 10월에 시행하는 국정감사를 가장 중요하게 생각하고, 국정감사가 끝나면 한 해 농사를 다 지은 것처럼 생각한다. 국회의원실에서 요구하는 각종 자료 조사에 응하고 국감 당일 예상 질의에 대한 답변을 준비하느라 수고한 대검 연구관들에게는 회식비가 지급된다.

국정감사에 증인으로 출석하는 검찰총장과 대검 차장, 부장들은 각 소관 부서에서 준비해 온 예상 질의와 답변서를 검토하며 철저히 준비한다. 국감 전날 국회의원실에서 밤늦게 질의서를 보내오면 대기 중인 연구관 등은 급히 답변을 준비해 증인들에게 보낸다.

사실 국회의원실의 자료 제출 요구 중에는 지나치게 포괄적이거나 광범위한 것도 있고, 국회의원실에서 스스로 조사·수집할 수 있는 자료까지 요구하는 경우도 있다. 그런데 내가 근무하는 동안 대검의 기본 태도는 '수사·재판 중', '사생활 보호' 등의 이유를 들며 자료 제출에 매우 소극적이었다.● 나는 국정감사의 취지에 맞게 가급적 공개하자는 입장이었지만 대검 감찰부 과장들은 소극적인 대검 기조에 발맞추었다. 비단 국정감사의 경우만이 아니고, 재항고 사건 기록, 감찰 기록 등 다른 정보에 관해서도 극히 제한적이었다. 다만 검사 출신 법사위원이 많은 당에서 요구할 때는 대체로 좀 더 적극적으로 응하는 편이었다.

대검에 대한 국정감사는 TV로 생중계된다. 앞줄에는 총장과 차장이 앉고 그 뒤에 부서장들이 앉는다. 이들은 대체로 굳은 얼굴로 잔뜩 인상을 쓰는 모습이 화면에 잡힐 때가

———

● 　국정감사 및 조사에 관한 법률 및 국회에서의 증언·감정 등에 관한 법률에 따르면, 중앙행정기관인 대검은 개인의 사생활을 침해하거나 계속 중인 재판 또는 수사 중인 사건의 소추(訴追)에 관여할 목적으로 행사된 것이 아닌 한, 증언할 사실이나 제출할 서류 등의 내용이 직무상 비밀에 속한다는 이유로 증언이나 서류 등의 제출을 거부할 수 없도록 되어 있다. 그런데도 대검은 법률상 위 거부 사유에 해당하지 않음에도 국회의 제출 요구에 불응하는 태도로 일관하고, 국회 또한 별다른 대응에 나서지 않고 넘어가는 것이 선뜻 이해가 되지 않는 현실이다.

많다. 증인들의 모범 답변은 늘 정해져 있다. "의원님의 질문 취지를 이해하고 업무에 반영, 개선해나가겠다", "추후 확인하여 보고드리겠다", "가정을 전제로 한 질문에 답변드리기 어렵다", "현재 수사 및 재판 진행 중이어서 말씀드리기 어렵다", "감찰 진행 중이어서 답변드리기 어렵다."

나는 국정감사에 두 번 참석했다. 양당 모두 정책보다 현안에 대한 질문으로 이목을 끌려는 것은 마찬가지였다. 그 내용이 언론에 보도되면 마치 임무를 다 마친 것처럼 보이겠지만 정작 그 발언들은 휘발성으로 그칠 때가 많았다.

국민의힘은 진혜원 검사에 대한 감찰 요구, 대검 감찰부장의 불공정성, 법무부 장관의 구체적 지휘권 행사의 부당성 등을 지적했고, 민주당은 고발사주, 한명숙 전 총리 사건, 공소권남용에 대한 감찰 요구 등을 했다. 정당별로 관심을 갖고 바라보는 현안이 달랐다. 검찰의 제도 개선과 관련하여 국회에서 점검하고 검토해야 할 사항이 정말 많은데도 이 점에 관해 집요하게 창의적으로 실력 있게 접근하고 파고드는 국회의원을 보지 못했다. 상당수 국회의원들은 큰 소리로 다그치거나 "추후 검토해서 보고해주세요" 하고 넘어갈 뿐이다.

내가 일방적으로 증인 채택되어 한동훈 법무부 장관 후보자의 인사청문회에 갔을 때에도 국회의원의 질문하는 수준이 많이 아쉬웠다. 여야를 막론하고 의지와 실력이 없다는 생각이 들었다. 진심과 의지를 가지고 문제를 개선하기보다 더 큰 소리를 내어 시선을 끌고 정치적 색채를 부각시켜서 언론에 한 번 더 출연하는 것이 목적인 것처럼 보였다. 국민과 국가를 위한 입법 활동보다 국회의원 자리를 한 번 더 유지하는 데 더 집중하는 것은 아닌지 의심을 거둘 수 없었다.•

"나는 장관의 부하가 아니다"

윤석열 검찰총장은 2020년 10월 22일 국정감사장에서 2002년 서울중앙지검에서 조사받던 피의자가 고문으로 사망한 사건에 대해 이렇게 말했다. "검찰이 수사하다가 사람을 패 죽인 것이다." 나는 윤 총장의 바로 뒷자리에 앉아 있었는데 내 귀를 의심했다. 패 죽이다니……. 피의자의 유족이 들으면 얼마나 가슴이 찢어질까. 이날 윤 총장은 자료 제출 요구를 거부하면서 주먹으로 책상을 쾅 치기도 했다. 책상 상판이 얇았기 때문에 책상이 울리며 소리가 날 정도였다.

국정감사 전날 윤 총장은 관련 부서에서 준비한 대로

• 국회가 검찰청법 개정 등의 입법과 예산심의로 할 수 있는 검찰개혁 과제로는 우선 특수활동비 삭감 및 집행의 투명성 확보, 전관특혜 방지, 대검 감찰부의 독립성 및 실효성 보장, 검사 이의제기 절차 마련, 전자 배당 실시, 비검찰 출신의 검사(검사장, 부장, 부부장, 수석검사 등 포함) 임명, 고검 검사 정원의 축소 내지 폐지 등이 있다. 그러나 이 부분에 대한 국회의 논의와 노력은 그리 활발하지 않고 미온적이다.

답변하지 않고 본인이 답변하겠다는 입장을 대검 준비팀에 전달했다. 이때 나는 윤 총장이 대검 외부 누군가로부터 많은 준비와 코치를 받고 국정감사에 공격적으로 임할 것 같은 느낌이 들었다. 검찰 출신 모 선배와 이른바 제3지대 출마를 논의하고 있다는 등 이미 윤 총장이 정치를 할 것이라는 여러 정보와 신호를 알고 있었기 때문이다. 과거 국회에서 "사람에 충성하지 않는다"라는 한마디로 국민들에게 깊은 인상을 심어주었던 것처럼 무언가 일이 날 것 같은 분위기였다.

국정감사 답변 첫머리에 박순철 서울남부지검장의 입장문이 낭독되면서 일순 긴장감이 고조되었다. '정치가 검찰을 덮어버렸다'는 제목이었다. 다시 한 번 전문을 읽어보니 다음과 같은 내용이 있다. 정치는 누가 한 것인가.

—검사 비리는 이번 김봉현의 입장문 발표를 통해 처음 알았기 때문에 대검에 보고 자체가 없었고, 야당 정치인 비리 수사 부분은 5월경 전임 서울남부(지검)검사장이 격주마다 열리는 정기 면담에서 면담보고서를 작성하여 검찰총장께 보고하였고, 그 이후 수사가 상당히 진척되었으며, 8. 31. 그간의 수사상황을 신임 반부패부장 등 대검에 보고하였습니다.

— 2005년 법무부 장관의 검찰총장에 대한 수사지휘 당시

검찰총장은 법무부 장관의 수사지휘를 수용하고 사퇴하셨습니다.• 검찰의 정치적 중립성을 지키기 위해서입니다.

— 의정부지검 수사팀은 정치적 고려 없이 (검찰총장 장모 관련) 잔고증명서의 공소시효가 얼마 남지 않은 상태에서 법과 원칙에 따라 수사를 선택하였고 기소하였습니다.

— 정치가 검찰을 덮어버렸습니다. 이제 검사직을 내려놓으려 합니다.

오전 국정감사를 마치고 여의도 인근 식당에서 대검 부장들, 과장들과 점심을 먹었다. 나는 윤 총장의 바로 맞은편에 앉았는데, 그는 "신문에 보도된 것처럼 내가 책상을 쳤나"라고 물었다. 자신이 책상을 내리쳤다는 사실을 기억하지 못한 것이다. 대검 부장들은 윤 총장이 뿜어내는 기세에 눌려 별다른 말을 하지 못했다. 나는 "맞다"라고 답해주었다.

오후 감사가 시작되기 전 국회 안 공원에서 대검 부장

• 2005년 10월 천정배 법무부 장관이 수사지휘권을 발동해 한국전쟁을 통일전쟁으로 표현한 강정구 교수의 국가보안법 위반 사건을 불구속 수사하라는 지시를 내렸다. 김종빈 검찰총장은 이 지시를 수용하고 이틀 후 검찰권 침해라고 유감을 표하며 사퇴했다. 한편, 2020년 7월 윤석열 검찰총장은 채널A 사건 수사를 검찰총장이 지휘하지 말라는 추미애 법무부 장관의 수사지휘권 행사에 대해, 검찰총장의 수용 여부와 관계없이 효력이 발생하는 '형성적 처분'이라고 하면서 검찰총장직을 유지했다.

들과 산책을 하며 대화를 나눴다. 나는 "패 죽였다는 말을 피의자 유족이 들으면 얼마나 고통스러울 것이냐. 윤 총장의 공감능력이 결여된 것 아니냐"라는 취지로 말했고, 공판송무부장 등 다른 부장들도 내 말에 동감 의사를 표명했다. 이 장면은 윤 총장의 인권감수성과 타인의 아픔에 대한 공감능력이 얼마나 부족한지를 상징적으로 보여준다. 감정이 배제되어야 수사를 잘한다는 특수수사의 도제식 지침에 적응되어온 결과일지도 모른다. 그러나 검찰조직의 수장으로서 아픔에 '1'도 공감하지 못하는 사람, '패 죽일 수도 있는데 나보고 어쩌란 말이냐' 식의 태도를 갖고 있는 사람은 매우 곤란하다. 헌법의 최상위 가치는 모든 인간은 존엄한 존재이고, 평등하다는 것이다.

이날 국감에서는 윤 총장에게 '정치할 생각이 있느냐'는 질문이 쏟아졌다. '윤 총장은 커지는데 오히려 검찰조직은 작아진다'는 식의 질문도 이어졌다. 윤 총장은 "나는 장관의 부하가 아니다", "청와대로부터 총장 재신임을 받았다" 등 강도 높은 충격성 발언을 했다. 대검 내에서 법무부 장관과 검찰총장을 두 개의 태양이라고 하는 말을 들은 적이 있으니 '장관의 부하로 생각하지 않는 것'은 사실일 것이다. 청와대를 상대로 국정감사장에서 거짓증언을 하는 것은 상상하기 어렵기 때문에 청와대로부터 모종의 재신임이 있었다는 것도 지어낸 말일 수는 없을 것으로 본다.

과거에도 그랬지만 이날 국감 이후 서로 첨예하게 대결하는 구도가 고착화되었다. 존중하고 통합하는 언어가 아니라 분열과 갈등, 혐오를 조장하는 발언이 이어졌다.

판사 출신 국민의힘 전주혜 의원은 내가 판사 시절 우리법연구회 활동을 했다는 이유로 공격성 발언을 반복했다. 사실 우리법연구회는 자진 해산되었고, 나는 이미 선관위원장과 선거재판을 맡게 되면서 우리법연구회를 탈퇴했다. 나는 선관위원회 운영이든 선거재판이든 간에 공정성과 중립성에 대해 전혀 의심을 받은 일도 없다. 그럼에도 이러한 공격을 반복하는 것은 나에 대한 부정적 이미지를 덧칠하려는 것이고 그것은 일종의 문화적 폭력이라고 답변했다.

사실 전 의원에게 이렇게 말하고 싶었다. '노르웨이 평화학자 요한 갈퉁을 아는가. 문화적 폭력●이란 말이 있다. 내가 우리법연구회 소속인 것이 무엇이 문제인가. 재판에서 공정성 시비가 있는 판결을 하나라도 찾았는가. 민주인사에 대해 빨갱이라는 프레임을 씌워 탄압하던 것과 무엇이 다른가.'

● 갈퉁은 폭력의 유형을 직접적 폭력, 구조적 폭력, 문화적 폭력으로 나누고 이를 '폭력의 삼각형'이라고 불렀다. 문화적 폭력은 직접적, 구조적 폭력을 정당화하는 역할을 하고, 인종차별, 성차별, 민족주의 등 다양한 형태로 나타난다.

법사위에는 대전지법에서 같이 근무했던 장동혁 의원, 대학 동창인 박형수, 정점식, 유상범 의원 등이 있었다. 그들에게 사안의 진실을 발견하기 위해 함께 노력하자고 차근차근 설명했으면 상황이 달라졌을까.

검찰이 뉴스 전면에 나오지 않는 세상

대검 감찰부장으로 지원한 이유 중 하나는 검찰 내부에서 검찰개혁에 도움이 될 만한 사항을 기록하고 국민 앞에 증언하기 위해서였다. 그런 내가 검찰조직의 의사결정 구조와 조직문화를 경험하면서 그 핵심 논리와 원칙이 검사동일체에 있다는 것을 알게 되었다. 그래서 판사, 변호사 생활을 모두 해본 외부자로서 검사동일체에 관한 논문을 쓰기로 마음먹었다. 내가 검찰에 몸담은 동안 반드시 해야 할 과제 중 하나라고 생각했다. 윤석열 총장에 대한 징계청구 등으로 세상이 어지럽고 심란하던 시절에 한겨레에 기고한 글이 있다.

　　검사동일체 원칙은 본래 독일에서 검사 간의 직무 이전, 승계를 설명하기 위해 창안된 도구 개념이었으나, 우리 검찰에서는 실무상 이런 개념으로 활용된 사례가 거의 없다. 반면 일제강점기와 권위주의 체제를 거치면서 그 내용 중 '상급자의 지휘 감독에 따른다'는 부분만 크게 부각됐다. 검찰조직의 최정점인 검찰총장 또는 그 위임을 받은 대검 차장 등이 특정 사건에 관해 일일 보고를 주문하면, 전국 모든 검사는 총장에게 매일 모든 것을 보고하고 지시받는 상황에 놓이는 것이다. 그조차 총장이나 상급자의 마음에 들지 않으면 사건을 빼앗아 다른 부서, 다른 검사에게 줄 수도 있다. 총장은 결재권자가 아니면서도 지휘감독권을 앞세워 이른바 주임검사와 직거래 등을 할 수도 있고, 이는 일선 기관장과 부서장의 지휘계통에 혼란을 초래할 위험이 있다.

검사들은 "~검사님"이라는 호칭보다는 주로 "형님" "선배님"이라는 호칭을 쓴다. 검찰의 서열화된 위계질서와 한 식구라는 독특한 폐쇄성을 상징적으로 보여주는 관행이 아닐까 생각된다. 그러니 선배의 말에 무조건 복종하는 규율이 세워지고, 나아가 검찰조직 안에 있을 때는 범죄와 비위를 저질러도 제 식구 감싸기, 밖에 나가서는 전관예우로 잘 모시는 것이 가능한 조직이 되는 것이다.

검사동일체를 떠받치는 장치로는 검찰청법의 규정 이외에도 현실에서 실제 작동하고 있는 수많은 업무 행태와 관행이 존재한다. 보고와 지시로 이어지는 결재제도, 사건 배당과 사무 분담, 검사장 등의 인사 추천과 상훈, 특수활동비의 수시집행, 정보부서에 의한 검사 세평 동향정보 수집, 소수 특수·기획 라인의 내부여론 형성, 퇴직 후의 변호사 영업과 직결되는 전관예우, 인사권에 대한 영향력 행사 등이 검사 동일체를 지탱하는 주요 요소들이다. (중략)

정치권이 대검찰청과 서울중앙지검 등을 선택해 고발장을 접수하면 검찰총장 등이 형소법상 관할보다는 원하는 결과를 얻기 위해 누가 있는 어디로 사건을 보낼 것인지 고민하지 않기를 바란다. 수사상황과 피의사실, 감찰 정보, 검토보고서 등 내밀한 정보가 정치적 목적이나 자본의 이해관계, 재판 영향을 위한 불순한 목적 등으로 특정인, 특정 언론으로 유출되는 상황이 발생하지 않도록 감시, 통제하는 장치가 필요하다.[29]

윤석열 총장 시절에 대검 청사 주변에는 언론방송사 차량들이 상주해 있었다. 지하 주차장 입구에는 카메라 기자들이 진을 쳤다. 출근하는 관용차 안의 윤 총장을 찍어 그날그날 뉴스로 내보냈다. 윤 총장이 점심을 먹으러 식당으로 이동하는 모습도 매일 촬영해 보도했다. 이뿐인가. 각종 '검찰발(發)' 사건 뉴스가 상당 부분을 차지했다. 이러한 비정상적인 모습에 대해 아무도 말하지 않았다.

국민들이 검찰 관련 뉴스를 이렇게까지 많이 알아야 할 필요가 있을까? 지금 우리나라 검찰은 과도하게 정치화되었다. 관련 기사도 지나치게 많은 비중을 차지한다. 지금은 2024년 4월 총선을 앞두고 모든 이슈가 온통 정치에 집중되어 있다.

정치인들은 사건을 대검으로 가져오고, 검찰총장은 자신의 의중대로 처리할 만한 검사에게 사건을 배당한다고 볼 수밖에 없다. 이성윤 서울고검장을 직권남용으로 기소한 이정섭 검사, 유시민 노무현재단 이사장을 명예훼손으로 기소한 박현철 검사, 윤석열 총장에 대한 직권남용을 무혐의로 결정한 서울고검 명점식 검사 등이 떠오른다. 그리고 언론은 '검찰발' 뉴스를 제대로 된 검증 없이 쏟아낸다.

기자들이 왜 대검에 몰려오는 것일까? 일부 검사들이 주장하듯 검찰이 한국사회에서 중요한 위치에 있기 때문일까? 실은 검찰이 정치와 경제에 과도하게 관여하고 많은 영향을 미치기 때문이다.

검사들은 고위공무원으로서 적지 않은 월급을 받는다. 묵묵히 자신에게 부여된 본연의 직분에 충실하면 그만이다. 화려하게 언론에 노출되거나 검사장, 검찰총장, 법무부 장관에 오르거나 국회의원으로 변신하거나 변호사가 되어 전관특혜를 누리는 것이 보장된 직업이 아니다. 검찰이 더는 뉴스의 전면에 나오지 않는 세상을 꿈꾼다. 피의자와 피고인, 피해자가 공정과 정의에 대한 신뢰 없이 이루 말할 수 없는 고통과 좌절, 무력감을 겪지 않기를 희망한다. 검찰과 언론은 잘못된 수사, 기소, 언론보도로 피해받은 분들께 진심으로 사과하여 그 상처를 조금이라도 씻어드려야 한다.

3부

어둠 속에서
별은 빛이 난다

—한동수의 생각

깡패 소굴

서초동 대검 감찰부. 나는 검찰의 심장부이자 태풍의 눈으로 혼자 뛰어들어갔다. 대검을 나오니 어느 분이 이렇게 말했다. "깡패 소굴에서 어떻게 3년을 견디셨나요? 그 경험이 언젠가 꼭 쓰이게 될 날이 올 겁니다."

사회 공동체에서 깡패는 몇 퍼센트 정도일까? 국가통계포털(KOSIS)에 따르면 2021년 우리나라 인구 총 5160만 명 중 140만 명이 범죄자이고 강력범은 2만 명을 약간 상회한다. 이처럼 범죄자는 3퍼센트에 못 미치고, 일명 깡패라 인식될 만한 강력범은 다시 그중에서 1.4퍼센트다. 그런데 우리는 이 소수의 흉악범들 때문에 고통을 호소한다.

아무리 깡패 소굴이라고 해도 물을 흐리고 선동하는

깡패 같은 검사들은 소수라는 생각으로 대다수 성실한 검사들과 함께하며 좋은 영향력을 행사하고 싶었다. 돌이켜보니 마치 십자가를 지고 가는 고통의 길이었지만, 그 사이에도 위로를 받은 순간들이 많았다. 그러한 고통과 위로에 깊이 감사하는 마음이 올라온다.

　2019년 대검에 들어간 이후 처음으로 올린 페이스북 글에 이육사 시인의 〈꽃〉이라는 시를 인용했다. 평소에 나는 이육사 시인의 〈광야〉를 좋아해서 자주 읊조리며 생활했다. 이육사 시인의 투옥 생활, 꺾이지 않는 의지, 독립에의 예언자적 글에 많은 감동을 받았기 때문이다. 검찰개혁을 염원하는 내 지향, 아무것도 못 하지만 끊임없이 무언가를 하려고 하는 내 처지와 겹쳐졌다.

검사들의 눈물

평범한 검사들의 눈물을 마주 앉은 자리에서 여러 번 보았다. 대검에 부임하기 전 검사장 출신 변호사로부터 "법원이 재미없는 천국이라면 검찰은 재미있는 지옥이다"라는 말을 듣기도 했다. 검찰총장 출신의 어느 변호사가 "검사들은 사실 양아치다"라고 고백하더라는 말을 전해들은 적도 있다. 조정래의 소설 《황금종이》에는 검찰에 대해 '조폭적인 야비함과 천박함'이라고 표현한 구절이 있었던 것으로 기억한다. 나는 대검에 들어간 초기에는 고위간부들의 언어와 태도에 품위가 없다는 생각을 하곤 했다. 2019년 12월 페이스북에 성경을 인용하여 쓴 "어둠의 행실을 벗어버리고 빛의 갑옷을 입읍시다. 대낮에 행동하듯이, 품위 있게 살아갑시다. 흥청대는 술잔치와 만취, 음탕과 방탕, 다툼과 시기 속에 살지 맙시다"라는 글은 그런 생각의 표현이다. 한참을 검찰에서 근무하고 나서야 왜 검찰이 재미있는 지옥인지, 검사들을 왜 양아치라고 하는지 그 말의 의미를 실감하게 되었다.

많은 검사들이 검찰조직 속에서 한 명의 인간으로 고통받고 있다. 상처가 치유되지 않은 채 인지부조화와 업무상 과오들을 안고 살아가고 있다. 대표적으로 자기가 조사한 피의자 또는 참고인이 수사 과정에서 극단적 선택을 한 상황을 생각해본다. 나는 모 수사관의 상가에서 "수사는 원래 그런 것입니다"라는 말을 들었다. 수사에는 으레 따르는 결과이니 수사기관의 잘못이 아니며 계속 수사하여 목표를 달성하자는 말처럼 들렸다. 난징대학살을 저지른 일본군 지휘관이 '전쟁은 그런 것'이라고 말하는 것과 본질에서 어떠한 차이가 있는 것인가. 내 소신과 다른 결정을 내려야 할 때, 양심과 소신을 꺾은 검사는 '조직에 있는 이상 결재에 따를 수밖에 없다'는 식으로 자신을 합리화한다.

대체로 검사들은 많은 권한을 갖고 있고, 또 좋은 대우를 받는다. 그러나 검찰조직 내부를 들여다보면, 특수·공안·기획으로 발탁된 소수의 검사들이 검찰의 주요 보직을 차지하고 막강한 권한을 독점하고 있다. 검찰은 육지로부터 멀리 떨어져 오랜 세월 육지와의 교류와 소통을 거부한 갈라파고스의 섬에 비유할 수 있다. 내가 검찰조직 안에서 감찰사건을 처리하면서 경험한 세상은 영화 〈내부자들〉〈더 킹〉 등에서 설마 그럴 리가 하면서 믿지 않았던 장면과 사건들이 실재하는 곳이었다. 12·12 군사쿠데타를 다룬 영화 〈서울의 봄〉은 40여 년이 지났지만 내가 근무하던 때의 검찰 모습과 상당히 닮아 보였다. 특히 통신감청 등 여러 채널을 통해 정보를 수집하고, 전화를 돌려 지휘관에게 영향력을 행사하고, 때론 거짓말을 하여 상대를 속이는 장면은 2020년부터 2022년 검찰의 상황과 비슷한 것 같았다. 일례로 채널A 사건 감찰과 수사, 윤 총장에 대한 징계 및 수사, 검찰청법 개정 과정 등에서 담당 검사들에게 전화가 많이 걸려 왔다는 이야기를 들었다. 심지어 나에게도 안면 있는 검사들이 전화를 해서 검찰의 직접수사권을 축소하려는 검찰청법 개정에 반대하는 취지의 글을 페이스북에 올려달라고 할 정도였다.

2018년 1월 29일 서지현 검사는 JTBC 뉴스룸에 출연했다. 자신이 한 장례식장에서 안태근 법무부 정책기획단장으로부터 성추행을 당했다고 말했다. 나는 우연히 그 인터뷰를

보게 되었다. 현직 검사를 장례식장에서 강제추행한다는 것
은 상상하기 어려운 충격이었다. 그러나 대검에 들어와서 후
배 검사를 강제추행한 사건으로 실형을 선고받은 진 모 검사
의 감찰기록을 보게 되었다. 검찰은 실제로 그런 일이 발생할
수 있는 구조와 조직 문화를 가지고 있다는 것을 알았다.

　　검찰 내부에서 실시한 전수조사 결과를 통해서도 상당
히 많은 여성 검사들이 성적인 피해와 차별을 경험하고 있다
는 사실을 알게 되었다. 경직되고 권위적인 조직 문화의 희생
양은 여성 검사들에 그치지 않았다. 남성 검사들 역시 상급자
의 부당한 지시에 억압받고 무시를 당한 아픈 기억을 갖고 있
었다. 그들은 내 앞에서 자신의 경험을 이야기하면서 순간 울
컥하고 눈물을 흘리기도 했다.

　　이에 검찰이 독점한 수사권을 분리해 권한과 업무를
축소하고, 현재의 권위적이고 폐쇄적인 조직 문화를 좀 더 민
주적이고 개방적인 방향으로 개선하는 것은 검사들에 대한
인간해방의 길일 수 있겠다는 생각이 들었다. 그리하여 검사
들 모두 가난하고 약한 이들을 위한 공정을 추구하고, 각자
내리는 구체적인 결정에서 의로울 수 있기를 소망했다.

두려움과 의심을 이겨내고

2020년 2월 18일 속초 바다에서 페이스북에 글을 올렸다.

"초심을 생각하며 서늘한 공기를 채운다. 깊은 신뢰의 마음 하나 전하며 함께 나아간다"라고 썼다. 검찰개혁을 염원하고 헌신하는 이들에게 나는 비록 혼자이지만 잘 살고 있으니 걱정하지 말라고 말하고 싶었다. 동행한 수녀님과 진혜원 검사에 대한 이야기를 나누었다. "몸도 아픈 사람인데 조직에서 공격받고 있습니다. 법무부에서 열린 검사 적격심사를 가까스로 통과했습니다. 예수님이라면 어떻게 하셨을까요?"

매일 저녁 인왕산을 다니던 시절이 있었다. 무무대에서 서울의 야경을 보곤 했다. 언제나 불이 켜 있던 청와대, 조선 왕이 살던 경복궁, 탄핵의 물결이 넘실대던 광화문, 그 앞 미국대사관, 그 너머 남산의 N서울타워가 한가슴 안에 다 들어온다. 무무대 나뭇가지 위 하늘에 별 몇 점이 떠오른다.

나는 강원 인제에 사는 도반이 나의 별이라고 일러준 베가성을 하늘에서 찾는다. 인왕산 치마바위를 보며 거기에 일본 총독이 글을 새긴 폭력을 느낀다. 인왕산 건너편 청와대의 뒷산 백악산에 안부를 묻는다. 가슴을 펴고 긴 호흡으로 새로운 기운을 채운다. 인왕산을 둘러싼 자연과 풍광, 시원한 바람은 나를 위로하고 용기를 준다. 대대로 민중들이 살아온 인왕산에 감사한 마음이 든다. 성곽길을 걸으며 조선시대 태조와 농민들의 마음과 다짐을 알게 된다.

어느 날 아침 인왕산 산행 후 들른 감사원 앞 곰탕집에서 주인 할머니가 동그랗게 말아주신 누룽지에 마음이 한없이 따뜻해졌던 기억도 새롭다. 둘레길을 함께 걸으며 나를 지지해준 가족들의 마음에도 감사함을 느낀다.

마음이 어지러울 때는 책을 읽었다. 그때마다 나에게 필요한 영감과 지침을 얻었다. 안셀름 그륀의 《탐욕》에는 '겸손, 자유, 투명함, 신뢰'를 위한 첫 단계로 '탐욕을 고백하기'라는 방법이 제시되어 있다. 그날에는 대검 감찰부장실 캐비닛 안에 있는 감찰 정보와 그들이 어둠 속에서 은밀히 저질렀을 일들이 떠올랐다.

이순신의 《난중일기》 중에 있는 "계사년 5월 14일 영남우수사 원균이 와서 술주정이 심하여 차마 말할 수 없으니 한배의 장병들이 놀라고 분개하지 않는 이가 없었다. 그의 거짓된 짓을 차마 말로 할 수 없었다"라는 내용이 대검에서 벌어지고 있는 것 같았다. 감찰의 관점에서 보면, 검찰조직에는 불륜, 더러움, 방탕, 우상, 적개심, 분쟁, 시기, 격분, 이기심, 분열, 분파, 질투, 만취, 흥청대는 술판 등과 같은 부정적인 것들이 상대적으로 많다고 생각되었다. 반면 사랑, 기쁨, 평화, 인내, 호의, 선의, 성실, 온유, 절제와 같은 긍정적인 품성은 잘나가는 검사에게 권장되는 덕목이 아니었다.

《탐욕》에서 보면, 사람은 누구나 죄에 사로잡히거나 실수를 할 수 있다. 그러나 언제든 마음을 돌이킬 수 있다. 그

첫 단계가 밖으로 드러내고 고백하는 것이라는 지혜 어린 충고를 되새긴다. 누구로부터도 통제받지 않은 막강한 권한을 보유한 채 군대식 조직 문화에 순응해온 검사들이 저질렀을지도 모를 많은 비위와 범죄를 밖으로 드러내고 고백하는 날이 올 수 있을까? 그 방법 중 하나로 이프로스에 익명 게시판을 한시적으로라도 운용해보는 것은 어떨까? 상대적으로 특권이 적고 검찰조직 문화의 문제점을 속속들이 알고 있는 '수사관협의체'를 구성하는 것은 어떨까? 대검 감찰부에서 운용하는 내부제보시스템을 더욱 활성화하는 것은 어떨까? 이러저러한 고민들을 하면서 담당자와 의견을 나눠보기도 했다. 그러나 검찰 수뇌부는 이러한 방법론을 채택하는 것은 물론 논의대상으로 삼는 것조차 요지부동으로 반대했다.

"모든 용기를 모아 온갖 두려움과 의심을 이겨내고 자기 마음의 지평에 떠오른 별을 따라가본 사람은, 그 이후에도 때때로 자신 위로 그 별이 떠오른다는 것을 알게 되리라 믿습니다." 자카리아스 하이에스의 묵상집 《별이 빛난다》의 구절도 내게는 큰 힘이 되었다. 별을 따라 나의 길을 꿋꿋하게 가자고 다짐하던 날들이었다. 나 말고도 앞서 그런 길을 걸어온 분들이 있고, 지금도 함께 이 길을 걷고 있는 분들이 있다는 믿음과 연대감에서 위로를 받았다.

윤석열과 최은순

"이세벨은 아합 왕을 사주하여 나봇을 죽이고 포도밭을 빼앗았다. 그 후 이세벨은 벌을 받아 처참히 죽었다." 2020년 4월 1일 페이스북에 신학자 안셀름 그륀의 《탐욕》이라는 책 내용을 인용한 뒤 내 생각을 적었는데● 전후 상황이 없고 추상적으로 적혀 있으니 무슨 이야기인지 모르겠다는 반응이 많았다. 이 글은 윤석열 검찰총장의 장모 최은순 씨와 관련된 이야기였다.

● 페이스북 게시글은 "탐욕은 분쟁과 살인으로 표현됩니다. 내가 다른 사람의 재산을 탐내어 분쟁을 일으킨다면, 그것이 살인으로 이어질 수도 있습니다. 이에 대한 구체적인 예가 구약성경에 나옵니다"로 시작한다.

아합이 나봇의 포도밭을 빼앗는 이야기는 오랜 세월이 흐른 현재에도 수법과 형태만 달리하였을 뿐 탐욕을 가진 자에 의해 그대로 중한 범죄로 재현되고 있음을 깨닫고, 문득 숨겨진 악의 작동원리 하나와 그 패턴을 이해하게 됩니다. 결국 이세벨은 창문 아래로 내던져져 죽음을 당한 후 개들에 살을 뜯어 먹혀 두개골과 발과 손바닥 말고는 아무것도 남아 있지 않게 됩니다.[30]

대검 감찰부장이던 당시 나는 '탐욕'이라는 주제에 천착하고 있었다. 검찰은 전관특혜와 성 비위 등으로 국민적 비판을 받고 있었는데, 그러한 비위의 근저에는 '탐욕'이 자리 잡고 있다는 생각에서였다.

마침 정대택 씨가 대검 청사 앞에서 시위를 했다. 정 씨는 자기가 받을 26억 원 상당의 이익을 윤 총장의 장모 최은순 씨에게 빼앗겼고, 더 나아가 최 씨로 인하여 억울한 옥살이를 했다고 주장했다. 그는 최 씨가 동업자인 자신의 몫까지 차지하려고 약정서 작성에 입회했던 백 모 법무사로 하여금 위증하도록 매수하고, 친분 있는 검사들을 통해 권력과 술수로 사건을 조작했다고 주장했다. 실제로 백 모 법무사는 뇌물에 눈이 멀어 모함했다고 일종의 양심선언을 했다. 그는 검찰에 제출한 진술서에 다음과 같이 썼다. "외압이든 자의

적인 판단이든 간에 검찰은 해가 서쪽에서 떠서 동쪽으로 진다고 기소하고, 법원은 물이 낮은 데서 높은 곳으로 흐른다고 판결하였을 뿐입니다." 그러나 백 모 법무사는 그가 자수한 범죄사실인 모해위증으로 기소되기는커녕 되레 변호사법 위반죄로 구속 기소되었다가 2년을 복역하고 출소한 후 사망했다.

법기술자들의 악행

대검 감찰부장으로서 고위직 검사의 비위가 관여된 일이고, 더구나 검찰총장 장모를 상대로 한 주장이니 사실관계를 좀 더 살펴볼 필요가 있었다. 정대택, 최은순의 판결문과 불기소결정문, 한국법조인대관, 서울동부지검과 고양지청의 직원배치표, 인터넷상의 자료 검색 등을 통해 사실관계를 찾아나갔다.

　　지금부터의 내용은 그 무렵 나의 재판 경험에 비추어 진실을 추론하는 과정에서 세웠던 가설이니 사실과 다른 부분이 있을 수 있다.

　　최은순은 부동산 투자, 경매, 사업 등을 통해 재산을 모으려 했다. 나는 대검 차장실에서 윤 총장 장모 관련 몇 가지 추론을 구본선 대검 차장에게 이야기한 적이 있었는데, 구 차장은 나에게 특수수사를 하면 잘하겠다고 하면서 윤 총장 장모는 부동산이 많다고 말한 적이 있다. 관련 자료를 찾아보니 우선 약정서의 진정성립(문서의 작성과 내용이 명의자의 의사대로 이루어져 진정성이 인정됨)을 부인하는 민사판결이 있었다. 이어 서울동부지검, 서울동부지법, 고양지청 등에서 윤 총장 장모에 유리한 구속영장 청구와 판결, 불기소결정이 연쇄적으로 이어져 있다는 것을 알게 되었다. 공교롭게도 정대택 씨가 윤 총장 장모와 관련이 있다고 하는 몇몇 검사들과 김 모 판사, 지인 등이 서울동부지검과 지법, 고양지청에 판검사와 범죄예방위원 등으로 근무하고 있었다.

무엇보다 약정서 작성이 강요된 행위라며 진정성립을 부인한 판결이 눈에 들어왔다. 처분문서는 그 진정성립이 인정되면 특별한 사정이 없는 한 처분문서에 기재된 내용대로 당사자의 의사를 해석해야 한다는 것이 민사재판의 확고한 법리다. 나 역시 오래도록 민사재판을 했지만 법원에서 처분문서의 진정성립을 부인한 사례는 손에 꼽을 정도로 극히 드물었다. 더욱이 정대택 씨와 최은순 씨 모두 경매절차와 은행대출, 투자 등과 관련하여 속칭 '선수'들끼리 작성한 문서가 아닌가. 그러한 정대택과 최은순 사이에 작성된 처분문서에 대해서 진정성립을 부인한 것은 이해하기 어려웠다. 그 이유를 따져보니, 백 모 법무사의 증언과 서울동부지검의 수사가 있었다. 그러면서 구속영장 청구, 불기소결정, 공소제기,

형사판결 등의 수사결과가 민사재판에 영향을 주었다는 것을 알게 되었다.

이 사건을 통해 법기술자들이 수단과 방법을 가리지 않고 저지를 수 있는 악행을 추론해본다면 다음과 같다. '선행 결정으로 재판을 비롯한 후행 결정에 영향을 미친다. 재심 사유에 해당할 수 있는 위증죄를 적용하지 않는다. 민사재판 변론종결 후 (판사들에게 죄질이 아주 안 좋은 것으로 평가되는) 변호사법 위반죄로 구속영장을 청구하고 그 자료를 재판부에 추가 송부서류로 제출한다. 의뢰인은 일을 확실하게 하기 위하여 검사와 증인을 매수한다. 서류를 위조한다.'

예를 들어, 징역형이 아닌 벌금형을 다루는 약식명령 사건을 대형로펌이 대리하고 있다면, 배후에 금액이 큰 민사 사건이 있을 가능성이 높다고 볼 수 있다. 그렇다면 민사소송에서 이기기 위해 검사의 무혐의결정이나 구속영장, 공소제기 결정을 받아내려고 노력할 것이고, 이것이 선행 결정으로 후행 결정에 영향을 미치는 방법이 될 수 있다. 내가 판사일 때는 몰랐던 '신박한' 기술이다. 형사재판을 하면서 수많은 사건 기록을 통해 간접경험을 많이 했다고 생각했는데, 정작 내 주변에서도 그러한 행위가 현실로 일어날 수 있다는 것은 미처 생각하지 못했던 것이다.

고백하건대 나도 판사로 일하면서 검찰이 구속영장을

청구하면 무언가 죄를 지은 나쁜 사람이라는 예단을 먼저 가졌다. 관련 사건에서 앞서 있었던 검사의 불기소처분과 법원 판결의 결론을 무조건 따르지는 않고 사건에서 인정되는 사실관계에 부합하는지를 면밀히 따져보는 편이었지만, 그렇더라도 판사는 일반적으로 선행 결정과 재판의 결론에 지대한 영향을 받는 경향이 있다고 볼 수 있을 것이다.

2020년 3월 27일 의정부지검은 최은순 씨에 대해 100억 잔고증명서 위조 의혹 관련 사문서위조 등 혐의로 불구속 기소했다.• 또한 2020년 11월 24일 서울중앙지검은 요양병원을 불법 개설하여 요양급여를 부정 수급했다는 의혹으로 최은순 씨를 특정경제범죄 가중처벌법상 사기, 의료법 위반 등 혐의로 불구속 기소했다.

2021년 7월 2일 의정부지법은 불법 요양병원 사건에서 최 씨에게 징역 3년(검사구형 3년)을 선고하고 법정 구속했다. 하지만 항소심인 서울고등법원(재판장 윤강열)은 2021년 9월 9일 최 씨를 약 두 달 만에 보석으로 석방했고, 2022년 1

• 의정부지법(단독)은 2021년 12월 23일 부동산을 차명으로 사들이는 과정에서 통장 잔고증명서를 위조한 사문서위조 등으로 징역 1년(검사 구형 1년)을 선고했다. 의정부지법(항소부)은 2023년 7월 21일 항소를 기각하고 법정 구속했다. 대법원(주심 이흥구 대법관)은 2023년 11월 16일 최은순 씨의 상고를 기각했으며 아울러 최 씨의 보석청구도 기각했다.

월 25일 무죄를 선고했다.

　　항소심 재판장이었던 윤강열 판사는 당시 대통령 후보였던 윤석열과 사법연수원 23기 동기였는데, 불공정한 재판을 했다는 의혹을 받았다. 시민들은 "납득하기 어려운 판결"이라며 청와대 국민청원 게시판에 판사 탄핵을 청원하기도 했다.

　　윤강열 부장판사는 수원지법에서 같이 근무했고 법조윤리협의회 위원으로도 만나는 등 나와는 안면이 있다. 모 부장판사로부터 윤 부장이 과거 형사재판을 하면서 피고인들 간에 공모했는지에 대해 최 씨 사건에서와 같이 매우 엄격한 증명을 요구하는 판단 기준을 적용해왔는지 의문이라는 말을 들었다.

　　2023년 9월 어느 늦은 밤, 법원 근처 교대역 거리에서 윤 부장을 우연히 마주쳤다. 그는 나에게 웃으며 손을 내밀었고, 나도 미소 지으며 악수를 나누었다. 그간 많이 힘들었을 것이다. 세간의 오해와 달리 그가 최은순 사건에서 법관의 양심에 따라 재판했다고 믿고 싶고, 그가 앞으로의 삶을 통해 그러한 점을 증명할 수 있길 바란다.

한만호와 김학의

한밤중 잠에서 깨어 눈을 뜨면 천장에 아파트 창밖으로부터 들어오는 한 움큼 빛이 비친다. 그 형상과 크기는 매번 일정하지 않은데, 누군가 나에게 보내는 신호와 손길처럼 느껴졌다. 검찰의 권한을 잘라내는 외과적 수술을 해서라도 근본적인 검찰개혁을 해야 한다고 생각하는 사람은 대검 내부에 극히 드물었다. 대검 안에서 편히 이야기를 나눌 상대가 거의 없던 나날이었다. 그래서인지 내 방 천장에 들어오는 빛조차도 예사롭지 않고 반가웠던 것 같다. 각기 처한 상황과 품고 있는 정서는 많이 다르겠지만, 감옥 독방에 갇힌 어느 시인이 마룻바닥에 비치는 노루꼬리만 한 햇살을 친구 삼았다는 시 구절이 연상되었다.

그러한 빛을 보며 묵상하던 어느 날 천장 좌우 양측에 한만호 씨와 김학의 전 법무부 차관의 얼굴과 삶이 대비되어 떠오르는 순간이 찾아왔다. 김학의는 내가 대검 감찰부장에 지원하기 전 이른바 원주 별장 동영상 속 인물과 동일인인지 판별할 수 없다는 검찰의 억지 주장을 보고 검찰의 제 식구 감싸기가 매우 심각하다고 생각했던 적이 있기 때문에 이미 알고 있었다.

당시 법원에 있을 때 판사는 누구나 접근할 수 있는 판결문검색시스템을 통해 한명숙 전 국무총리에 대한 1, 2심 판결을 차례로 읽어본 적은 있었지만 핵심 증인인 한만호라는 사람 자체는 크게 눈여겨보지 않았다. 그러다가 대검 감찰부장이 되어 한명숙 전 총리 사건에 대한 모해위증 교사 사건을 감찰조사하면서 한만호라는 사람을 알게 되었고, 그가 쓴 비망록과 관련 기록을 읽으면서 한만호의 삶과 인간됨을 깊이 생각하게 되었다. 그런 경험 이후 한만호와 김학의 두 인물은 극적으로 서로 대비하는 표상이 되었다. 내 머릿속을 떠나지 않는 화두 같은 존재였다.

아직 끝나지 않은 사건

한만호는 사업 부도 후 형사사건으로 통영교도소에서 복역하던 중 2010년 서울구치소로 이감되었고 서울중앙지검 특수부에 "한명숙 전 국무총리에게 정치자금 9억 원을 교부했다"라고 진술했다. 하지만 그 후 1심 법정에서 검찰진술을 전면 번복하는 증언을 했는데, 그 증언이 오히려 위증죄로 기소되어 실형 2년을 선고받아 만기 출소 후 1년 만에 병사했다.

그가 서울구치소에서 적은 비망록에는 "검사실에서 회초밥을 먹고 무고한 한 총리의 살점을 발라 먹고 있다는 생각으로 복통 설사가 났고, 죄책감으로 가슴속에 선혈이 터져 나올 듯한 고통을 느꼈으며, 부관참시 당하는 일이 있더라도 진술을 바로잡아 진실을 밝힐 것이다"라고 적혀 있다. 그 상황과 심경이 구체적이고 생생하게 표현되어 있어 한만호가 양심에 따라 진실을 적었을 것으로 생각되었다.

김학의는 평생 엘리트의 삶을 살았으며 2013년 3월 대전고검장에서 법무부 차관으로 임명된 직후 원주시 별장에서 촬영된 이른바 성접대 동영상이 문제되어 사퇴한 사람이다. 경찰은 동영상 속 인물이 김학의 전 차관이 맞다고 발표하면서 특수강간 기소 의견으로 송치했으나 검찰은 2013년 11월과 2015년 1월 잇따라 증거불충분으로 무혐의 처분했다.

2018년 과거사진상조사위원회가 발족되면서 이 사건을 다시 검토하기로 하고 2019년 3월 18일 청와대에서 철저한 수사와 조사를 지시했다. 김학의는 2019년 3월 22일 밤 인천공항에서 변장한 후 자신과 비슷하게 꾸민 대역과 동행하면서 태국으로 출국하려다가 제지당했고 같은 해 6월 4일 사건이 알려진 지 6년 만에 성폭행이 아닌 성접대로 기소되었다.

서울중앙지법(2019고합468, 재판장 정계선)은 2019년 11월 22일 '동영상 속 인물은 김 모 차관이 맞으나 공소시효 도과로 처벌할 수 없다'고 판단하면서, 2013년 적절히 공소권을 행사했다면 그 무렵 피고인이 적절한 죄목으로 법정에 섰을 것이라고 강조했다. 대법원(2022도2167, 재판장 천대엽)은 2022년 8월 11일 김 모 차관에 대한 특정범죄가중처벌 등에 관한 법률 위반(뇌물) 죄에 대하여 일부 무죄, 일부 면소한 판결을 상고기각으로 확정했다. 이 사건에 대해 시사IN 고제규 기자는 지난 9년의 경과를 되돌아보며 검찰이 정의(正義)를 암장(暗葬)시킨 사건이라고 결론 내렸다.

그러나 사건은 아직 끝나지 않았다. 먼저 윤석열이 검찰총장으로 재직할 당시에 김학의에 대한 공항 출국금지와 관련된 검사 및 청와대, 법무부 공무원(이성윤, 이광철, 차규근, 이규원)을 직권남용 등으로 기소했으며 항소심 재판이 진행 중이다. 1심에서 무죄를 선고받은 차규근 전 출입국본부장은 김학의 무혐의처분에 관여한 전·현직 검사들을 공수처에 고발했다. 공수처는 2023년 11월 8일 "당시 수사팀에서 혐의를 명백히 인식해 수사를 개시할 수 있을 정도의 단계에 이르렀다고 보기 어렵다"라는 이유로 불기소처분을 내렸다. 차규근 본부장은 2023년 11월 9일 "공무원이 건설업자 별장에서 성접대를 받는 선명한 동영상을 확보했고, 그 동영상이 검사가 아니라 경찰이나 일반 공무원이었다고 하더라도 검사가 공무원 부패 범죄를 전혀 수사하지 않았을지 생각해달라"며 서울 고등법원에 재정신청을 했다.

2021년 1월 윤석열 검찰총장은 극히 이례적으로 특정 검사를 찍어 김학의 출국금지 관련 사건을 재배당했는데, 후일 개인 비리로 결국 탄핵소추까지 당한 이정섭 검사가 주임검사였다. 그는 윤석열 검사가 대구고검으로 좌천성 인사발령을 받았을 때 대구에 자주 찾아가 술자리를 함께한 것으로 알려진 '윤석열 라인'이었다. 이정섭 검사는 윤석열 검찰총장이 대검 중수부 과장으로 근무할 때 검찰연구관이었는데, 이 검사가 어느 대기업 오너를 소환하지 못하자 당시 윤석열 과장이 "그럴 거면 일선 청으로 되돌아가라"고 화를 냈고, 결국 소환에 성공했다는 일화를 들은 적이 있어서 나는 그 이름을 익히 알고 있었다.

장준희 검사의 제보로 시작되어 김학의 출국금지를 문제 삼은 이 사건은 당시 대검 내에서도 국민의 상식에 동떨어진 무리한 수사라는 비판이 많았다. 반면 조선일보는 2021년 1월 22일 〈김학의 불법출금 수사, 이성윤이 막았다〉라는 제목의 기사를 통해 수사의 불을 지피고 동력을 마련했다. 장준희 검사가 수원지검에 제출한 서류는 검사 1인이 작성했다고 보기 어려울 정도로 자세하고 치밀하다는 말이 들려왔다. 실제로 분량이 많은데도 오자 하나 없을 정도였다. 마침내 수원지검 수사팀은 이성윤, 이규원 검사 등을 기소하면서 똑똑하고 야심 있는 윤 사단과 보수언론의 결집된 힘을 보여주었다. 이 기소로 말미암아 차기 검찰총장이 유력시되던 이성윤은 2021년 4월 29일 검찰총장 후보 추천위원회가 열렸지만 검찰총장 후보에서 제외되었다.

소수의 반대의견

김학의 사건은 법적으로나 역사적으로나 그 귀추를 더 지켜보기로 하고, 여기서는 형사적으로 확정된 한만호 사건의 경과에 대해 법원의 판결문을 중심으로 이야기하려고 한다. 당시 관여한 특수부 검사들이 지금도 현직 검사장이나 서울중앙지검 특수부장 등으로 왕성하게 활동 중이다. 당시 문제되었던 수사방식과 기법이 지금도 크게 바뀐 것이 없고, 오히려 그때보다 검찰의 정치화가 더욱 강화되었다는 지적이 제기되고 있으니 한만호 사건에 관해 살펴보는 것은 현재에도 매우 중요한 의미가 있을 것이다.

　1심과 2심 판결문을 보면 임관혁, 이정호, 신응석, 양

석조, 김민아, 엄희준 검사 등이 수사와 기소, 공판에 관여했다. 수사검사가 공판에 직접 관여하는 직관 사건이었고, 대검 중수부, 대검 차장, 검찰총장, 법무부 장관에게 보고해야 하는 중요 사건이었다.

전부 무죄를 선고한 1심 재판부는 김우진, 김기수, 김대권 판사이고(서울중앙지방법원 2011. 10. 31. 선고 2010고합1046 판결), 전부 유죄를 선고한 2심 재판부는 정형식, 김관용, 윤정근 판사였다(서울고등법원 2013. 9. 16. 선고 2011노3260 판결). 정형식 판사는 재판장으로 2008년 8월 20일 정연주 KBS 사장 해임처분의 집행정지신청 기각, 2008년 2월 5일 이재용 삼성 부회장 집행유예 판결을 내린 이력이 있다.

3심인 대법원 전원합의체 13인 대법관 중 8인(양승태, 권순일, 김신, 김창석, 민일영, 고영한, 박상옥, 조희대)은 9억 원 전부를 유죄로 봤고, 5인(이인복, 이상훈, 김용덕, 박보영, 김소영)은 1차 3억 원 외에 2, 3차 6억 원에 대해서는 범죄의 증명이 없어 무죄라는 취지의 반대의견을 냈다(대법원 2015. 8. 20. 선고 2013도11650 판결). 대법원장은 보통 다수의견에 한 표를 더하는 것이 관행이므로 실질적으로 7대 5라고 할 수 있다. 정통 보수로 분류되던 김용덕, 김소영 대법관이 반대의견에 섰다는 점이 눈길을 끈다.

한만호의 비망록과 한명숙의 형사기록을 모두 읽어보

고, 대검에서 모해위증 교사 사건의 감찰조사를 진행해본 나로서는 대법원 판결 중 8인의 다수의견보다는 5인의 반대의견을 더욱 새겨볼 필요가 있다는 생각이 든다. 반대의견에 기재된 사유와 논거를 살펴보면, 우리나라의 수사와 형사재판제도를 개선하기 위해 시급히 고려하고 반영해야 할 착안점이 많기 때문이다. 부장판사로 퇴직하기까지 오랜 기간 다수의 형사판결문을 읽어온 나로서는, 반대의견이 다수의견보다 관계법리에 비추어 사건의 실체를 규명하고자 하는 고민과 탐구가 더 절실하고 충실했던 것으로 보인다.

반대의견은 원심(2심)이 자유심증주의*라는 이름 아래 한만호의 검찰진술(전문증거)이 법정진술(본래증거)보다 우월한 증명력을 가지는 것으로 봤다고 요약했다. 원심판결 중에서 피고인 한명숙에 대한 부분이 파기되어야 하는 이유를 다음과 같이 밝혔다.

가. (중략) 어떤 수사(修辭)를 동원하였든 다수의견은 법정진술보다 검찰진술에 우월한 증명력을 인정하겠다는 것에

● 자유심증주의는 법관이 증거의 증명력을 자유판단하여 사실을 인정한다는 것이다. 공소사실이 유죄라는 쪽은 자유심증주의를 강조하고, 무죄라는 쪽은 논리와 경험칙이라는 자유심증주의의 한계를 벗어난다고 주장하는 것이 형사소송에서 일반적인 변론 구조다.

다름 아니어서 이에 동의할 수 없다.

나. (중략) 피고인 아닌 사람을 소환하여 그 진술을 듣고 이를 조서로 작성하는 일련의 증거수집과정이 수사의 정형적 형태를 벗어남으로써 실체적 진실 규명과 기본적 인권 보장을 목표로 하는 형사사법절차의 존재 의의와 목적에 비추어 수사의 상당성을 인정하기 어렵고 그 과정에 허위가 개입될 여지가 있을 경우에는, 그 진술조서의 진술기재의 신빙성을 인정하려면 그것을 뒷받침할 객관적인 증거나 정황사실이 존재한다는 특별한 사정이 있어야 한다.

공판중심주의 원칙과 전문법칙●의 취지에 비추어 보면, 피고인 아닌 사람이 공판기일에 선서를 하고 증언하면서 수사기관에서 한 진술과 다른 진술을 하는 경우에, 공개된 법정에서 교호신문●●을 거치고 위증죄의 부담을 지면서 이루어진 자유로운 진술의 신빙성을 부정하고 수사기관에서 한 진

● 전문법칙(hearsay rule)은 '전문증거는 원칙적으로 증거로 사용할 수 없다'는 것이다. 전문증거는 경험자 자신이 법원에 직접 보고하지 않고 다른 형태〔진술을 기재한 서류(조서, 진술서, 컴퓨터용 디스크 등 기타 정보저장매체)와 타인의 진술을 내용으로 하는 진술 등〕로 법원에 제출하는 증거를 말한다.
●● 교호(交互)신문은 검사와 변호인이 서로 번갈아가면서 증인신문을 하는 것을 말한다.

술을 증거로 삼으려면 이를 뒷받침할 객관적인 자료가 있어야 한다.

다. 먼저 한만호가 피고인 한명숙에 대한 이 사건 공소사실에 부합하는 검찰진술을 하게 된 경위에 관하여 본다. 한만호는 검찰조사가 시작될 당시 (중략) 징역 3년의 형이 확정되어 수형생활을 하고 있었다. 한만호는 누군가의 제보로 갑자기 수사가 시작되어 ○○건영을 운영하면서 조성한 비자금의 사용처를 추궁당하고 있는 중에 채권회수 업무를 담당하여 비자금 조성 내역을 알고 있던 공소외 7로부터도 수사에 협조하면 가석방 등의 선처가 있을 것이라는 이야기를 들었다. (중략)

한편 한만호는 2010. 3. 31. 서울구치소로 이감되어 2010. 4. 1.부터 서울중앙지방검찰청에서 조사가 이루어진 이래 제1심 증인신문기일인 2010. 12. 20.까지 70회 이상 출석하여 조사를 받은 것으로 나타나 있다. 그럼에도 2010. 4. 4.부터 2010. 5. 11.까지 피고인 한명숙에 대한 이 사건 공소사실에 부합하는 1회의 진술서와 5회의 진술조서만이 작성되었을 뿐 그 밖에 60회가 넘게 검찰청에 출석하였음에도 그동안 한만호가 어떠한 조사를 받고 어떠한 진술을 하였는지 알 수 있는 자료가 아무것도 없다. (중략)

한만호는 사용처가 불분명한 비자금의 정당한 사용 내역을 밝히지 못하면 그 자금을 횡령한 죄로 형사처벌을 받아 수형생활이 연장될 수 있는 데다가 검찰에 대한 수사협조의 대가로 공소외 5등에 대한 수사를 시작하게 하여 회사의 경영권을 되찾겠다는 생각을 갖고 있었으므로, 피고인 한명숙에 대한 정치자금 제공 여부나 그 규모와 관련하여 허위나 과장진술을 하였을 가능성이 있었다. 이러한 상황에서 검사는 한만호가 피고인 한명숙에 대한 이 사건 공소사실에 부합하는 진술을 하자마자 그에 관한 진술조서를 작성하고는 그 후부터 제1심 법정 증인신문 시까지 7개월이 넘는 기간 수십 차례에 걸쳐 한만호를 출석시켰음에도 그 조사과정과 이때 이루어진 한만호의 진술내용을 알 수 없게 하였다. 이는 수사기관의 진술증거 취득과정을 투명하게 함으로써 그 과정에서의 절차적 적법성이 지켜지도록 하는 수사의 적법성 보장원칙에 반하는 것으로서, 검사가 한만호의 허위나 과장 진술가능성에 관하여 조사하는 대신 오히려 한만호로 하여금 검찰 진술조서상의 진술을 번복하지 못하게 하는 방법으로 인위적으로 그 진술의 증명력만을 확보하고자 하였다는 의심을 하기에 충분한 사정에 해당한다. 검찰의 한만호에 대한 일련의 증거수집과정이 수사의 정형적 형태를 벗어나 수사의 상당성을 인정하기 어렵고 그 과정에 허위가 개입될 여지도 있다고 할 것이므로, 그 과정에서 얻어진 한만호의 검찰진술은 그 신빙성을 뒷받침할 객관적인 증거나 정황사실이 존재하지 않는 한 함부로 믿을 것이 못 된다.

한만호는 제1심 법정에 증인으로 출석하여 위증의 벌을 경고받고 선서를 하였음에도 곧바로 검찰 진술조서상의 진술을 번복하였고 이와 같은 진술번복이 피고인 한명숙 측의 협박이나 회유 등 그 진정성을 의심할 만한 원인으로 이루어졌다는 등 진술번복이 있을 만한 뚜렷한 사유가 나타나 있지 않으므로, 공판중심주의 원칙과 전문법칙의 취지에 비추어 보아도 한만호의 검찰진술은 그 신빙성을 쉽게 인정할 수 없는 것이다.

라. 피고인 한명숙의 1차 정치자금 수수에 관한 부분을 제외한 나머지 한만호의 검찰진술 부분은 객관적인 증거나 정황사실에 의하여 그 신빙성이 뒷받침되지도 않는다. (중략) 한만호의 검찰진술 가운데 2차 및 3차 정치자금 수수에 관한 부분은 객관적인 증거나 정황사실에 의하여 그 신빙성이 뒷받침되지 않는다.

○○건영의 경리부장이었던 (중략) 공소외 2의 진술 변경 경위뿐만 아니라 2008년 2월경 ○○건영에서 퇴사하였음에도 2년여가 지날 때까지 자신의 차량 트렁크에 B 장부의 사

본을 보관하다가 한만호를 만난 후 갑자기 이를 발견하여 제출하였다는 B 장부 사본의 제출 경위도 도무지 납득하기 어렵다.

공소외 2는 자금 조성 외에 자금 전달에는 관여하지 않은 사람으로서 (중략) ○○건영 자금을 개인적으로 빼돌리면서도 마치 회사를 위하여 피고인 한명숙에게 정치자금으로 제공하는 것처럼 가장하였을 가능성도 배제하기 어렵다. 공소외 2의 진술을 그대로 믿기에는 이처럼 허점이 너무나 많다.

채권회수목록과 접대비 세부내역 등은 모두 공소외 2가 ○○건영의 부도 후인 2008년 6월경 내지 7월경 채권회수 업무를 맡은 공소외 7의 요청으로 접대비 등의 명목으로 지출된 자금의 회수를 위하여 사후에 한만호의 확인을 거치지 아니한 채 자신의 생각대로 한꺼번에 작성한 것이다. (중략) 그 밖에 한만호가 2008. 2. 28. 현금 2억 원을 돌려받은 후 수감 중이던 2009년 5월 내지 6월 무렵 접견이나 편지를 통하여 피고인 2, 나아가 피고인 한명숙에게 3억 원을 요구하였다는 사정은 증거에 의하여 인정되지 않으므로 그러한 사정을 한만호의 검찰진술의 신빙성을 보강하는 정황사실로 삼을 수 없다. (중략)

결국 한만호의 검찰진술이 전부 신빙성이 있다고 보아 피고인 한명숙의 1차 정치자금 수수뿐만 아니라 2차 및 3차 정치자금 수수에 관한 공소사실도 인정한 원심판결에는 논리와 경험의 법칙을 위반하고 자유심증주의의 한계를 벗어난 위법이 있다. 이처럼 도처에 허점이 보이는 관련자들의 진술이나 신빙성이 현저히 떨어지는 장부를 끌어다 한만호의 검찰진술을 통째로 믿는 바탕으로 삼은 원심의 판단이 옳다는 다수의견은 기록에 나타난 증거들을 깊이 분석하여 따져보지 않은 데서 나온 것이라고 볼 수밖에 없다.

이 기록을 보면서, 나는 판사일 때 몰랐던 지점들이 눈에 띄었다. 내가 대검에 근무할 때, 대검 중수부와 서울중앙지검 특수부 경력을 가진 이른바 특수통인 윤석열 검찰총장은 검사가 피의자의 자백을 받는 효과적인 방법을 알려줬다. 부장검사나 지검장 등 직위가 있는 검사가 피의자를 직접 만나 "재기하셔셔지요"라고 말을 건네면 된다는 것이다.

또한 검찰 수사기록에서 증거서류가 사본 형태로 편철되어 있는 경우에는 그대로 믿지 말고 원본의 존재 및 원본과의 동일성 및 발견 경위를 세심히 살펴보아야 한다는 것이다. 왜냐하면 원본 자체가 없거나 원본과 다른 내용의 사본일 수 있기 때문이다. 그런데 이 사건에서 결정적인 물증으로 작용한, 경리 직원이 작성한 장부는 원본이 아닌 '사본'이다.

또한 검사가 어떤 방향을 이미 정했다는 것을 알게 되

고 그에 부합되는 진술을 할 때까지 수사상황에서 벗어날 수 없다는 절망감은 피의자로 하여금 검사가 원하는 방향으로 진술하게끔 한다는 것이다. 이 사건에서 신 모 검사는 '공소 외 7'을 데려와 검사실에서 한만호 씨와 대면하게 했고, 한만 호 씨는 '공소외 7'로부터 이 사건은 윗선에서 이미 방향이 정해진 것이라는 취지의 말을 듣고 심적으로 무너졌다. 그 후 한명숙 전 총리에게 돈을 건넸다는 자술서를 썼다.

검사로부터 70여 회가 넘는 반복소환을 받으며 검사실 에서 조사를 받는 것이 얼마나 힘들고 고통스러운 일인지 당 해보지 않은 사람은 도저히 알 수가 없을 것이다. 그래서 형 사소송법은 거듭되는 인권침해, 허위자백과 그로 인한 오판 이라는 오랜 역사적 경험을 통하여 공판중심주의와 전문법칙 을 선언하고 있는 것이다. 특히 과도한 반복소환, 규정을 벗 어난 사적 편의제공 등 수사비례의 원칙을 어긴 경우에는 더 욱더 수사기관의 조서를 믿지 말고 법정에서의 증언을 더 믿 으라는 것이다.

검사의 객관의무

한명숙 전 총리 사건의 대법원 소수의견에서 추론해볼 수 있 는 사항은 수사단서의 투명성, 별건 수사와 반복 추궁, 증언 과 증거서류의 진실성 보장, 검사의 객관의무 등이다. 우선

판결 이유에 나오듯이 누군가의 제보로 시작되었다는 점을 살펴볼 필요가 있다. 한명숙 전 총리의 대한통운 관련 뇌물수수 사건에 대한 무죄판결이 예상되는 시점에서 이 사건의 수사가 시작되었다. 수사의 단서가 대검 범죄정보기획관실인지, 청와대 하명인지, 일반 사인의 자발적 제보인지 기록으로 분명히 기재되어 있는지를 확인할 필요가 있다. 그런데 이 부분이 매우 허술하고 불명확했다. 청와대에 의한 하명수사가 존재하던 시절이므로 표적수사, 하명수사, 정치적 수사라는 오해가 있어서는 안 될 것이기 때문이다.

또한 별건 수사에 대한 압박과 검사가 원하는 답이 나올 때까지 반복적으로 소환하고 추궁하는 것은 인권침해는 물론 피조사자가 허위로 진술할 가능성이 높아지기 때문에 엄격히 제한되고 통제되어야 한다. 공소제기 후에 증인을 상대로 증언 연습을 시키는 것 역시 불허되어야 한다. 증거서류의 입수 경위는 투명해야 하며 사후에 만들어내거나 사본 형태로 제출한 경우에는 그 증명력 판단에 신중을 기할 필요가 있다.

검사가 유죄의 한 방향으로 치우쳐서 피고인에게 유리한 증거를 의도적으로 수집하지 않거나 기록에 편철하지 않는 것은 검사의 객관의무에 반한다. 검사에게 불순한 의도가 없다 하더라도, 수사와 기소를 동일한 주체가 수행하는 상황에서는 확증편향과 터널시야와 같은 인지적 오류를 피할 수 없는 것이다. 일의 속성상 열을 받게 마련이고, 수사팀의 성과 압박이 불가피해지는 상황이기 때문이다.

한편 대법원은 2021년 6월 10일 김학의에 대한 특정범죄가중처벌 등에 관한 법률 위반(뇌물) 사건에서 다음과 같이 선고했다. 상고인 김학의는 무죄 취지의 파기환송 판결을 선고받았다.

> 헌법은 제12조 제1항 후문에서 적법절차의 원칙을 천명하고, 제27조에서 재판받을 권리를 보장하고 있다. 형사소송법은 이를 실질적으로 구현하기 위하여, 피고사건에 대한 실체심리가 공개된 법정에서 검사와 피고인 양 당사자의 공격·방어활동에 의하여 행해져야 한다는 당사자주의와 공판중심주의, 공소사실의 인정은 법관의 면전에서 직접 조사한 증거만을 기초로 해야 한다는 직접심리주의와 증거재판주의를 기본원칙으로 채택하고 있다. 이에 따라 공소가 제기된 후에는 그 사건에 관한 형사절차의 모든 권한이 사건을 주재하는 수소법원에 속하게 되며, 수사의 대상이던 피의자는 검사와 대등한 당사자인 피고인의 지위에서 방어권을 행사하게 된다.
>
> 이러한 형사소송법의 기본원칙에 비추어 보면, 검사가 공판기일에 증인으로 신청하여 신문할 사람을 특별한 사정 없

이 미리 수사기관에 소환하여 면담하는 절차를 거친 후 증인이 법정에서 피고인에게 불리한 내용의 진술을 한 경우, 검사가 증인신문 전 면담 과정에서 증인에 대한 회유나 압박, 답변 유도나 암시 등으로 증인의 법정진술에 영향을 미치지 않았다는 점이 담보되어야 증인의 법정진술을 신빙할 수 있다고 할 것이다. 검사가 증인신문 준비 등 필요에 따라 증인을 사전면담할 수 있다고 하더라도 법원이나 피고인의 관여 없이 일방적으로 사전면담하는 과정에서 증인이 훈련되거나 유도되어 법정에서 왜곡된 진술을 할 가능성도 배제할 수 없기 때문이다. 증인에 대한 회유나 압박 등이 없었다는 사정은 검사가 증인의 법정진술이나 면담 과정을 기록한 자료 등으로 사전면담 시점, 이유와 방법, 구체적 내용 등을 밝힘으로써 증명하여야 한다.

아이러니하게도 힘없는 약자라 할 수 있는 한만호와 정확히 대비되는 판결이다. 검찰 수사방식에 대한 반성 어린 결과물이 6년이 지난 뒤 한만호와 대척되는 삶을 살고 있는 김학의에게 적용된 것이다. 이렇듯 검찰개혁과 법리 발전은 인권을 침해당하고 진실이 왜곡되는 수사와 재판을 받은 누군가의 희생과 고통 속에 이루어진다는 사실을 잊지 말아야 한다.

형사재판에서 고민되는 증거의 신빙성 판단

나는 판사로 16년을 근무했다. 형사재판을 할 때 유무죄 판단과 양형에 대해 나름 치열하게 고민해왔다. 그래서인지 무죄판결도 비교적 많이 하는 편이었지만, 구형 22년에 22년 선고를 하는 등 형량이 세다는 평도 들었다. 판사들은 재직기간 동안 대부분 민사재판을 많이 하기 때문에 형사재판을 담당하는 기간은 상대적으로 짧다. 판사들은 검사들과 달리 특정 재판부의 형사사건에 대한 진행 경과와 처리예정 결과를 보고받는 일이 없으며 어떠한 문의와 지시도 일절 하지 않는다. 재판부 스스로 독립하여 심리하고 판단할 뿐이다.

법원을 나와 변호사로 6년가량 일하며 법정에서 변론하고 구치소 접견을 했다. 이후 대검 감찰부장으로서 일선 청의 검찰 수사사무 전반을 감사하고 검사의 불기소처분에 대한 재항고 사건 등을 처리했다. 그러다 보니 판사 때는 잘 몰랐던 사실들이 꽤 있었다. 그중 하나가 형사재판에서 결론을 내릴 때 가장 고민되는 지점 중 하나인 증거의 신빙성 판단에 관한 것이다.

그런데 법원 판결에서는 검사에 대하여 준사법기관, 객관의무라는 용어를 사용한다. 하지만 검사는 실제로 준사법기관이 아니다. 또한 검사는 이론이나 현실 모두에서 피고인의 정당한 이익을 보호해야 할 객관의무를 준수하지 않는다. 검사는 현실에서 법원과 같은 심판자로서의 제3자가 아니라 피의자·피고인과 대립하는 반대 당사자로 행동한다. 검사가 공정한 국가기관이니 검사의 말을 믿어도 된다고 섣불리 단정해서는 안 된다.

검사가 조사한 모든 자료가 기록에 편철되는 것도 아니고, 피고인에게 이익이 되는 사실과 증거가 모두 법원에 제출되는 것도 아니다. 그렇기 때문에 수사기록에 편철되지 않은 면담조사가 있는지, 압수수색 및 구속영장 청구서에 첨부된 사실이나 자료 가운데 나중에 기록에서 빠진 부분이 있는지, 범행을 부인한 사건인데 유죄의 증거만 조사·편철되어 있는 것은 아닌지 등을 꼼꼼히 따져볼 필요가 있는 것이다. 이러한 이유로 나는 참고인 조사를 받고 해당 의견서를 제출할 때 반드시 기록에 편철해달라고 적는다.

거짓을 말하는 검사들

세월이 흘러 진실이 밝혀진 여러 재심 사건에서 드러나듯이 확증편향과 터널시야에 빠진 검사, 자신의 형사사건 및 징계책임을 모면하려는 검사, 일신의 출세와 영달에 관심이 많은 정치검사는 얼마든지 거짓을 말할 수 있다. 형사법의 저명한 권위자인 미국의 리처드 레오(Richard A. Leo) 교수는 실증적인 연구를 통하여 미국 수사관들은 결코 중립적이거나 불편부당하지 않고 오히려 대단히 편파적이고 전략적이며 목표 지향적이라고 결론지었다. 피의자 신문실에서는 통상적으로 '반복 추궁'과 '범행 부인에 대한 공격'(피의자의 말을 막아버리거나 손이나 팔을 들어 방해하거나 피의자를 무시한 채 이야기하거나 혼잣말을 계속하는 등), '속임수 또는 역할 기만'(피의자의 대변자인 척하는 것), '기망'(피의자에게 불리하게 증거를 조작하거나 왜곡하는 것) 등의 방법이 사용된다고 분석했다.

우리나라는 미국보다 훨씬 더 검찰 중심적이고 자백증거에 의존하므로 미국에서의 이 같은 연구결과가 우리나라 상황에도 그대로 적용될 수 있을 것으로 생각한다. 수사과정에서 '압박, 거래, 속임수'라는 세 단어로 요약될 수 있는 부당한 수사가 개입된 사정이 있는 경우에는 통상의 법관들이 생각하는 것보다 훨씬 더 허위자백일 가능성이 많다. 이처럼 수사기관에 의해 유도된 허위자백은 오판을 야기하는 가장 두드러지고 지속적인 원인이므로[•] 재판 과정에서 각별한 경각심이 필요하다.

다음은 수사 과정에서 진술의 신빙성이 떨어지고 허위자백이 발생할 수 있는 사건이나 상황에 대한 것이다. 내가 감찰사건으로 직접 처리한 한명숙 전 총리 사건 등과 특수수사를 했던 검사들과의 인터뷰 등을 통해 모아본 실제 사례들이다.

— 수사기관에 의한 장기간 반복된 소환과 추궁이 있었던 경우(수사기관이 원하는 답변을 할 때까지 소환과 조사가 그치지 않을 것이라는 생각을 가지게 되는 사건)
— 수사기관이 제시한 허위증거와 기만에 유도된 경우
— 수사기관이 자백을 받아내어 성과를 낼 동기와 압박이

[•] 허위자백 외에 오판의 다른 원인으로는, 목격자 증인의 잘못된 피의자 지목, 교도소 안 '밀고자'의 위증(僞證), 법의학적 사기와 오류, 무죄를 증명하는 증거를 수사기관이 배척하는 것 등이 거론된다(자세한 내용은 리처드 A. 레오 지음, 조용환 옮김, 《허위 자백과 오판: 피의자 신문과 형사사법의 구조》, 후마니타스, 2014 참조). 이는 공소권남용으로 공소기각 판결이 확정된 이른바 서울시 공무원 간첩조작 사건, 객관의무를 위반한 물적 증거 미제출, 허위진술이 드러나 무죄판결이 확정된 뇌물, 마약 사건 등 우리나라 실제 재판에서 등장했던 사례들이기도 하다.

큰 사건(언론보도 등으로 국민적 관심사가 된 사건, 특수활
동비의 수시집행이 집중되는 사건, 다수의 언론보도와 달리
수사 밀행성을 이유로 수사기관에 의한 정보공개가 과도하
게 제한되는 사건)

— 별건 수사 중단, 구형 하향 등을 조건으로 한 자백 유인
이 있었던 경우

— 허위자백을 하거나 허위자백을 동의하는 데 특별히 취약
한 집단(청소년, 지능이 낮은 사람들, 정신질환자, 고령의
노인, 질병을 앓고 있는 사람 등)

— 수사의 단서가 불투명하여 표적수사, 하명수사, 정치적
수사의 가능성이 있는 사건

— 기타 허위자백 가능성이 높은 실제 사례들(법인카드 무
단 사용, 세금 탈루, 금품 및 향응 수수, 이성관계, 자녀 장
래 등 신상에 약점이 있는 사람, 가족과 노후를 위해 연금과
퇴직금을 받아야 하는 공무원, 별건 형사 및 징계 사건이 걸
려 있는 사람, 검사실에서 사적 만남과 통화를 하고 수용시
설에서 먹을 수 없는 음식을 원하는 재소자, 복역기간을 줄
여 출소 후 사업을 재기하고자 하는 사람, 가족과 부모형제
의 건강과 결혼문제 등에 대한 염려가 큰 사람 등)

우리나라 형사판결에서 특별히 진술의 신빙성이 높다

고 평가되는 대표적인 사유들인 '구체적이고 일관되며 생생한 진술', '진술에 부합하는 듯한 제3자 진술이나 객관적인 사실과 자료' 등이 있다고 해서 항상 신빙성이 있는 것은 아니다. 놀랍게도 경험 많고 유능한 조사관일수록 공판을 염두에 두고 구체적이고 일관되며 생생한 진술을 꾸밀 수 있다. 즉, 특이하고도 공개되지 않은 사실관계를 포함한 범죄현장의 구체적인 내용을 무고한 피의자에게 가르친 다음 수사관에게 자백할 때 되풀이하도록 만들 수 있는 것이다. 이른바 허위자백 중 95퍼센트를 차지하는 '오염(contamination)'의 문제다. 범행과 관련 없는 정황에 대해 제3자의 진술이나 객관적인 자료를 수집해 슬쩍 끼워 넣을 수 있기 때문이다.

피의자로부터 자백을 받았다고 해서 조사의 목적이 달성된 것은 아니다. 그때부터 판사가 의심 없이 믿을 수 있도록 피의자의 자백진술에 구체적인 서사(敍事)와 생생한 묘사를 부여하여 자백의 신빙성을 높이는 작업이 비로소 시작되는 것이다. 따라서 법원은 조서의 신빙성 판단뿐만 아니라 증인 또한 많은 사전 연습을 통해 수사기관에서 한 거짓진술을 그대로 태연히 유지할 수 있다는 점도 염두에 두고 심리할 필요가 있다.

인간의 망각

통상의 법관들이 생각하는 것과 다르게 사람의 기억은 특별히 기록해두지 않으면 쉽게 망각된다. 나이가 들어갈수록 불과 1년 전의 일도 기억해내기가 매우 어렵다. 수사기관의 반복된 추궁에 기억이 흔들리면서 얼마든지 수사기관이 제시하는 내용으로 진술할 수 있는 것이다. "본 것 맞아?" "들은 것 맞아?" "어떻게 증명할 수 있어?" 등으로 반복 추궁을 당하면 자신의 기억이 잘못된 것이라고 생각할 수 있다.

이른바 '수사보고서'는 기본적으로 피의자와 대립하는 반대당사자인 수사기관이 정해진 목표 아래 일방적으로 작성한 서류라는 점을 잊지 말아야 한다. 사건에 따라서는 수사기관의 컴퓨터에 저장되거나 메모로 기록된 사항을 바탕으로 사후에 수사보고서를 작성한 뒤 기록에 편철하기도 한다.

대기업 오너 등 굵직한 형사사건을 주로 변호하는 대형로펌의 어느 변호사가 "수사보고서는 민사소송의 상대방 준비서면과 본질에서는 동일한 것 아니냐"며 나에게 호소한 적이 있다. 대형로펌은 검찰과 일종의 공생관계인 측면도 있으므로, 검찰 수사의 문제점을 공개적으로 밝히기는 어렵다는 말도 덧붙였다. 법원장 출신의 어느 변호사는 "공소장은 민사소송에서 원고의 주장이 담긴 소장에 대응하는 서면에 불과한데도 판사들은 이것을 마치 '처분문서*'인 것처럼 취급한다. 이는 판사들이 유죄의 예단을 가지고서 재판을 진행하는 것 아니냐"라고 불만을 토로하기도 했다.

　피의자나 참고인이 자필로 작성한 진술서나 자술서에 특별한 가치를 두어 그 신빙성을 더 높게 평가할 일은 아니다. 수사기관과 여러 차례의 면담 과정을 거치면서 그 내용을 사전에 조율한 후 자필이 주는 극적인 효과를 노리면서 작성되었을 가능성이 있기 때문이다. 수사기관의 질문에 수동적으로 답변한 조서와 달리 자술서를 직접 쓴 진술인은 심리적으로 무너지게 된다. 그 진술서가 허위자백이었다고 해도 자필로 썼기 때문에 자신의 진술을 철회하지 않고 그대로 유지하도록 강제하는 효과를 가지게 된다.

　수사검사가 공소제기 후 공판에 직접 관여하는 이른바 직관 제도는 독일, 미국 등 선진국처럼 과감히 폐지하거나 엄격히 제한해야 한다. 수사의 성과 유지 또는 수사팀의 보호를 위해 객관의무를 위반할 위험이 높은 점, 수사한 검사가 확증편향에 빠져 공판 과정에서 자신의 잘못을 인정하

● 　처분문서는 당사자가 계약을 할 때 자신의 의사를 표현하는 계약서나 약관과 같은 문서를 말한다. 처분문서의 진정성립이 인정되는 이상 법원은 그 문서의 기재 내용에 따른 의사표시의 존재와 내용을 인정해야 하고, 합리적인 이유 제시 없이 이를 배척해서는 안 된다는 것이 대법원의 확고한 판례다. 처분문서가 존재하는 이상 처분문서에 기재된 내용을 뒤집는 것은 매우 어렵다.

지 않는 등 인지적 오류를 피하기 어려운 점, 수사검사의 면전에서 피의자로 조사받은 피고인의 자유로운 진술이 제약될 가능성이 있는 점 등 여러 부작용과 역기능이 나타날 수 있기 때문이다.

직관을 지지하는 견해는 크게 두 가지 이유를 든다. 하나는 수사한 검사가 사건의 전 과정을 잘 알고 있으므로 범인의 거짓진술에 속지 않고 유죄를 인정하는 데 필요한 주장과 증거자료를 효율적으로 제출함으로써 '범인을 엄벌'할 수 있다는 것이다. 또 하나는 공판관여 검사가 이미 수사를 하여 사건을 잘 알고 있으므로, 재판부에 사건 파악을 위한 기록검토 요청을 할 일이 없어 불필요한 기일 공전이 생기지 않는다는 것이다.

그러나 첫 번째 이유는 형사소송의 대원칙에 반한다. "무고한 사람 한 명에게 유죄를 선고하는 것보다 열 명의 죄인을 풀어주는 것이 더 낫다"는 영국 법학자 윌리엄 블랙스톤(William Blackstone)의 유명한 경구를 절대 잊지 말아야 한다. 형사소송의 기본 이념은 실체적 진실을 밝히는 것이지만, 그렇다 하더라도 반드시 적법절차를 준수해야 한다. 재판의 효율성이나 범인을 필벌할 목적을 앞세워 조금이라도 억울한 사람을 만드는 일은 없어야 한다.

두 번째 이유는 공판관여 검사의 수를 대폭 늘림으

써 그 검사가 수사검사와 다른 시각에서 충분히 기록을 검토할 시간을 확보해주면 해결될 수 있다. 내가 경험한 대형로펌 변호사의 경우를 생각해보더라도 중요 사건에서 1심 결과가 안 좋으면 2심에서 변호사를 바꾸는 것이 상례다. 2심에서 선임된 변호사는 1심 변호사로부터 사건의 히스토리와 자료를 넘겨받아 새로운 시각에서 사건을 분석하고 파악함으로써 의뢰인이 바라는 결과를 얻어내기 위해 노력한다.

공판관여 검사의 수를 확보하는 것이 쉽지 않다는 반론이 제기될 수 있다. 그러나 공판관여 검사의 수를 확보하는 방법은 여러 가지다. 법률을 개정하여 검사로 하여금 수사권을 갖지 않고 기소 및 공소유지만 담당하도록 하면 된다. 현재 검찰에는 부장검사와 파견검사, 법무부와 대검의 정책부서 등 실제 검찰 본연의 수사 및 공판 업무를 담당하지 않는 검사가 너무 많다. 항고 사건이나 형사합의 사건의 항소심 공판 등 매우 적은 수의 사건을 처리하는 외에 실제적인 역할과 기능이 무엇인지 많은 비판을 받고 있는 고등검찰청을 폐지하거나 고검 검사를 대폭 축소하고 나머지를 지검에 배치하는 방법도 있다.

증거의 신빙성 판단

우리나라 검사는 수사와 기소, 영장청구권 등 세계에서 유례 없을 정도로 아주 광범위한 권한과 재량을 가지고 있다. 반면 그 권한과 재량의 일탈, 남용 행위에 대한 실질적인 사전·사후 통제는 거의 작동하지 않는다. 법원에서 공소권남용을 인정받기는 하늘의 별따기다. 대법원은 2021년 10월 14일 '간첩증거조작' 사건 피해자 유우성 씨를 불법 대북송금 혐의로 뒤늦게 기소한 것이 공소권남용에 해당한다고 판결했다. 이것이 검찰의 공소권남용을 인정한 첫 사례다.

대법원은 검사의 자의적인 공소권 행사의 의미에 대해 "미필적으로나마 어떤 의도가 있어야 한다"라고 판시해오고 있다. 따라서 검사는 백이면 백 그런 의도가 없다고 부인할 것이고, 검사의 의도를 추단할 수 있는 수사자료 등이 법정에 잘 제출되지도 않는 재판구조에서는 그 증명이 매우 어려울 것이다.

그래서 검사는 때로 자신과 조직이 생각하는 방향으로 수사의 대상과 범위를 임의로 정하여 관련 증거를 수집하고, 자신이 하는 처분의 근거까지 만들어낼 수 있는 "매우 능동적이고 창조적인 존재"다. 예를 들어 피의자의 주장에 부합되는 증거만을 수집하고 유죄 증거 수집을 소홀히 하면 불기소로 갈 수 있다. 반대로 '삼인성호(三人成虎, 세 사람이 짜면 거리에 범이 나왔다는 거짓말도 꾸밀 수 있다)'라는 말이 있듯이 피의사실을 뒷받침하는 듯한 증거를 샅샅이 수집해서 다수의 증거를 모아놓으면 유죄라는 외관 내지 심증을 한껏 높일 수 있다. 이와 관련하여 수사기록에 10만 페이지 이상 유죄의 부합증거만 잔뜩 모아놓으면 무죄판결이 매우 어렵다는 어느 변호사의 불만을 들은 적이 있다.

별건의 선행 재판(약식명령 포함), 압수수색영장과 구속영장 발부, 불기소처분 등의 앞선 결론이 있었다고 해서 그 뒤에 있는 다른 형사재판에서 그러한 결론을 그대로 따르는 것은 위험하다. 모두(冒頭, 첫머리) 사실이나 경위 사실 등 공소장에 기재된 여러 사실 중에는 엄격한 증명을 거치지 않은 것도 있다. 어떤 피고인의 경우에는 다투지 않아 쟁점이 되지 않은 공소장 기재 사실까지 나중에 기소된 다른 피고인의 판결문에 그대로 범죄사실로 인정되기도 한다. 이러한 현실을 고려하면 더욱 신중할 필요가 있는 것이다. 법의 맹점과 재판 현실을 잘 아는 전문가라면, 정작 목표로 하는 다른 사건에 영향을 미치기 위해 미리 선행 재판과 처분을 받아내어 그것을 추후 활용한다는 전략적인 사고를 충분히 할 수 있기 때문이다. 법기술자가 기술을 발휘할 수 있는 것이다.

이러한 현실에서 변호사는 자신의 의뢰인보다 검찰의 요구 내지 공범의 이익을 우선시하는 경우가 생길 수 있다. 특히 검찰 출신 변호사는 구형량을 낮추되 자백하겠다는 식으로 검찰과 협상을 하고 피고인에게 적당히 자백하자고 권

유할 수 있다. 따라서 실체진실 발견을 위해 노력하는 판사라면 직권을 행사하여 변호사가 검찰 또는 공범과 특별한 이해관계가 있는지, 피의자·피고인의 주장이나 입증계획을 부당하게 중단·변경시켰는지 등을 반드시 살펴봐야 한다.

검사가 구속영장 실질심사 후에 제출하는 사실과 자료를 가지고 영장 발부의 주요한 판단 근거로 삼는 것 역시 신중할 필요가 있다. 윤석열 총장과의 오찬자리에서 들은 이야기가 있다. 특수·공안 검사가 구속영장을 발부받는 다양한 방법 가운데 의견서 및 구속사유와 관련되는 중요 자료를 미리 준비해두었다가 심사를 마친 후에 법원에 제출하는 사례가 있다. 이는 피고인 측 반대신문 기회를 차단하고, 판사로 하여금 영장 발부를 이끌어내려는 부적절한 시도로 평가될 수 있다. 피의자나 참고인을 검찰청에서 필요한 때 잘 출석하도록 하고 자백을 잘 받아내는 것, 그리고 영장청구서를 잘 써서 영장을 잘 받아내는 것이 특수부 검사의 중요한 자질이자 능력으로 평가되고 있다.

마지막으로 피고인이 "내용부인"이라고 증거의견을 밝혀 증거능력이 없는 검사 작성 피의자신문조서와 같은 서류를 검사가 탄핵증거 내지 참고자료 제출이라는 명목으로 법원에 접수·제출해서 공판기록에 편철되는 사례가 있다. 그러나 이것은 법정에서 피고인 및 변호인의 반대신문권이 보장된 상태 아래 증거조사가 이루어진 것이 아니라, 판사가 자신의 판사실에서 혼자 그 서류를 읽어보게 된다는 점에서 정식으로 증거능력이 있는 서류보다 증거법상 더욱 문제가 심각할 수 있다.

지금까지 한 이야기는 단순한 이론적 주장이 아니다. 이것이 검사가 주재하는 우리나라 수사의 현실이다. 검찰이 피의자나 참고인 진술 등 증거방법의 왜곡 등을 통하여 법원의 재판을 지배함으로써, 자칫 법원이 증인의 신빙성 판단 등을 그르쳐 오판이 발생할 수 있는 지점이다. 법원이 인권보장의 최후 보루라는 본래의 역할을 제대로 해주기를 바란다. 법원은 적법한 수사를 강조하고 검사의 공소권남용을 통제해야하며 피고인과 변호인의 형사소송법상 권리를 적극적으로 보장해주어야 한다. 본래 법률과 법리는 강자의 이익과 권한을 유지하기 위한 보수적인 도구라는 비판을 안고 있다. 검찰이 모든 증거와 정보를 독점하고 있기 때문에 공판관여 검사 두세 명을 대형로펌 10여 명의 변호사가 감당하지 못하는 것이 재판의 현실인 것 같다.

법원도 검사의 변론과 증명에는 비교적 관대한 반면, 피고인과 변호인의 변론과 소명에는 비교적 그렇지 않다. 법정의 풍경이 유죄의 추정 아래 일방적으로 기울어진 운동장이라는 평가가 나오는 이유다. 상당 부분 나도 동의한다. 이러한 수사 및 재판의 구조와 현실에서, 판사가 검사가 아닌 피고인 편을 들더라도 실제로는 중립의 법정이 아닌 것이다.

인권과 정의를 위한 법원의 역할

법원은 인권보장의 최후 보루다. 많이 부족하지만 그래도 법원은 힘없고 약한 사람들에게 피난처이자 의지처로 제 역할을 해왔다. 나도 변호사로서 최근 Y지원 법정에 들어갈 때 문득 소도(蘇塗, 삼한시대에 천신에게 제사를 지내던 성지)와 같은 느낌이 들었다. 헌법과 법률에 따라 권력과 세력, 돈으로부터 떨어진 곳 말이다. 뛰어난 실력을 갖추고 다각도로 사고하고 성실히 심리하는 재판장을 만나면 저절로 존중하고 신뢰하는 마음이 들었다. 국민 입장에서 법원은 자신의 삶과 목숨이 걸려 있는 재판에서 그나마 공정한 판단을 받으리라는 기대를 할 수 있는 곳이다.

2023년 9월 11일 행정법원은 '권태선 방송문화진흥회

(방문진) 이사장 해임처분에 대한 효력정지 인용결정'을 내렸다. 2023년 9월 27일에는 이재명 더불어민주당 대표에 대한 구속영장 청구가 기각되었다. 삼권의 한 축인 법원이 우리나라 민주주의 역사에서 중요한 역할을 할 때가 되었다는 점을 우리에게 미리 보여주는 것 같다.

사실 세상에는 삼권분립을 해치면서 법원이 수행하는 사법작용을 방해하고 부당한 영향을 미치려는 움직임들이 많다. 삼권분립은 민주주의의 조직 원리이기 때문에 삼권분립을 해치는 것은 가히 '민주주의의 적'이라 부를 만하다. 검찰에서 '사법방해'라는 말을 만들어 널리 퍼뜨리는데, 검찰의 수사와 공소유지를 위해 사법방해라는 말을 함부로 쓰는 것은 사법부에 대한 월권이다.

이러한 환경에서 언론이 재판과 수사, 기소를 좌지우지할 정도의 영향력을 행사해서는 안 된다는 점을 강조하고자 한다. 이는 판사와 검사로 재직한 경험과 관찰에서 우러나온 깨달음이기도 하다. 마땅히 법률가라면, 일부 언론의 불순한 의도와 기획, 거짓으로 그려낸 여론과 분위기에 따라 재판을 해서는 안 된다. 수사기관 또한 신문·방송의 보도 내용에 영향을 받아 영장을 청구하거나 기소 또는 불기소처분을 하는 등의 결정을 한 사례가 없는지 성찰해야 한다. 과거의 일로만 치부할 것이 아니라 각자의 경험 속에서 오늘의 기억으로 되살아나길 바란다.

신문을 보지 말고 TV를 끄시라

사회적 참사가 일어났을 때 책임자를 정확히 가려내거나 참사가 일어난 구조적인 문제가 무엇인지 면밀히 파악하지 않고, 당장 분노한 여론을 무마하기 위해 일단 실무자 몇몇을 구속하는 것으로 대응하는 것은 아닌가 하는 의문이 있다. 실제로 대검 부장회의에서는 전날의 신문·방송에 보도된 사건사고를 브리핑받는데, 이때 주무부서와 수뇌부에서 대책으로 내놓는 것이 그 범주를 벗어나지 않는다.

2006년 9월 이용훈 대법원장은 "영장 발부를 신중히 하라"는 주문에 이어 "검사들이 밀실에서 받아 넣은 조서를 어떻게 믿을 수 있느냐"며 "재판을 하는 법관들은 수사기록을 아예 던져버려야 한다"고 말한 적이 있다. 영장 통제와 공판중심주의를 강조한 취지로 이해한다. 20년 가까이 지난 지금에도 여전히 새겨야 할 말씀이다.

"신문을 보지 말고 TV를 끄시라." 언론에 보도되는 중요 사건을 담당하는 판사와 검사에게 나는 이렇게 부탁하고 싶다.• 일부 언론은 철저히 검찰 편에서 더욱 자극적이고 선정적인 보도 태도를 보이며 영장이나 유죄판결을 받는 데 힘쓰기 때문이다. 판사가 법정에 제출된 재판자료가 아닌 신문과 방송 보도를 보고 재판하는 것은 위법이다. 대한민국 헌법 제103조에 쓰인 대로 "법관은 헌법과 법률에 의하여 그 양심에 따라 독립하여 심판한다." 법관은 특정 시기에 강력하게 형성되는 여론으로부터 독립하여 재판하는 존재여야 한다. 신문과 방송이 재판하는 판사들을 타깃으로 해서 일방적으로 제공하는 정보와 구도 너머에 민주주의 국가에서 성취해온 '역사의 진보'와 '진실의 힘'이 활짝 열려 있다고 믿는다.

법원이 조금 더 과감해져야

사법의 독립을 해치고 재판에 영향을 미칠 목적으로 언론, 검찰, 법원 앞 시위대 등이 아무리 크게 주장하고 강하게 압박하더라도, 법원은 인권과 정의의 최후 보루이자 독립된 심판

● 이와 관련하여 나는 2022년 10월 19일 페이스북에 다음과 같은 글을 썼다. "장관 세 명과도 바꾸지 않는다는 검찰총장의 능력 중 중요한 하나는 대검 기자단에 메시지를 잘 내는 것이 된다. 출근 전부터 밤늦은 시간까지 대변인은 총·차장과 주요 언론 상황을 실시간으로 공유하면서 메시지나 지침을 수시로 주고받는다. 대검 주요 간부 사무실에는 YTN이나 연합뉴스가 종일 켜 있고, 매일 아침 대검 부장회의 첫머리에 언론보도에 대한 브리핑과 대응 논의가 상당 시간 차지한다. 하루 내내 기록에 파묻혀 사건만을 처리하는 대법원과는 판연히 다르다. 이러한 업무환경을 지켜보면서 대검에서 언론 대응 업무가 빠지면 대검 간부의 실질적 업무 절반은 줄고 검찰 본연의 업무에 좀 더 집중할 수 있지 않을까 하는 소박한 생각이 들었다. 언론과 함께 수사하여 정치, 경제에 영향을 미치는 낡은 시대를 보내고, 세계 보편적인 추세에 따라 검찰은 인권보호와 법집행과 같은 본연의 업무 분야로 나아갈 때이다."

자라는 본분을 잊지 말아야 한다. 초임 판사 시절에 영장기각과 판결결과 등에 항의하는 검찰에 대해 어느 부장판사가 일러준 말이 떠오른다. 그는 그러한 주장에 대해 "동네 개 짖는 소리"나 "냉전시대 휴전선 확성기 소리"쯤으로 여기라고 했다. 법원은 조금 더 과감하게 영장을 기각하고 무죄를 선고해야 한다고 생각한다.

김능환 전 대법관은 누구나 뛰어난 법률가라고 칭하는 분이다. 그는 2012년 5월 일제 강제징용 사건의 주심을 맡아 피해 한국인에 대한 일본 기업의 배상책임을 인정하는 판결을 선고했다. 그때 그는 "독립운동하는 심정으로 판결문을 썼다"라는 말을 남겼다고 한다. 고 한기택 판사는 "목숨을 걸고 재판한다", "내가 그 무엇이 되겠다는 생각을 버리는 순간 진정한 판사로서의 삶이 시작될 것으로 믿는다"라는 말을 남겼다. 백범 김구 선생이 애송한 시[눈 내린 들판을 걸어갈 제(踏雪野中去)/발걸음을 함부로 어지러이 걷지 마라(不須胡亂行)./오늘 내가 걸어간 발자국은(今日我行跡)/반드시 뒷사람의 이정표가 되리니(遂作後人程)]처럼 이들의 발자국은 오늘날 법원 판사들에게 하나의 이정표가 되고 있을까.

나는 법원 판결이 당사자에게 어떤 의미를 주는 것인지 깊이 실감한 적이 있다. 2020년 제주지검 사무감사를 갔다가 서울로 복귀하는 길에 비공식 일정으로 제주4·3평화공

원을 방문했다. 이때 관계자 한 분이 "법원의 재심 판결이 유족들의 가슴에 맺힌 트라우마를 씻어준다"라고 말했다. 승용차 안에서 몇 분간 아주 짧게 나눈 대화인데도 그분은 가슴 깊은 곳에서 올라오는 눈물을 보이셨고, 내 마음에도 강한 울림을 남겼다. 영구 보존되는 공적인 문서인 판결문에 기재된 "피고인은 무죄"라는 선언은 참으로 목메고 복받치는 치유인 것이다. 그때 법원 판결이 정말 중요하다는 것을 새삼 깨닫게 되었다. 그 후 나는 제주 올레길을 걸으며 일제의 수탈과 태평양전쟁이 있던 그곳에서 다시 국가권력에 의한 대규모 희생이 일어난 4·3 현장을 만났다. 그 참혹하고 모진 세월을 견뎌온 인고의 삶들을 가슴 저미게 느낄 수 있었다.

법원은 국민의 권리와 형벌을 정하고, 검찰은 형벌을 집행하는 막강한 권력이다. 민주주의는 피를 먹고 자란다는 말처럼 늘 위협을 받는 존재다. 강제력을 가진 국가권력은 언제라도 인권을 침해할 수 있다는 것이 역사의 경험이다. 그러니 법조인은 최고 규범인 헌법 가치를 준수하고 각자 내면화해야 할 것이다.

30여 년 동안 법조를 경험하면서 우리나라 국민이 바라는 '법조인의 역할'은 다음의 두 가지가 아닐까 한다. 첫째, 법기술자가 되지 않고 당사자의 아픔을 잘 살펴 억울한 사람의 눈물을 닦아주는 것. 둘째, 용기를 내어 헌법에 보장된 인권과 민주주의 가치가 살아 있음을 선언하는 것.

　일선 법원에는 부족한 자료 속에서도 사실을 규명하기 위해 애쓰고 법리에 따라 성실히 재판하는 법관들이 많이 근무하고 있음을 잘 알고 있다. 물론 국민의 아픔과 불안을 살피지 않고 상식과 동떨어진 결론을 낸다는 비판도 없지 않다. 그럼에도 국민들이 최후로 기댈 곳이 법원이라는 사실과 믿음에는 변함이 없다.

　출근길 법원 앞을 지나며 늘 기도한다. '법관들이 유혹에 빠지지 않고 올바른 판단을 하게 해주소서.' 또한 재판을 지켜보는 깨어 있는 많은 시민들을 생각한다. 온갖 어려움에도 꺾이거나 포기하지 않고 저 스스로의 힘으로 독립적인 생존능력을 갖춘 깨어 있는 분들이 곳곳에 있으니 좋은 길이 열릴 것이다. 그러한 믿음이 있으니 희망 속에 살아간다.

모든 인간은 법 앞에 평등하다

"판사는 법정에서 화내면 안 된다는 것을 철칙처럼 알고 살아왔다."

2005년 형사단독 판사일 때 쓴 글이다. 나는 그때 내가 성장한 대전에서 지역법관으로 평생 봉직할 계획이었다. 가톨릭 사제를 동생으로 둔 어느 부장판사의 말처럼 나도 성직 다음으로 판사가 좋았고, 재판이 전부인 양 받아들이며 살던 시절이었다. 물론 나중에 특허법원 판사로, 또 대법원 재판연구관으로 발령이 나면서 인생의 행로가 달라졌지만 말이다. 그때는 법정이라는 공간이 마치 외과수술실인 양 초집중하며 피고인과 소송 당사자의 말을 경청하고, 피고인이나 소송 당사자를 부처님이나 예수님처럼 대하며 억울한 일이 없도록 잘 모시고 재판해야 한다는 결심으로 살던 시절이었다.

나는 다른 회원 판사들보다 연수원 기수가 높다는 이유로 '우리법연구회' 대전지회장을 맡고 있었는데, 2005년 '우리법연구회' 서울지회에서 발간하는 논문집에 수필을 써 달라는 청탁을 받고 '어느 날 형사법정에서'라는 제목으로 글 한 편을 실었다. 비록 20여 년 전의 일이지만 형사법정에서의 판사의 자세, 인간의 존엄성, 검사의 역할 등은 지금도 여전히 의미 있는 주제인 것 같아 다시 옮겨본다.

적어도 판사는 법정에서 화내면 안 된다는 것을 철칙처럼 알고 살아왔다. 그것이 어느 해는 가슴에 맺혀 힘들기도 하였으나 참고 또 참고 나면 어느덧 새롭게 다가오는 사안의 실체나, 당사자들이 본래 가지고 있던 진실하고 선량한 모습을 만나게 되는 순간을 몇 차례 경험하면서, 이제는 화가 아예 생겨나지 않게 하는 쪽으로 마음을 가져가기로 하였다.

그런데 얼마 전 형사법정에서 난 내 안에 어떤 안타까움에서 비롯되는 분노를 느낀 적이 있다. 필로폰 사범에 대한 재판이었다. 피고인은 일부 공소사실을 부인하였고, 이에 따라 공판관여 검사는 재소자인 공범을 증인으로 신청하였으나 원하는 내용의 증언을 얻어내지 못하였다. 그 후 검사는 그 증인에 대한 검찰 진술조서를 제출하면서 법정 외에서

증인 신청을 하였는데, 위 진술조서의 증거가치 문제와 관
련하여 기각결정을 할까 하다가 받아들여주기로 하였다.

　　사람은 의지적 결심을 굳게 하면 자기 행동을 통제할
수 있는 것 같다. 당시만 해도 형사법정은 엄밀히 말해서 형
사소송법이 제대로 지켜지지 않았다. 피고인에 대한 진술거
부권을 재판 시작 전 일괄해서 한 번 말하고 나면 그다음부터
이어지는 피고인들에게는 진술거부권을 고지하지 않는 사례
가 많았다. 첫 피고인 재판을 보지 못한 피고인들에게는 진술
거부권이 고지되지 않는 것이다. 공판조서에는 진술거부권이
고지된 것으로 기재되어 있고, 공판조서는 절대적인 증명력
이 있으니 추후 그 기재가 잘못되었다고 다툴 방법이 없다.
　　나는 모든 피고인에게 일일이 진술거부권을 고지했다.
"피고인은 재판을 받으면서 본인에게 불리한 사실에 대해 진
술을 거부할 수 있고, 이익이 되는 사실을 언제라도 진술할
수 있습니다." 지금도 기억하는 발언이다. 나의 개별적 진술
거부권 고지가 종전 재판에서 하지 않던 신기한 일이었던지
대전지방법원장이 "한 판사, 요즈음 진술거부권을 일일이 고
지합니까?"라고 나에게 말을 건넸을 정도다.
　　공판기일에 이미 증언을 마친 증인을 검사가 소환해서
피고인에게 유리한 증언 내용을 추궁하고 이를 일방적으로

번복시켜서 작성한 진술조서는 "피고인이 증거로 할 수 있음에 동의하지 아니하는 한 그 증거능력이 없다"는 것이 대법원 판례(대법원 2000. 6. 15. 선고 99도1108 전원합의체 판결)다. 따라서 공판관여 검사의 이러한 행위는 적절하지 않다.

그러나 나 역시 문제의식을 가지려고 노력했을 뿐이다. 그 당시에는 사법부 차원에서 형사소송법에 부합하는 재판 진행에 대한 고민과 연구가 막 시작되던 때여서 공판관여 검사의 이와 같은 부적절한 행위를 적극적으로 통제하는 법관은 전국에서 손꼽을 정도로 극소수였을 것이다. 2010년 대법원 재판연구관을 마치고 대전지방법원 홍성지원장으로 내려가 보니 형사합의부 재판 시 공판관여 검사가 법관과 동일한 출입문을 통해 법정에 들어오는 것을 당연시하고 있었다.• 피고인과 변호인 입장에서는 판사가 검사와 한편이라는 생각이 들 정도로 '기울어진' 재판을 받아온 것이 아닐까 하는 생각이 들었다. 세월이 많이 흐른 지금 다시 생각해보니, 검사에게 이미 증언을 마친 증인을 재신청하는 입증취지를 물어본 뒤 그 필요성이 인정되지 않으면 검사의 증인신청 자체를 기각하는 것이 더욱 공정한 재판 진행이었을 것이다.

• 나는 피고인 및 방청석 입장에서 재판이 공정치 못한 인식을 준다는 이유를 들어 공판관여 검사가 법관 출입문을 이용하지 않도록 조치했다.

그렇게 해서 이루어진 증인신문기일이었는데, 어느 순간 그 증인의 모습이 갑자기 눈에 들어왔다. 증인은 몸을 앞으로 숙인 채 양어깨는 가슴 쪽으로 모아져 웅크린 모습이었다. 시선은 그저 증인석의 탁자를 바라볼 뿐이었다. 검사의 신문에 대하여 고저, 강약 없는 긍정만을 할 뿐이었다. 앞서 한 증언을 번복하는 내용이었다. 이어진 변호인의 반대신문에서 그 증인은 저번 증언 후 검찰청에 가서 조사를 받았다고 하였다. 그 순간 내가 과거에 처리하였던 사건 중에서 관련 형사사건의 재판 계속 중에 기소되었던 공범에 대한 위증 사건이 기억났다. 눈앞의 증인은 검사 앞에서 위증으로 인한 추가 복역을 두려워했던 것이다. 판사가 소송 관계인에게 감정이입을 하는 것은 적당치 않겠지만, 난 그때 증인의 잔뜩 움츠려 있는 그 모습에 정말 가슴이 아팠다. 어찌할 수 없는, 으레 거짓말하는, 그렇고 그런 마약사범에 대하여 실체적 진실을 찾아 그에 합당한 대가를 치르게 하여야 한다는 정의감이 부족하였을지도 모른다. 그러나 내 몸이 먼저 느꼈다. 증인의 위축된 태도를 마약기운에 중독되어 생기를 잃은 데서 기인한 것으로 돌려버리기에는 종전 기일에서의 증언 태도와 판이하게 달랐다. 두려움 속에 홀로 좌절하였을 그 광경이 떠올라 가슴이 아팠다.

사실 징역 6월이든 1년이든 징역을 더 살아도 사람이 가진 소중하고도 소중한 어떤 것을 꺾어서는 안 된다고 생각되었다. 아마 그것은 젊은 사람의 기일 수도 있고, 사람을 사람이게 하는 최소한의 긍지일 수도 있을 것이다. 호흡 조절을 두 번 한 후 난 검사에게 물었다. "저 증인을 법정에서 증언한 후에 세 차례 검찰청에 소환하여 조사를 하였나요." 검사는 그렇다고 대답한다. 별다른 문제의식을 느끼지 못하는 기색이다. 아마 내 내부에서 끓어오르던 분노를 정확히는 눈치채지 못하였을 것이다. 한 사건을 더 진행한 후 휴정하였다.

그 후에도 난 증인석에 앉아 힘없이 '예'라고 답하던 그 증인의 꺼칠한 얼굴, 초점 잃은 눈망울이 내 미간 사이에서 떠나지 않았다. 난 그때 왜 법대 아래로 내려가 그 증인의 손을 잡아주지 못하였던가. 왜 따뜻한 눈길 한번 보내주지 못하였던가. 국민이 판사로 있게 하는 것은 사람 내면에 있는 본질적 가치, 그 존엄함을 그렇지 아니한 것으로부터 지켜내라는 것인데……. 그 증인은 자신이 당한 고통으로 또 나에게 가르쳐준 것이다.

심장에 새긴 헌법 조문

나는 판사, 변호사, 검사로 살아오면서 심장에 새긴 헌법 조문 두 개가 있다. "모든 국민은 인간으로서의 존엄과 가치를 가지며, 행복을 추구할 권리를 가진다." "모든 국민은 법 앞에 평등하다." 인류가 오랜 역사적 경험을 통해 이룩한 최고의 가치이기도 하다. 어떠한 폭력 앞에서도 인간의 존엄과 진심은 차별 없이 지켜져야 한다는 헌법 정신을 내 삶과 일에서 신조로 삼아왔다. 나는 이 헌법 조문을 판결하거나 결정하거나 변론을 할 때 논리적 근거이자 지침으로 삼았다.

2002년 4월 '여호와의증인' 신도에 대한 병역법 위반 구속영장 청구를 최초로 기각한 것도 이러한 맥락에서였다.[•] 20여 년이 흐른 지금 나는 대검에서 한명숙 전 총리 사건을 담당하면서 어떻게든 기소하고 유죄를 받기 위해 수단과 방법을 가리지 않는 몇몇 검사보다 자신에게 닥쳐올 불이익에도 불구하고 용기를 내어 진실을 이야기하는 죄수가 더욱 양심적이고 인간적으로 존엄한 존재일 수 있다는 것을 알았다.

부정의한 폭력의 돌밭 속에서도 새로운 꽃들은 곳곳에 피어난다. 이것이 생명이고 평화다. 한나 아렌트(Hannah Arendt)는 거짓을 연료로 삼아 지탱하는 전체주의를 이기는 힘은 바로 탄생성(natality)과 복수성(plurality)이라는 사실에 있다고 했다. 1초라는 짧은 순간에도 수백만, 수십억만 개의 진

실이 공적인 영역에서 행해지고, 새로운 것은 언제나 통계법칙과 확률에서 터무니없이 벗어난 곳에서 기적의 형태로 탄생한다고 했다. 아렌트의 말처럼, 우리가 모든 사람을 평등하게 우리 안에 포함시키는 한, 이 세상을 히틀러와 스탈린과 같은 전체주의에 빼앗기는 일은 다시는 없을 것이다.

주

1. 조선일보, 〈법무부, 검찰 감찰책임자에 '우리법' 판사 출신 한동수 변호사 임명〉, 2019. 10. 16.

2. 중앙일보, 〈檢 감찰책임자, 조국이 제청한 '우리법' 출신 판사가 맡았다〉, 2019. 10. 16.

3. 동아일보, 〈윤석열, 조국 사퇴 이틀 만에 "검찰 개혁 중단 없이 추진"〉, 2019. 10. 16.

4. 문재인·김인회, 《문재인, 김인회의 검찰을 생각한다》, 오월의봄, 2011, 265쪽.

5. 문재인·김인회, 같은 책, 109~110쪽.

6. 문재인·김인회, 같은 책, 110쪽.

7. 동아일보, 〈한동수 "수사 통한 쿠테타" 진술서 제출…檢 내부 반발 확산〉, 2020. 12. 18.

8. 한동수 페이스북 게시글, 2020. 4. 15.

9. 한동수 페이스북 게시글, 2020. 11. 15.

10. 오마이뉴스, 〈판사 향해 소리 지른 검사…역대급 '정경심 재판'〉, 2019. 12. 19.

11. 조선일보, 〈윤석열수사 검사 만난 뒤, 尹비난 성명 낸 '정의구현 신부'〉, 2020. 12. 8.

12. 조선일보, 〈윤석열수사 검사 만난 뒤, 尹비난 성명 낸 '정의구현 신부'〉, 2020. 12. 8.

13. 조선일보, 〈윤석열수사 검사 만난 뒤, 尹비난 성명 낸 '정의구현 신부'〉, 2020. 12. 8.

14. 조선일보, 〈'정의구현' 신부 만난 한동수, 신부측근 사건기각은 우연?〉, 2020. 12. 15.

15.　조선일보, 〈'정의구현' 신부 만난 한동수, 신부측근 사건기각은 우연?〉, 2020. 12. 15.

16.　조선일보, 〈'정의구현' 신부 만난 한동수, 신부측근 사건기각은 우연?〉, 2020. 12. 15.

17.　한동수 페이스북 게시글, 2020. 12. 15.

18.　한동수 페이스북 게시글, 2020. 6. 13.

19.　한동수 페이스북 게시글, 2023. 11. 7.

20.　KBS, 〈대검찰청 감찰부, 전현직 대변인 휴대전화 압수〉, 2021. 11. 6.

21.　중앙일보, 〈[단독] '尹장모 문건' 의혹 대변인 폰 압수…檢총장도 알았다〉, 2021. 11. 8.

22.　중앙일보, 〈대검 前대변인 "대검 감찰부, 공수처 '입건사주' 우려"〉, 2021. 11. 11.

23.　한동수 페이스북 게시글, 2022. 7. 10.

24.　한동수 페이스북 게시글, 2022. 9. 2.

25.　오마이뉴스, 〈1조원 대 C&그룹 임병석 사건도 기획·표적수사였나〉(2012. 6. 14.) 기사 참조.

26.　뉴스타파, 〈특수활동비와 권력의 흑역사 그리고 검찰〉, 2023. 6. 1.

27.　동아일보, 〈김오수, 박범계에 반기…"檢 조직개편안 위법 소지"〉, 2021. 6. 9.

28.　법률신문, 〈[법조계 예술품] 대검찰청, 조승환 作 '해치상'〉, 2021. 3. 8.

29.　한겨레, 〈[왜냐면] 내부자는 모르는 검찰개혁의 핵심〉, 2020. 12. 31.

30.　한동수 페이스북 게시글, 2020. 4. 1.

검찰의 심장부에서

대검찰청 감찰부장 한동수의 기록

1판 1쇄 펴낸날 | 2024년 1월 22일
1판 4쇄 펴낸날 | 2024년 5월 10일

지은이 한동수
펴낸이 오연호
편집장 서정은 마케팅·관리 이재은

펴낸곳 오마이북
등록 제2010-000094호 2010년 3월 29일
주소 서울시 마포구 월드컵로14길 42-5 (04003)
전화 02-733-5505(내선 271) 팩스 02-3142-5078
홈페이지 book.ohmynews.com 이메일 book@ohmynews.com
페이스북 www.facebook.com/Omybook

책임편집 서정은
교정 배영하
디자인 여상우
인쇄 천일문화사

ISBN 978-89-97780-56-3 03300

오마이북은 오마이뉴스에서 만드는 책입니다.